国家社科基金
后期资助项目
GUOJIA SHEKE JIJIN HOUQI ZIZHU XIANGMU

城乡基础养老保险缴费率
一元化适度水平及其实现路径

The Moderate Level of the Unified
Contribution Rate of Urban and Rural
Basic Pension and Its Realization Path

陈 曦 等著

上海远东出版社

图书在版编目(CIP)数据

城乡基础养老保险缴费率一元化适度水平及其实现路径 / 陈曦,范璐璐著.
—上海:上海远东出版社,2024
ISBN 978 - 7 - 5476 - 1998 - 8

Ⅰ.①城… Ⅱ.①陈… ②范… Ⅲ.①养老保险制度-研究-中国
Ⅳ.①F842.612

中国国家版本馆 CIP 数据核字(2024)第 059589 号

责任编辑 祁东城
封面设计 李 廉

城乡基础养老保险缴费率一元化适度水平及其实现路径

陈 曦 等著

出 版 上海遠東出版社
    (201101 上海市闵行区号景路 159 弄 C 座)
发 行 上海人民出版社发行中心
印 刷 上海锦佳印刷有限公司
开 本 710×1000 1/16
印 张 15.5
插 页 1
字 数 270,000
版 次 2024 年 8 月第 1 版
印 次 2024 年 8 月第 1 次印刷
ISBN 978 - 7 - 5476 - 1998 - 8/F·730
定 价 78.00 元

前　言

党的二十大报告提出"健全覆盖全民、统筹城乡、公平统一、安全规范、可持续的多层次社会保障体系"。养老保险是社会保障体系的核心,也是优化多层次社会保障体系的关键环节。

城乡养老保险体系经历了"分化—对接—趋同"的发展阶段,在第二个百年目标的新征程、新使命下,城乡养老保险需要向统筹发展阶段过渡。在市场经济体制改革过程中,城镇职工养老保险作为配套机制同步改革,建立了以企业和个人缴费为主的统账结合制度模式,农村养老保险依托集体经济形成了以自我保障为主的制度框架,城乡养老保险分化发展。随着新型农村社会养老保险制度(简称"新农保")试点及全面铺开,农村养老保险覆盖面显著提升,老年人养老保障需求得到满足,城乡养老保险体系建设的重点任务开始由解决覆盖面不足的普遍性矛盾向解决城乡二元分割的结构性矛盾转变。而新农保统账结合的制度模式也为城乡养老保险制度对接提供了制度基础,2014 年《城乡养老保险制度衔接暂行办法》对城乡养老保险转移接续进行了规定,在一定程度上消除劳动力乡城迁移的制度性障碍,实现了城乡养老保险制度对接。但是在农村养老保险制度运行过程中发现,农村养老保险制度存在缴费激励元素缺失等问题。为效仿城镇职工养老保险缴费激励机制,2018 年农村养老保险制度增加"年限基础养老金",建立给付与缴费年限挂钩机制,同时待遇调整机制也以城镇职工养老保险待遇水平变化为重要参考,农村养老保险制度在实践中开始显现出向城镇职工养老保险趋同的发展趋势。虽然趋同的政策实践已经开展,城乡养老保险均建立了统账结合、缴费激励的制度模式,但在筹资机制、计发模式等方面仍存在较大差异,在以共同富裕为核心目标之一的第二个百年奋斗目标指引下,城乡养老保险统筹发展成为必然趋势。

如何界定城乡养老保险统筹内涵,以及确定城乡统筹发展模式,可以在党的二十大对社会保障体系发展的要求中寻找答案。党的二十大对社会保障体系发展的要求具有相互关联和逻辑递进关系。①统筹城乡是在覆盖全民目标之上的高梯度任务。城乡养老保险制度分化是在二元经济结构条件下扩大养老保险覆盖面和保障民生福祉的有效制度安排,新型农村社会养老保险制度对实现覆盖全民的养老保险体系建设目标发挥了重要作用。然而随着二元经济结构弱化和城乡人口老龄化倒置问题越发凸显,城乡养老保险的"双轨制"矛盾逐渐显现,完善养老保险体系重要任务开始由扩大覆盖面向解决城乡"双轨制"的结构性矛盾转变。②安全规范是统筹城乡的有效切入点。统筹城乡的重点在于推动农村养老保险安全规范发展,现阶段农村养老保险在待遇水平、调整机制等指标参数方面尚无明确标准,规范性有待提升,不利于缩减城乡养老保险差距和为参保者提供稳定的预期,需要以农村养老保险安全规范发展作为政策着力点,有效推动城乡养老保险统筹发展。③公平统一是安全规范的根本原则。规范农村养老保险指标参数,以及设定农村养老保险缴费与给付合理模式,重点不在于推动城乡养老保险绝对平等,而是需要实现城乡养老保险缴费义务与待遇领取权利的统一,达到权利与义务相对应的相对公平。④可持续是统筹城乡的关键约束条件。合理提高农村养老保险待遇水平,调整制度运行模式,实现城乡养老保险统筹发展,需要以基金收支平衡可持续、财政补贴可持续和缴费能力可持续为核心约束条件,分阶段有序推进。

在养老保险体系发展要求下,农村养老保险逐渐向城镇职工养老保险以固定比例筹资与给付、给付替代率与缴费年限挂钩的模式转变,实现城乡养老保险制度模式一元化是对覆盖全民、统筹城乡、公平统一、安全规范、可持续发展要求的政策回应和合理选择。其中,以人均可支配收入为基数的固定比例给付可以规范农村养老保险待遇调整机制,实现随着农村人均可支配收入的提高而动态上调,确定了待遇调整客观标准,也随着城乡收入差距缩减而实现城乡养老金待遇水平的差距缩减,符合二元经济结构弱化规律;建立给付替代率与缴费年限挂钩机制,实现了缴费义务与待遇领取权利相对应的城乡统一;以农村居民收入水平提升和财政补贴可承受为前提条件分阶段有序推进制度模式一元化,符合可持续发展要求。

本书从养老保险缴费占国民经济合意比例视角出发,结合国民财富收入分配与人口结构、劳动力市场效率相协调的基本原则,确定城乡基础养老保险一元化适度缴费率,在可行性框架内确定城乡基础养老保险政策缴费率向一元化适度缴费率调整的路径,并且从政策、经济和参保者特征等多维视角分析养老保险缴费率一元化推进机制,预判基础养老保险缴费率一元化产生的经济社会效应。本书核心内容可概括为以下几点。

一、城乡养老保险统筹发展新内涵及内在逻辑

第一,缴费责任与待遇领取权利的统一是城乡养老保险统筹发展的新内涵。第二,制度模式一元化符合"公平统一、安全规范、可持续"的养老保险体系发展要求,是城乡养老保险统筹发展与共同富裕联动内在逻辑的政策外延。第三,以制度模式一元化为核心的城乡养老保险统筹发展受缩减养老金地区差距、提振消费等因素驱动。第四,城乡居民基础养老保险给付模式由"固定额最低养老金标准＋固定额年限养老金"向"替代率最低标准养老金＋替代率年限养老金"的制度模式调整,建立城乡养老保险统一的固定比例筹资与给付模式,是城乡养老保险统筹发展的正确政策选择。第五,以适度水平为标准,分阶段有序推进城乡统筹是合理的推进路径。

二、城乡基础养老保险一元化适度缴费率测算

(一) 构建基础养老保险适度缴费率模型

现收现付基础养老保险缴费适度水平以现收现付缴费总额占 GDP 比重为直接指标,进一步将指标要素进行分解,将现收现付缴费总额拆分为人均缴费额与缴费人数,将 GDP 拆分为劳动报酬总额与劳动生产要素分配系数,进一步转换为现收现付基础养老保险适度缴费率。基础养老保险适度缴费率是微观层面的合理缴费负担,主要取决于老年人口比重、现收现付替代率和劳动生产要素分配系数。老年人口比重越高,国民财富现收现付转移再分配的比例越大,现收现付基础养老保险适度缴费率越高;现收现付替代率越大,说明老年人口代际转移收入替代劳动报酬的需求越高,现收现付基础养老保险适度缴费率也就越高;劳动生产要素分配系数与现收现付基础养老保险适度缴费率之间呈反向关联,劳动生产要素分配系数越高,说明初次分配中劳动报酬分配比例越高,在现收现付养老保险筹资占 GDP 比例不变的情况下,基础养老保险适度缴费率会适当下降,即用微观层面较小比例的筹资,就可以实现宏观层面财富收入合理再分配。

从国民财富收入合理再分配的宏观视角出发,延伸至微观层面基础养老保险缴费率适度水平,可以为设定合理的基础养老保险政策缴费率提供依据,为城乡基础养老保险缴费率一元化提供适度标准。

基础养老保险适度缴费率模型为:

$$\widehat{\theta} = \frac{P_o \times \widehat{S}}{\widehat{H}}$$

其中，$\bar{\theta}$ 为基础养老保险适度缴费率，P_O 表示老年人口比重，$\bar{H}$ 为合意劳动生产要素分配系数，$\bar{S}$ 为基础养老保险适度替代率。

替代率模型为：

$$\bar{S}_t = \sum A_{i,j,t}$$

$$\times \left\{ \frac{n\% \times (1+\beta)}{2 \times (1+g)} + \frac{\theta \times 12 \times (1+r)^{n+1} \times \left[1 - \left(\frac{1+g}{1+r}\right)^n\right]}{\delta \times (r-g) \times (1+g)} \right\} \times \left(\frac{1+h}{1+g}\right)^{t-m}$$

其中，$\bar{S}_t$ 表示养老金社会平均工资替代率，A 表示退休人口中不同年龄、性别人群的人口占比，$S_{i,j,t}$ 表示不同年龄、性别退休人口的社会平均工资替代率，S_O 表示退休初始社会平均工资替代率，h 表示养老金调整指数，g 表示工资增长率，m 表示退休时点。n 表示缴费年限，β 表示缴费基数占社会平均工资的比重，θ 表示个人账户缴费率，r 表示个人账户基金投资收益率，δ 表示个人账户计发系数。

基础养老保险适度缴费率模型以劳动报酬要素替代传统收支模型中按劳动人口比重分担缴费责任，随着人口老龄化程度不断加深，劳动人口比重持续下降，但由于劳动生产率提高以及劳动力供需平衡关系变化等因素，劳动报酬分配水平呈上升趋势，特别是在国家提高初次分配中劳动报酬分配比例的政策支持下，劳动报酬分配系数将会逐渐提高，意味着在现收现付养老保险适度缴费率模型中的代际赡养能力显著提高，有效应对了人口老龄化对现收现付养老保险制度的冲击。

（二）测算城乡基础养老保险适度缴费率

城镇职工基础养老金社会平均工资适度替代率保持在 25%～26%，城乡居民基础养老金社会平均工资适度替代率约为 20%。城镇职工基础养老保险适度缴费率由 2021 年的 11.51% 提高至 2033 年的 13.09%，此后逐渐呈下降趋势，预计到 2050 年降低至 11.60%，城镇职工基础养老保险适度缴费率发展趋势呈倒 U 形。城乡居民基础养老保险适度缴费率由 2021 年的 9.77% 提高至 2035 年的 13.15%，此后逐渐呈下降趋势，预计到 2050 年降低至 12.42%，城乡居民基础养老保险适度缴费率发展趋势呈倒 U 形。

（三）确定城乡基础养老保险缴费率一元化适度标准

通过对城镇职工基础养老保险和城乡居民基础养老保险长期适度缴费率的测算，确定城乡基础养老保险一元化适度缴费率为 12%。城镇企业职工、灵活就业人员和城乡居民基础养老保险政策缴费率统一,为养老保险全国"大统筹"预设制度接口,促进城乡养老保险统筹发展,也在一定程度上规避了企业逃避缴费的行为。

三、城乡基础养老保险缴费率一元化调整路径

(一)城镇职工基础养老保险缴费率调整路径

依据政策缴费率调整对基金收支平衡的影响,确定城镇职工基础养老保险政策缴费率由 2022 年的 16％分阶段降低至 2036 年的 12％。

(二)城乡居民基础养老保险缴费率调整路径

通过分析"补入口"与"补出口"之间的财政筹资重构是否能够在不额外增加财政补贴的情况下,提高城乡居民养老保险待遇水平,确定城乡居民基础养老保险政策缴费率由 2022 年的约 3％提高至 2035 年的 12％。

(三)调整路径的财政补贴适度性检验

构建养老保险财政补贴适度水平模型:

$$PF = GDP \times H_O \times (1-T) \times P \times f$$

测算城乡基础养老保险缴费率一元化调整路径财政补贴需求,测算发现财政补贴需求低于财政补贴适度水平,缴费率一元化调整路径具有财政补贴合理性。

四、城乡基础养老保险缴费率一元化推进机制

本书从政策参数、参保主体的参保选择以及经济因素这三个维度分析城乡基础养老保险缴费率一元化的影响因素。采用仿真模拟、统计分析等方式确定延迟退休年龄、最低缴费年限标准对参保缴费行为的影响,采用交互项、固定效应等计量检验模型分析参保者个体特征、家庭杠杆和数字经济等要素对养老保险缴费行为的影响。

在基础养老保险缴费率一元化影响因素识别的前提下,提出从政策参数改革优化、强化参保缴费激励和创造良好经济环境等方面推进缴费率一元化。

五、城乡基础养老保险缴费率一元化效应分析

第一,利用代际交叠模型(OLG)构建基础养老保险缴费率一元化对人力资本投资和经济增长影响的理论模型,采用联立方程模型,检验基础

养老保险缴费率一元化过程中城乡养老金待遇差距缩减对跨越人力资本投资门槛和经济增长的影响。

第二,利用门槛效应模型、安慰剂检验等工具,检验城乡基础养老保险缴费率一元化对消费的影响,测算发现城乡基础养老保险缴费率一元化能够产生提振消费的作用。

第三,采用仿真模拟和计量检验方式,检验城乡基础养老保险缴费率一元化对共同富裕的推进效应,测算发现缴费率一元化既能够缩减城乡老年人口养老金收入差距,也能够缩减城乡居民收入差距。

目　录

表 目 录

图 目 录

第一章 导 论

一、选题背景和研究意义

(一) 选题背景

目前,我国已经初步形成以城镇职工养老保险、机关事业单位养老保险和城乡居民养老保险为核心的养老保障体系,实现了养老保险制度发展初期的"扩面"目标。而在养老保险制度实现起步"扩面"阶段基本目标的同时,城乡养老保险制度二元分割所导致的阻碍城镇化进程、养老保险城乡对接等问题逐渐凸显。所以在已经建立覆盖城乡的养老保险体系的现实背景下,养老保险制度发展要更加关注内部结构均衡。特别是在人口老龄化和推进共同富裕双重背景下,养老保险制度结构均衡可以促进城乡共同富裕,积极应对人口老龄化。养老保险制度结构均衡是实现人口、社会与经济协调发展的有效手段。

党的二十大报告提出"健全社会保障体系""健全覆盖全民、统筹城乡、公平统一、安全规范、可持续的多层次社会保障体系"。养老保险城乡统筹是统筹城乡发展的重要一环,破解城乡养老保险如何由碎片化制度模式向一元化制度模式转化的问题是实现养老保险城乡统筹的关键。目前,城镇职工养老保险、个体户养老保险和城乡居民养老保险采用差别化的缴费模式,城镇职工基础养老保险缴费率为 16%,个体户基础养老保险缴费率为 12%,城乡居民基础养老保险不缴费。城乡基础养老保险差别化缴费率虽然在一定程度上促进了养老保险覆盖率提高,但缴费水平差异直接导致城乡养老保险制度分割,造成劳动力城乡迁移过程中养老福利损失。如何打破现行城乡养老保险制度碎片化缴费模式,建立城乡缴费一元化的养老保险制度直接决定了养老保险城乡统筹目标能否实现,也对城乡共同富裕战略目标的实现至关重要。养老保险多元化缴费模式向一元化缴费模式转变是未来养老保障制度发展的关键。城乡养老保险缴费一元化面临两大问题。一是城乡居民养老保险制度如何定型。现行城乡居民基础养老保险"普惠制"模式具有福利性质,不能作为长期制度安排,未来随着城乡二元经济结构逐渐消失和城乡居民缴费能力提高,城乡居民养老保险缴费模式需要向城镇职工养老保险缴费模式转变。二是如何确定城乡养老保险一元化缴费水平,实现养老保险制度可持续发展。随着人口老龄化程度日益加深和供给侧结构性改革不断推进,城镇职工基础养老保险政策缴费率由20%降低至16%,在城乡统筹发展框架下,需要根据国民财富合意收入再分配、养老保险人口结构和养老保险收支均衡等因素,确定适度缴费水平,并以缴费适度水平为根本依据,进一步确定城乡基础养老保险一元化缴费率。本书以养老保险缴费占国民经济合意比例为出发点,结合国民财富收入分配与人口结构、劳动力市场效率相协调的基本原则,确定养老保险适度缴费率,在可行性框架内确定城乡基础养老保险政策缴费率向一元化适度缴费率调整的路径,并且从政策、经济和参保者特征等多维视角分析养老保险缴费率一元化推进机制,预判基础养老保险缴费率一元化产生的经济社会效应,具有重要的理论意义和应用价值。

(二) 研究意义

养老保险制度城乡分割是在二元经济结构下产生,依赖传统路径发展而成的养老保障制度安排。随着二元经济结构逐渐消失,城乡分割的养老保险制度需要向城乡养老保险一元化调整,城乡养老保险制度改革需要以一元化视角进行顶层设计,促进养老保险制度可持续发展。如何确定城乡养老保险一元化水平是养老保险城乡统筹的关键问题。

养老保险城乡统筹是在二元经济结构逐渐弱化背景下开展的养老保险制度顶层设计,其具体实施涉及统筹标准、统筹路径及其与经济发展阶段联动关系等多方面理论与现实问题。城乡基础养老保险缴费率一元化研究为养老保险城乡统筹一体化发展提供了新的理论视角和实现途径,具有重要的理论和现实意义。一是理论意义。城乡养老保险统筹是推进城乡一体化的关键,而如何定义并实现养老保险城乡统筹是关键所在。城乡基础养老保险缴费率一元化以养老保险缴费占 GDP 合意比例为切入点,构建基础养老保险适度缴费率模型及养老金替代率可能性边界模型,进一步结合养老保险人口结构演变规律和劳动报酬分配比例发展趋势确定基础养老保险适度缴费率,根据适度缴费率设定合理一元化缴费率。城乡养老保险缴费率一元化为养老保险城乡统筹提供了新的理论视角,丰富了城乡统筹理论。二是现实意义。在养老保险城乡分割向城乡一体化发展的过程中,面临着城乡养老保险如何定型、城乡养老保险缴费水平如何调整以及养老保险可持续性等一系列问题,这些问题能否得到解决关系到养老保险城乡统筹能否实现。城乡养老保险缴费率一元化研究能够确定养老保险给付和缴费适度水平,为协调城乡养老保险缴费水平提供标准。同时,城乡养老保险缴费率一元化实现了城乡养老保险缴费与给付模式对接,能够实现养老保险制度定型。在养老保险制度定型的关键时期,城乡养老保险缴费率一元化是对养老保险顶层设计需求的现实回应,具有重要理论意义和社会价值。

二、国内外研究现状及评述

(一)国内研究现状

1. 关于养老保险缴费的研究

第一,关于养老保险降费率的研究。学术界对养老保险降费率的研究主要集中在降费率与基金收支平衡的关系和降费率对经济社会的影响等方面。唐珏等(2022)对企业养老保险政策缴费率与企业年金覆盖率之间的关系进行定量检验,发现企业基本养老保险政策缴费率降低 4 个百分点,能使年金覆盖率增加 1.2 个百分点。邱志刚等(2022)研究认为降低养老保险法定缴费率有效降低了企业逃避缴费程度,特别是对于所在地区社会平均工资较低的企业,降低幅度更大。曾益、姚金(2022)研究认为降低养老保险缴费率会显著提高企业遵缴程度,政策缴费率由 28% 降低至 24%,遵缴率将会提高约 12.5 个百分点。刘树枫、高硕(2021)测算降费率背景下城镇职工养老保险收支平衡发展趋势,以及收支缺口时点变化。臧文佼、章玉贵(2021)研究发现养老保险降费政策降低了企业的缴费负担和成本黏性。

第二,关于养老保险最优缴费率的研究。穆怀中、陈曦(2019)构建基础养老保险缴费适度水平新模型,测算得到城镇职工基础养老保险适度缴费率为 14.62%。柳清瑞等(2013)根据代际交叠模型和福利最大化理论,测定城镇职工基础养老保险最优缴费率约为 15%,低于现行缴费水平。康传坤、楚天舒(2014)根据代际交叠模型测算了人口老龄化背景下的最优统筹缴费率,最优统筹缴费率范围为 10.22%~19.04%,低于城镇职工基础养老保险 20% 的缴费率,城镇职工养老保险应适度降低缴费水平。彭浩然、陈斌开(2012)分析了养老保险缴费率与给付待遇之间的倒 U 形关系以及社会统筹养老保险缴费率的阈值,认为社会统筹养老保险缴费率阈值为 15.6%。封进和宋铮(2006)以中国人口老龄化结构和养老保险制度福利效应关系为视角,分析合适的现收现付养老保险制度对社会福利的影响,认为在高生育率情况下的现收现付养老保险稳态税率在22%左右,低生育率情况下的现收现付养老保险稳态税率在25%左右。张金峰(2007)认为在平均余命逐渐提高的人口条件下,个人账户合理缴费率也在动态变化,2000—2050年个人账户缴费率下限范围为5.06%~6.58%,缴费率上限范围为8.98%~12.00%。孙雅娜等(2010)从个人效用和社会福利最大化的角度出发确定企业最优缴费率为20.48%,个人账户最优缴费率为10.85%。上述学者从福利最大化以及适度承受能力角度出发,对基础养老保险和养老保险个人账户最优缴费率进行定量和定性分析。

第三,关于养老保险缴费主体缴费能力的研究。国内学者分别对企业、个体灵活就业人员和城乡居民养老保险参保者的缴费能力进行大量研究。朱小玉、杨良初(2021)研究认为低收入群体缴费能力不足是"十四五"期间基本养老保险全覆盖面临的重要问题之一。边恕(2005、2007)以养老保险改革试点地区辽宁省为例,研究了企业的养老保险缴费能力,认为辽宁省国有工业企业能够承受的社会统筹缴费率最高限度为28.3%,适度缴费率为20.9%,目前企业承担养老、医疗、失业、生育、工伤保险总和费率为32%,处于超负荷状况。许志涛、丁少群(2014)对不同所有制企业缴费能力和缴费水平进行比较分析,认为现行企业社会统筹缴费率超出了集体所有制企业和私营企业的缴费能力,需要调整缴费率。叶宁(2013)对灵活就业人员缴费能力生命表进行分析,认为即使按照上年度在岗职工平均工资60%进行缴费,绝大多数灵活就业人员也不具备缴费能力,这成为制约灵活就业人员参保的重要原因,需要适当降低缴费基数。王国辉(2011)研究了城镇中低收入家庭养老保险缴费压力,认为现行养老保险缴费水平超出了中低收入家庭承受范围,提出建立养老保险缴费的减免补偿机制。贺书霞(2012)分析得到农民养老保险最大缴费能力为农民人均纯收入的17.29%,适度缴费率为农村人均纯收入的10.61%。

第四,关于养老保险缴费基数的研究。施文凯、朱小玉(2022)研究认为在全国统一大市场尚未形成的情况下,地区间缴费基数仍存在较大差异。张艳萍(2012)认为目前我国城镇养老保险存在缴费基数偏小和缴费基数不实的问题,导致养老保险征缴收入减少,降低社会统筹养老保险支付能力,需要统一并夯实缴费基数。黄阳涛(2013)分别测算了全国和13省、直辖市、自治区实际缴费基数以及缴费基数比,认为在全国和各地均存在缴费基数不实问题,缴费基数比地区差异较大,东部地区缴费基数比的差异大于中西部地区。孙长久(2009)对社会保险缴费基数不平衡、缴费基数相对虚高、收入较低的职工难以承受高缴费基数等问题进行分析，并提出从统计口径、核定标准、提高收入等方面平衡社会保险缴费基数。杜小敏（2008）认为核定标准不规范，不同统筹范围、统筹层次之间标准不统一，造成企业瞒报职工缴费基数，企业间缴费负担不公平。席元香（2002）认为未将二次分配给职工的岗位工资、奖金、津贴等纳入工资总额，造成职工实际工资收入总额与劳资统计的缴费台账工资存在较大的差异，导致缴费基数不实。上述学者研究焦点主要集中在养老保险缴费基数不实的原因和影响方面。

2. 关于养老保险一元化的研究

第一，关于养老保险缴费率一元化的研究。韩伟（2010）认为企业、个体户、灵活就业人员社会统筹养老保险缴费率存在较大差异，不利于养老保险制度稳定运行。根据养老保险精算平衡原则，测定企业、个体户、灵活就业人员社会统筹养老保险的统一缴费率为18%，并对调整路径进行研究。张思锋、曹信邦（2014）提出将基础养老保险调整为国民年金的养老保险改革思路，在国民年金制度下，雇主按雇员工资总额20%缴费，并与财政补贴共同构成公共账户，个人按工资8%缴费计入个人账户。王晓军、乔杨（2013）提出"基础养老保险＋职业年金"的公务员养老保险并轨改革思路，基础养老保险缴费由财政负担，职业年金缴费由财政和个人缴费分担，其中个人负担8%，财政负担8%。

第二，关于养老保险全国统筹一元化的研究。范堃等（2022）提出以当地社会职工平均工资、全国社会职工平均工资和缴费贡献相结合的全国统筹计发方案。郑秉文（2022）研究提出养老保险全国统筹的实现路径和制度目标。郑功成（2008）认为现阶段我国养老保险统筹层次过低，导致养老保险缴费负担区域差异明显，不利于养老保险可持续发展，同时也阻碍劳动力在区域间自由流动，需要尽快推进养老保险全国统筹，实现缴费区域负担一元化。穆怀中、闫林林、张文晓（2014）根据养老保险全国统筹方案收入再分配系数测算，提出社会统筹养老保险中的10%替代率部分由全国统筹，20%替代率部分由省级统筹，体现经济发展差异。郑秉文、孙永勇（2012）对中国各地区城镇基本养老保险收支状况进行分析，认为养老保险全国统筹是解决部分地区收不抵支问题的有效手段，同时提出以企业和个人缴费全部计入个人账户的方式进行全国统筹。席恒（2009、2011）认为目前我国具备进行养老保险全国统筹的政治、经济和财政条件，根据中央统筹比例差异，提出三种养老保险全国统筹思路。林毓铭（2013）分析了我国养老保险省级统筹发展历程,指出养老保险全国统筹的改革难点并提出模式改革、基金预算改革和中央-地方责任分担等改革建议。

3. 关于养老保险城乡统筹的研究

第一,关于养老保险城乡分割的研究。刘琛璨等(2022)研究认为养老保险城乡分割不利于农村家庭金融资产配置优化,城乡养老保险一体化后,农村家庭配置风险资产、金融资产、生产资产等的概率和规模均显著提高。郑功成(2014)认为社会保障制度城乡分割的推进方式损害了社会保障制度功能的全面发挥,如职工养老保险城乡分割导致农民工难以有效融入制度之中,社会保障制度需要由城乡分割向城乡一体化转变。王延中(2006)认为养老保障制度城乡分割制约城镇化进程,在经济和社会转型期,养老保障制度城乡整合能够推进经济、社会改革。吴红梅(2013)认为养老保险制度碎片化和城乡分割是我国养老保险制度发展的瓶颈,提出以"整体性治理"视角进行养老保险制度整合。吴湘玲、叶汉雄(2005)认为养老保障制度城乡分割阻碍养老资源的城乡调剂使用,削弱了养老保险保障功能,提出通过建立农村养老保险制度促进实现全民性的基本养老保险制度。国内学者普遍认为城乡分割的养老保险制度负面效应持续发酵,需要进行城乡一体化改革。与此同时,部分学者提出相反观点,认为统一的养老保险制度不利于经济发展或者需要结合经济发展现状和养老需求谨慎推进。如陈平(2002)认为不统一的社会保障制度是推动我国经济高速增长的重要原因,应继续发挥家庭、社区和民营保险机构的保障功能,而非建立集中低效的统一社会保障体系。何平、华迎放(2007)提出农民工社会保障建设要以农民工需求为导向,首先解决工伤保险和大病保险问题,养老保险制度建设可逐步解决。宋斌文(2003)提出"相机决策"的观点,认为养老保险制度整合要分阶段、有步骤地推进,应该首先实现城镇职工养老保险和农民工养老保险整合,在此之后逐步建立农民养老保险制度以及其他相关制度。

第二,关于养老保险城乡统筹模式的研究。穆怀中、陈曦(2014)认为养老保险适度水平是判断养老保险城乡协调的根本依据,提出城乡养老保险向适度水平调整,实现城乡养老保险相对水平的一致性,从而实现养老保险城乡统筹。卢海元(2009)提出建立全国统一、城乡统一的新型养老保险制度,新型养老保险制度采用基础养老保险和养老保险个人账户相结合模式,基础养老保险采用普惠制养老金形式,个人账户采用完全积累制。吴湘玲(2005)主张全民基本养老保险制度应采取现收现付的筹资模式,资金来自一般税收,从而保障所有的老年群体都能获得相等的最低生活保障养老金,消除养老保障城乡分割。丁建定、张尧(2014)在对养老保险城乡统筹有利条件、基本原则进行分析的基础上,提出"小步渐进式"养老保险城乡统筹思路,并对统筹过程中转移接续、政府财政责任等问题进行分析。侯慧丽(2013)以北京市为例分析养老保险城乡分割和地区分割问题,认为以地方政府为主导的养老保险统筹能够有效缩小城乡养老福利差距。

第三,关于养老保险城乡统筹阶段的研究。童广印、薛兴利(2009)分析了统筹城乡养老保险的政治、经济和政策条件,提出统筹城乡养老保险两阶段路径,在2008—2015年城乡养老保险由城乡分割向"制度统一、标准不同"调整,在2016—2030年实现城乡养老保险一体化。刘昌平(2009)提出养老保险城乡统筹的两步走战略,第一步要通过完善城镇基本养老保险制度和建立农村养老保险制度,实现城乡养老保险制度有效衔接,第二步是建立覆盖城乡的养老保险体系,科学制定养老保险城乡统筹发展的阶段性策略。王晓东(2012)以内蒙古为例,提出养老保险城乡统筹三阶段发展策略:第一阶段,在2013年之前实现城乡居民养老保险制度整合;第二阶段,在2016年之前构建以城镇职工养老保险、城乡居民养老保险和老年津贴制度为核心的城乡养老保险体系;第三阶段,2020年之前实现城镇职工养老保险和城乡居民养老保险制度整合。米红(2008)从我国地区经济发展水平不平衡的国情出发,提出从覆盖到衔接的社会保障"三步走"战略,从2008年到2020年为第一步,建立覆盖城乡居民的养老保障制度;从2021年到2035年为第二步,建立以东部、中部和西部为区域划分的城乡养老保障"大区域"动态衔接;在2049年以前,实现城乡养老保障的全国衔接。刘苓玲(2008)根据城乡统筹发展水平将社会保障统筹发展战略分为"统分结合""中期阶段""城乡融合""城乡一体"四个发展阶段。张君良(2010)依据行政层级,将社会保障统筹发展战略分为县域、省级以及全国城乡社会保障一体化三个发展阶段。

第四,关于养老保险城乡对接的研究。王玥(2012)基于城乡迁移劳动力养老保险制度对接理论,对城乡迁移劳动力的养老保险制度对接进行全面系统的实证研究,提出要促进城乡不同人群、失地农民、城镇职工、农民工与城镇养老保险的对接。王丹宇(2007)建议将农民工养老保险统筹层次提高至区域统筹,实现养老保险关系跨省、跨地区自由转移和接续。应永胜(2009)提出在已经建立养老保险体系的农村区域可以将外出的农民工纳入农村社会养老保险体系,实现农民工养老保险城乡接续。许可(2005)认为可以建立"基础保障""补充保障""附加保障"的"三维"社会保障模式解决农民工的养老保险对接问题。李顺明、杨清源（2008）和杨宜勇、谭永生（2008）从扩大养老保险覆盖面、提高统筹层次、调整财政支出结构、分段缴费、立法、信息化建设、管理水平提高等角度提出了流动人员的社会保险转移和接续的对策建议。杨风寿（2010）认为统筹层次低、转轨成本未完全消化导致社会保险转移接续困难，提出可以适度动用全国社会保障基金来减少转轨成本带来的个人空账、社会保险转移不畅等社会问题。

4. 关于养老保险可持续发展的研究

第一，关于人口老龄化对养老保险制度影响的研究。汪伟、靳文惠（2022）研究认为在将生育作为外生变量时，预期寿命延长会降低代内收入不平等，并提高代际收入不平等。朱卫东、姚建平（2005）从农村养老保障体制不健全与城市养老保障历史债务两个角度分析了人口老龄化对我国养老保险制度的影响，提出加快农村养老保险制度建设步伐与完善城镇职工养老保险制度以有效应对人口老龄化。刘同昌（2008）同样指出探索建立城乡融合的养老保障制度体系是应对人口老龄化的重要举措。封进、宋铮（2006）采用一般均衡的迭代模型，在对我国城镇人口年龄结构变化和养老保险制度安排对经济的影响进行数值模拟的基础上评价了养老保险制度的福利效应，指出现收现付制养老保险制度依然是应该选择的模式。刘儒婷（2012）在人口老龄化背景下建立了中国养老金长期收支模型，得出中国养老金短期内收支基本平衡，中期内收入略低于支出，长期看则严重收不抵支。林宝（2010）在养老金资金平衡的公式基础上分析人口老龄化与缴费率变动之间的关系，发现养老保险综合覆盖率上升和养老金平均替代率实际下降可以有效化解人口老龄化对缴费率的抬升效应，可以从适当降低缴费率和扩大养老保险给付覆盖范围等方向改革当前制度设计。张翼（2012）在对日本人口转型与养老保险制度改革进行分析后认为中国在人口老龄化程度加深的情况下需要提升社会养老保险统筹层次，实现养老金制度体系从"碎片化"到"大一统"的改变，扩大养老金覆盖面，降低缴费率。姜向群（2006）就我国人口老龄化对养老退休金缴费负担的影响进行了预测和分析，并提出采用半基金积累制、扩大养老金覆盖面等手段以缓解由人口老龄化导致的代际之间养老金压力。谢安（2005）建议通过延迟退休、扩大养老保险覆盖面、建立多层次综合养老保险体制、调整生育政策等手段改革现行养老保障体制以有效应对人口老龄化。姜岩、张学军（2013）认为不断加深的人口老龄化要求政府在更长的周期内考虑政府养老保险预算平衡问题，中国养老保险制度结构改革应同步解决政府保险预算的碎片化问题。孙端(2011)在介绍德国、美国、日本等发达国家应对人口老龄化的养老保险改革经验基础上,提出中国应制定并出台《养老保险法》、建立企业补充养老保险,发展多元养老保险体系、提高退休年龄等对策以有效应对人口老龄化。

第二,关于养老保险收支平衡的研究。贾洪波、郝姣姣(2022)研究了降费政策背景下人口老龄化对养老保险收支平衡的影响,认为人口老龄化会加剧收支失衡。王鉴岗(2000)构建了养老保险收支平衡模型,发现缴费率、替代率、通货膨胀率、工资增长率、失业率、退休年龄设定、人口流动等均会对养老金收支平衡产生影响。蒋筱江、王辉(2009)基于我国现行养老保险基金收支办法建立了养老保险收支平衡模型,发现控制退休年龄和养老金支付水平是实现养老保险基金收支平衡的关键因素。傅新平、邹敏、周春华、高祝桥(2007)则构建了新政策下养老保险基金收支平衡模型,发现社会平均工资、基金增值率、养老金支付人数、参保人数、缴费率、给付率等是影响收支平衡的重要因素。吕江林、周渭兵、王清生(2005)通过精算分析指出了个人账户养老金支付方案的不足,进一步基于"选择生命表"建立了两个不同假设下的个人账户精算模型,提出个人账户余额发放方式的两种可供选择的替代方案。王积全(2005)分析了我国养老保险个人账户基金存在缺口的原因,同时给出缺口计算方式,认为目前个人账户养老金的计发办法加剧了养老金支付不公平,可以采取个人账户养老金计发办法生存年金化等方法减少养老保险基金缺口。邓大松、李琳(2009)对我国养老保险政策改革后城镇职工基本养老保险替代率进行建模测算,并对养老金缴费年限、参保工资等影响替代率的制度因素进行了敏感性分析,发现"做实做小"个人账户和适当延迟退休有利于我国基本养老金的积累和投资运营。陈迅、韩林、杨守鸿(2005)根据基本养老保险基金收支平衡模型测算了开始工作的平均年龄、退休的平均年龄、货币工资平均增长率、年利率和基金投资预期收益率等相关变量对收支平衡的影响,并测算出近期和远期的平衡状态。徐佳、傅新平、周春华等(2007)在构建新政策下养老保险基金收支测算模型基础上对我国未来养老金收支状况和老人、中人、新人三类人在新政策推行前后退休金的变化进行了测算。

第三,关于养老保险制度改革的研究。郑功成(2013)从现行养老保险制度存在养老金水平越来越高、制度超负荷运转、职工基本养老保险制度地区分割、农民养老保险缺乏激励并出现泡沫化、城镇居民养老保险定位不清晰、责任分担机制失衡、基金贬值风险大等问题出发,明确了优化养老保险制度体系的基本原则、基本目标,提出了以全国统筹为重点、优化统账结构、统一缴费率、优化职工养老保险制度、建立公职人员养老保险制度、完善农民养老保险方案、优化完善相关配套措施等改革方案。张明利、王亚萍、张闪闪(2012)在总结英国、法国和美国整合社会养老保险制度的经验和教训基础上,为我国碎片化养老保险制度提供了管理体制和养老金制度等方面的改革思路,以促进养老保障制度的完善。王思(2009)从养老保险的功能定位角度分析了我国养老保险制度存在的问题,认为未来养老保险改革仍应保留现收现付制,养老保险制度走出困境的根本出路在于提高劳动生产率。高爱娣(2009)针对我国现行养老保险制度碎片化特点,提出建立统一基本养老制度,缩减国家基本养老保险比重,大力发展企业(职业)补偿养老保险等。龙朝阳、申曙光(2011)认为建立非缴费型国民基础养老金计划与缴费型名义账户制养老金计划相结合的基本养老保险制度是中国城镇养老保险制度改革方向。封进、何立新(2012)从老龄化、城市化、全球化的角度指出中国的养老保险制度改革仍具有老年劳动参与率提高、劳动生产率提升、养老保险覆盖面扩大、保险基金投资回报率提高等独特的进步空间。

(二) 国外研究现状

1. 关于养老保险缴费的理论研究

第一,关于养老保险适度缴费率的相关研究。美国经济学家马丁·费尔德斯坦(1996)测算了美国建立个人账户制度下的缴费率。马丁·费尔德斯坦(1999)认为中国若实行基金积累制,城镇职工缴纳工资的 5% 便可与现行制度具有同样的福利水平。Burkhauser 和 Turner(1985)提出判断养老保险缴费率适度性的标准,从养老保险缴费率对劳动力供给和职工储蓄决策造成的扭曲程度来判断缴费率的适度性。舒尔茨、维特斯(1992)考察了现收现付制度和基金积累制度的不同缴费率。Barro(1974)在世代交替模型下考虑了利他主义因素,建立了养老保险缴费与给付对当期消费、储蓄的影响模型。Luciano Fanti 和 Luca Gori(2010)分析了降低缴费率对现收现付制养老保险收支平衡的影响,同时通过实证分析验证了在降低缴费率的情况下保证养老金给付水平的可能性。萨缪尔森(1975)根据生命周期内生增长模型确定了适度养老保险水平。

第二,关于养老保险缴费模式的研究。萨缪尔森(1958)、戴蒙德(1965)、艾伦(1966)通过构建代际交叠模型,指出当市场实际利率小于人口增长率与实际工资增长率时,现收现付养老保险缴费模式优于基金制。Verbon(1987)基于两期代际交叠模型证明了在一个小型开放的经济体内由现收现付制向基金制转变会产生额外的成本,因此不是帕累托改进。哈耶克(1997)则认为现收现付模式会将当代人产生的大量债务转移到未来世代,造成代际不公平。Spengler,Kreps(1963)和Sinn(2006)则主张基金制或部分积累制,来避免或减轻代际不公平。Feldstein(1996)通过对美国1927—1995年非金融机构企业税前收益率的实证研究发现,美国公民在基金制下将个人养老金账户投入资本市场将获得9%的预期收益率,而现收现付制长期预期收益率仅为1.1%,因此美国应由现收现付制向基金制转变。Bovenberg(1997)和Lassila(2001)认为基金累积制将有效解决现收现付制在面临人口老龄化问题时出现的支付危机。Nicholas Barr(2003)同样认为现收现付制在面临人口老龄化问题时会出现支付危机,但基金累积制则随着老龄化水平的提高和总产出水平的下降而降低养老金的价值,最终效果上两种模式没有本质区别。

2. 关于养老保险可持续发展的研究

第一,人口老龄化对养老保险制度的影响。McCarthy F. D. 和Kangbin Zheng(2004)认为即使在经济保持长期持续高速增长的条件下,中国人口老龄化也将导致养老保险财政不可持续,基金积累制改革、提高缴费率和降低收益率将会缓解人口老龄化对养老保险制度可持续性的冲击。Toutain(1997)分析了意大利人口老龄化与退休年龄之间的关系,并对意大利1992年以来的养老保险制度改革进行深入分析。Christian,Keuschnigg和Keuschnigg Mirela(2004)对澳大利亚人口老龄化与养老保险制度改革进行分析,认为降低养老保险替代率、延迟退休具有较强劳动力市场效应,能够降低失业率,增强劳动供给。Turner A. (2006)分析了人口老龄化对发达国家和发展中国家养老保险体系的影响,认为生育和迁移是决定这种影响程度的重要因素。

第二,关于养老金收支平衡的研究。Auerbach 和 Kotlikoff(1991)提出测算养老金收支平衡和可持续性的代际核算法,并逐渐成为主流测算方法。Tatsuo Hatta 和 Noriyoshi Oguchi(1996)研究了日本养老保险基金收入与支出之间均衡关系,认为日本养老保险基金支出与基金收入差值,即净养老保险债务将在2045年达到峰值,在2090年降至零,在此过程中,财务负担将在2020年达到峰值3%,此后逐渐降低至1%以下。Verbič Miroslav 和 Spruk Rok(2011)分析了人口老龄化对养老保险支出的影响,提高总和生育率和有效退休年龄将会提高养老保险可持续性,而增加净养老保险替代率将会导致养老保险财政赤字。

第三,关于养老保险制度改革的研究。Burtless(2001)以美国养老金制度改革为例,比较了私人养老计划与公共养老的优缺点,认为公共养老系统可以分散风险而使当代人及后代人受益。Blake(2000)对英国20年内公共养老金制度变革进行了探讨,并对退休金计划提出建议。Roberto Rocha和Dimitri Vittas(2002)分析了匈牙利养老保险由完全现收现付的单支柱模式向引入私人计划的多支柱模式改革背景和具体内容,并对改革效果进行评估,认为多支柱养老保险制度模式具有更高的回报率,并对储蓄和劳动力市场产生积极影响。Jonathan Gruber和David A. Wise(2002)对现收现付制养老保险面临的人口老龄化、提前退休和劳动人口生命周期收益率低等不利影响进行分析,并提出养老保险改革的基本方向,对每种改革路径的经济学特征进行深入研究。Corsetti G. 和Schmidt-Hebbel K. (1995)分析了智利养老保险由完全现收现付向完全积累改革的经济效应,根据内生经济增长模型和相关数据得到结论,认为完全积累制改革能够促进经济长期持续增长。

4. 关于城乡社会保障一体化的研究

第一,关于城乡二元经济结构的研究。刘易斯(1954)提出二元经济模型,认为工业化优先发生在工业部门,农村部门工业化相对滞后,农业部门为工业部门源源不断提供劳动力,由于农业部门存在大量剩余劳动力,边际劳动生产率接近零,劳动力在农业部门就业工资不取决于边际生产率而取决于工业部门就业工资。拉尼斯和费景汉(1961)在刘易斯二元经济理论基础上,放宽了农业部门边际生产率始终为零的假设,认为工业化过程中工业部门积累增加将会提高农业部门边际生产率,根据边际生产率与就业工资之间关系,农业劳动力向工业部门转移分为边际生产率为零、边际生产率小于就业工资和边际生产率大于就业工资三个阶段。哈罗斯和托达罗(1970)在刘易斯、拉尼斯-费景汉二元经济理论基础上,在劳动力迁移决策模型中引入预期因素,认为预期收入而非城镇就业实际收入是劳动力迁移的决定因素。Agesa(2004)通过对肯尼亚人口城乡流动的实证分析发现,妻子和孩子留在农村,丈夫去城市打工以此带来家庭整体收入的提高是城乡流动的动机之一。

第二,关于城乡社会保障分割的影响研究。Oded Stark和David E. Bloom(1985)提出劳动力迁移的经济学理论,认为迁移劳动力社会保障缺失是阻碍劳动力永久迁移的重要原因。John Giles和Ren Mu(2007)对父母健康与子女城乡迁移决策之间关系进行了理论和实证研究,认为老年父

母的养老保险覆盖程度是影响两者之间关系的重要变量。Nielsen 等
(2007)根据中国江苏省数据,对劳动力乡城迁移过程中城镇人口对迁移人
口是否应获取相同社会保障权益的主观价值判断进行了研究,认为城镇年
轻人口、已经拥有社会保险的人口和国有部门员工更倾向于同意迁移人口
获取相同社会保障权益,部分城镇居民害怕迁移人口拥有社会保障福利会
稀释自身福利而不同意迁移人口获得社会保障权益。Vernon Henderson
J. 和 Wang H. G. 认为农村迁移劳动力缺乏相应社会保障权益是导致中国
城市内部二元分化的重要原因。Becker 和 Charles M. (2010)分析了吉尔
吉斯斯坦养老保险城乡分割的现状,并对城乡分割导致的农村贫困和养老
保险基金赤字等问题进行了研究。

第三,关于城乡社会保障协调发展的研究。Ahmad(1991)认为随着平
均预期寿命的延长和贫困人口的增加,借鉴发达国家的社会保障制度发展
经验以及出于对社会公平的考虑,发展中国家应建立城乡统筹的社会保障
体系。Athar(1994)认为对于刚刚建立市场经济的中国来说,将社会保障
改革重点集中在城市是符合国情的,但是未来社会保障制度改革要注重城
乡统筹社会保障体系的建立。Seldon(1997)认为从全面发展的角度看,中
国养老金改革应缩小城乡社会保障的差别。Loraine(1999)指出中国养老
保障体系实现可持续发展的途径是将进城务工人员纳入社会保障体系以
扩大养老保险覆盖面。盖尔·约翰逊(1998)提出随着中国农村家庭规模缩
减,农村家庭养老所依赖的几世同堂家庭结构将不复存在,需要像城镇社会
保障体系一样,将农村居民纳入社会保障体系中。Jessica K. M. Johnson
和 John B. Williamson(2006)认为建立养老保险非缴费制度模式对提高
低收入国家养老保险覆盖率具有重要作用,非缴费制对城镇和农村均具有
显著的经济、社会和政治效益,在推行过程中,由于城镇正式就业和管理能
力高于农村,需要区分城镇和农村的非缴费制养老保险制度特征。

(三) 文献简要评述

城乡基础养老保险缴费率一元化是养老保险体系建设的核心主题,也
是影响经济社会发展的重要因素,国内外学者围绕养老保险城乡统筹发展
过程中缴费水平、统筹模式和统筹路径等问题进行了大量理论和实证研
究,为本书城乡基础养老保险缴费率一元化研究提供了可借鉴的思路。

国内外学者针对城乡养老保险缴费率一元化的相关研究集中体现在
两个方面:一是养老保险缴费率研究,二是养老保险城乡统筹研究。养老
保险缴费率是城乡养老保险一元化的核心要素,养老保险缴费率研究是一

元化研究的前提和重要基础,养老保险缴费率研究在两个维度展开,一是以养老保险代际交叠模型为依据确定养老保险缴费率适度水平,二是以养老保险资金收支平衡为视角确定养老保险缴费率。国内外学者利用代际交叠模型,以劳动力微观效用及个人、企业和国家间均衡为视角确定养老保险缴费水平,体现了养老保险缴费与经济发展的一致性,为本书基础养老保险适度缴费率研究提供了思路借鉴。养老保险缴费属于国民财富再分配范畴,国内外学者关于养老保险缴费水平的研究体现了养老保险缴费与经济增长相协调的合理性,但仍存在两点不足。一是基础养老保险缴费适度水平模型缺少在人口老龄化导致养老保障需求提高与劳动力代际赡养能力下降的情况下,对代际赡养转移支付模式转变的考虑。本书以养老保险缴费占 GDP 合意比重为切入点,结合养老金替代率可能性边界和国民财富人口结构分配原理等因素,确定基础养老保险适度缴费率模型,实现由依赖庞大的劳动人口数量来赡养老年人口向依托更高的劳动人口劳动报酬来赡养老年人口的转变,有助于破解养老需求上升与劳动力数量下降的矛盾。二是城乡养老保险统筹协调发展多是从给付水平差距缩减的视角展开,而城乡养老保险分化的根本原因在于缴费水平差距,本书从城乡基础养老保险缴费率一元化的视角确定养老保险城乡统筹的标准,是对党的二十大提出的"统筹城乡"社会保障体系发展要求的理论回应,并且本书设计了城乡基础养老保险缴费率一元化的路径,以及基于政策、经济和参保者特征等多维视角的推进机制,进一步明确了城乡统筹的发展路径,具有现实可行性。

三、研究方法和研究思路

(一) 研究方法

首先,采用理论分析和实证分析相结合的方法。本书提出养老保险城乡统筹理论、生存公平和劳动公平理论、养老保险缴费适度区间理论、养老保险生命周期补偿理论和现收现付适度水平筹资理论,对养老保险缴费适度水平和城乡基础养老保险缴费率一元化进行理论分析,同时以理论分析为基础,构建基础养老保险缴费适度水平模型,对城乡基础养老保险缴费率一元化进行实证分析。

其次,采用静态分析和动态分析相结合的方法。城乡基础养老保险缴费率一元化研究既要关注特定时间节点的缴费适度水平,也需要分析经济条件和二元经济结构动态变化对城乡基础养老保险长期均衡适度一元化缴费率的影响。本书结合静态分析和动态分析方法,对城乡基础养老保险一元化缴费率进行静态和动态的统计分析,确定基础养老保险特定时点适度缴费率和动态适度缴费率,并以此为根本依据,确定城乡居民基础养老保险一元化缴费率。

最后,采用定性分析与定量分析相结合的方法。基础养老保险缴费率一元化既涉及如何界定适度缴费水平和缴费率一元化等定性判断,同时也需要进行基础养老保险缴费适度水平和一元化缴费率的定量分析。本书采用定性和定量相结合的分析方法,对基础养老保险适度缴费水平和一元化缴费率的内涵与机理进行定性分析,在此基础上对城乡基础养老保险适度缴费水平和长期均衡一元化缴费率进行测算,利用计量模型对缴费率一元化影响因素、推进机制和效应进行定量分析。

(二) 研究思路

本书从城乡基础养老保险缴费率一元化理论基础和城乡基础养老保险多元化缴费现状出发,对城乡基础养老保险缴费率一元化动因、标准、水平和实现路径等问题进行了理论和实证分析。重点回答了为什么要推动缴费率一元化,缴费率一元化的标准是什么,一元化缴费率如何测算和一元化如何推进等现实问题。本书基本研究思路体现为以下几个存在递进关系的部分。

第一部分,缴费率一元化基本理论。从养老保险城乡统筹与二元经济结构互动理论、生存公平与劳动公平理论、养老保险缴费适度区间理论、养老保险生命周期补偿理论和现收现付适度水平筹资理论出发,构建缴费率一元化研究的理论基础。

第二部分,城乡基础养老保险缴费率发展趋势与一元化内在逻辑。以城乡基础养老保险多元化缴费率现状及存在问题为切入点,分析缴费率一元化动因、政策实践、内在逻辑和标准选择。

第三部分,基础养老保险适度缴费率模型构建及实证分析。以养老保险缴费占 GDP 合意比例作为切入点,构建基础养老保险缴费适度水平模型,结合养老保险替代率可能性边界和国民财富人口结构分配原理,实证分析基础养老保险缴费适度水平,为缴费率一元化提供合理标准。

第四部分,城乡基础养老保险缴费率一元化调整路径。以适度缴费水平为根本标准,确定一元化缴费率,并从现实缴费水平出发,结合城镇职工养老保险和城乡居民养老保险制约因素,设定城乡基础养老保险缴费率一元化调整路径。

第五部分,城乡基础养老保险缴费率一元化推进机制分析。本书分别从政策参数、经济环境和参保个体特征等视角分析缴费率一元化推进机制,模拟分析延迟退休、最低缴费年限等指标参数对缴费率一元化的影响,计量检验家庭杠杆、数字经济、参保者特征等因素对参保缴费意愿、覆盖率等方面的影响,提出基础养老保险缴费率一元化推进方式。

第六部分,缴费率一元化的经济社会效应。缴费率一元化对经济增长、收入差距和消费水平等方面产生直接影响。本书分析了城乡基础养老保险缴费率一元化过程中的经济增长效应、共同富裕效应和提振消费效应,最后得出研究结论及政策建议。

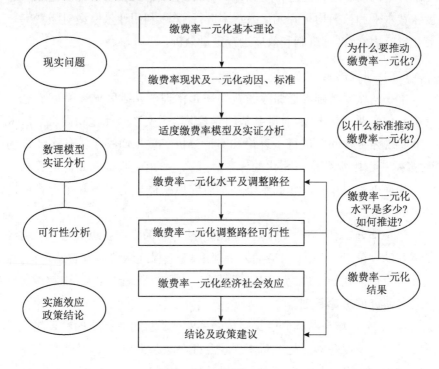

图1-1　城乡基础养老保险缴费率一元化研究技术路线

四、创新与优化方向

(一)创新之处

首先,本书以养老保险缴费占 GDP 合意比重为切入点,结合养老金替代率可能性边界和国民财富人口结构分配原理等因素,确定基础养老保险适度缴费率模型,实现由依赖庞大的劳动人口数量来赡养老年人口向依托更高的劳动人口劳动报酬来赡养老年人口的转变,有助于破解养老需求上升与劳动力数量下降的矛盾。

其次,本书从人口老龄化与共同富裕战略实施的背景为出发点,提出以基础养老保险缴费率一元化为养老保险城乡统筹的根本标准,构建城乡基础养老保险缴费率一元化路径,是对党的二十大提出的"统筹城乡"社会保障体系发展要求的理论回应和现实政策设计。

最后,本书以参保者主观决策作为政策落地的根本着力点,从政策参数、经济环境和个体特征等维度分析影响参保者主观决策的因素,以计量检验为基础,提出城乡基础养老保险缴费率一元化的合理推进机制。

(二) 优化方向

现阶段城镇职工养老保险全国统筹已经开始推进,延迟退休政策也提上日程。本书需要进一步根据全国统筹、延迟退休政策实施之后养老保险收支平衡、参保者主观意愿等方面发生的变化适时对基础养老保险缴费率一元化路径进行修正。

第二章　基础养老保险缴费率
一元化基本理论

本章重点讨论基础养老保险缴费率一元化的理论基础,其中包括养老保险城乡统筹与二元经济结构互动理论、生存公平和劳动公平理论、养老保险适度水平理论和养老保险生命周期补偿理论。这些理论相互联系、层层递进,共同构成了城乡基础养老保险缴费率一元化研究框架。养老保险城乡统筹与二元经济结构互动理论揭示了缴费率一元化动因与路径选择,生存公平与劳动公平理论是养老保险缴费与给付适度水平的理论基石,养老保险缴费适度水平理论为基础养老保险缴费率一元化提供了合理标准,养老保险生命周期补偿理论是缴费率一元化路径选择的必要依据。基础养老保险缴费率一元化理论体系完整地回答了为什么要实行缴费率一元化、缴费率一元化合理标准是什么和如何有效推进缴费率一元化这三个核心问题。

一、养老保险城乡统筹与二元经济结构互动理论

二元经济结构是发展中国家的阶段性特征,养老保险城乡分割源于二元经济结构,在城乡偏斜发展过程中逐渐强化,形成路径依赖。城乡分割的养老保险制度与城乡一体化发展趋势相悖,需要结合二元经济结构弱化规律进行一元化整合。

(一) 二元经济结构转换理论

在经济发展初级阶段,发展中国家存在传统农业部门和现代工业部门并存的二元结构,随着工业化进程推进和农业发展,二元经济结构向工农业均衡转换。刘易斯(1954)较早地研究了发展中国家二元经济结构转换问题,认为传统农业部门边际劳动生产率为零决定了农业剩余劳动力只能获得维持基本生存的农业工资,现代工业部门边际劳动生产率较高情况下,只需要以略高于农业部门的工资水平就能够获得源源不断

的农村剩余劳动力供给。[①] 刘易斯二元经济模型提供了二元经济理论分析框架，奠定了古典二元经济理论基础。拉尼斯和费景汉（1961）在刘易斯二元经济模型基础上，放宽了农业边际劳动生产率为零的假设，将二元经济结构转换分为农业边际劳动生产率为零的农业剩余劳动力流动阶段，农业边际劳动生产率大于零且小于不变工资的农业剩余劳动力流动阶段，农业边际劳动生产率大于不变工资的农业剩余劳动力流动阶段。[②] 以刘易斯二元经济模型和拉尼斯-费景汉模型为核心的古典二元经济结构理论探讨了二元经济结构转换过程中工农业之间的内在联系，在一定程度上强调了技术进步对二元经济结构转换的影响，但也存在忽视农业发展的问题。新古典二元经济结构理论强调了农业发展在二元经济结构转换中的作用，认为工农业工资均取决于边际劳动生产率。乔根森（1961）以农业剩余、工业扩张和劳动力流动为视角研究二元经济结构转换问题，认为农业产出增长率超过人口增长率产生了农业剩余，而农业剩余为工业扩张提供了基本条件，在工业扩张过程中由于人们对农产品消费有限性和对工业产品消费需求无限性导致农业劳动力向工业部门转移。[③] 托达罗（1970）研究二元经济结构转换中的劳动力流动微观决策机制，认为城乡收入差距是吸引农业剩余劳动力流动的重要原因，城市就业预期收入大于农业收入情况下，农业劳动力具有流动的动力。[④]

古典二元经济结构转换理论和新古典二元经济结构转换理论揭示了工农业二元结构向工农业均衡转换的规律。作为发展中国家，我国二元经济结构同样显著，以农业支持工业的发展战略推动了我国经济持续发展，随着我国经济发展水平提升，工农业均衡发展需求逐渐显现，需要以工业反哺农业为核心途径，实现二元经济结构转换和城乡一元化发展。

（二）二元经济结构转换与养老保险城乡统筹的关系

二元经济结构是发展中国家经济发展初期的特征。在经济发展初期，农业为工业提供生产资料和劳动力，推动工业部门逐渐扩张，强化了二元

---

① Lewis W A. Economic Development with Unlimited Supplies of Labor[J]. Manchester School of Economic Studies, 1954.

② 张桂文. 从古典二元论到理论综合基础上的转型增长——二元经济理论演进与发展[J]. 当代经济研究, 2011(8): 39-44.

③ Jorgenson D W. The Development of a Dual Economy[J]. Economic Journal, 1961, 71 (282): 309-334.

④ Harris J, Todaro M P. Migration, Unemployment and Development: A Two-sector Analysis[J]. American Economic Review, 1970, 60(2): 126-142.

经济结构。而在工业化进入特定阶段,农业发展不足将导致产业结构偏斜发展,工业部门扩张动力难以持续,需要重视农业发展。西奥多·舒尔茨(1968)提出工农业应该均衡发展,重工轻农将不利于产业结构优化,导致经济发展失衡,阻碍工业化进程[1]。农村剩余劳动力流动是工农业二元经济结构向工农业均衡发展转变的核心途径,劳动力就业结构是判断工业化阶段的重要标志。[2] 克拉克(1940)提出经济发展阶段的劳动力就业结构判断标准,随着工业化进程推进,劳动力由第一产业向第二、第三产业转移[3]。农村劳动力转移既提高了农村劳动生产率,促进农业发展,也为工业发展提供了丰富的劳动力资源。托达罗模型较好地揭示了农村劳动力乡城流动的决定机制,认为城乡预期收入差距是导致农村劳动力迁移的决定因素,人口流动数量是城乡预期收入差距的增函数,托达罗模型扩展了刘易斯二元经济模型中城镇失业率为零和农村迁移劳动力全部就业的假设条件,说明了在现实就业条件下城镇失业率与农村劳动力大量迁入城镇并存的内在原因。[4] 但在中国户籍制度特殊背景下,托达罗模型对农村劳动力乡城迁移的解释能力受到限制,户籍制度导致农民工难以享受与城镇居民相同的养老、医疗等社会福利,导致劳动力市场二元分割,阻碍农村劳动力迁移。[5] Oded Stark 和 David E. Bloom(1985)提出劳动力迁移的经济学理论,认为迁移劳动力社会保障缺失是阻碍劳动力永久迁移的重要原因。[6] 在工业反哺农业阶段,社会保障城乡统筹是推动劳动力流动和工业化持续推进的必然要求,养老保险是社会保障的核心组成部分,养老保险城乡统筹需求尤为突出。

养老保险城乡统筹既是二元经济结构弱化的结果,也是推进城乡一体化的核心途径。在经济发展水平相对较低情况下,养老资源有限,"重城镇、轻农村"经济发展模式导致养老资源向城镇倾斜,农村养老保险财政责

① 舒尔茨.经济增长与农业[M].郭熙保,等译.北京:北京经济学院出版社,1991.
② 杨海军,肖灵机,邹泽清.工业化阶段的判断标准:霍夫曼系数法的缺陷及其修正——以江西、江苏为例的分析[J].财经论丛,2008(2):7-14.
③ Clark C. The Conditions of Economic Progress[J]. New York:Macmillan,1940.
④ 周天勇.托达罗模型的缺陷及其相反的政策含义——中国剩余劳动力转移和就业容量扩张的思路[J].经济研究,2001(3):75-82.
⑤ 叶普万,周明.农民工贫困:一个基于托达罗模型的分析框架[J].管理世界,2008,21(9):174-176.
⑥ Stark O,Bloom D E. The New Economics of Labor Migration[J]. American Economic Review,1985,75(2),173-178.

任缺位进一步强化了养老保险城乡分化[①],形成了养老保险城乡分割的发展现状。随着工业化进程持续推进,经济总量逐渐提高,城乡偏斜发展不再是推动工业化和经济增长的动力,反而转变为经济可持续发展的制约因素。城乡统筹发展成为经济水平在超越低收入界限后的必然趋势,聚焦点之一就是养老保险城乡统筹,重点在于完善农村养老保险制度。

通过总结发达国家城乡养老保险统筹发展经验可以发现,农村养老保险制度建立时点普遍晚于城镇养老保险制度,农村养老保险制度是在经济跨越低收入水平界限和工业反哺农业条件成熟情况下得以建立和发展的。在农村养老保险制度建立时点,除波兰和数据缺失的国家外,其他国家人均 GDP 水平均已达到中等收入国家标准。(见表 2-1)

表 2-1　发达国家城乡养老保险统筹发展经验

国家	城镇养老保险制度建立时点	农村养老保险制度建立时点	农村养老保险建立时点经济条件（人均 GDP）	农村养老保险全覆盖时点
德国	1889 年	1957 年	7 154 美元	1995 年
法国	1930 年	1952 年	5 606 美元	1952 年
丹麦	1891 年	1977 年	10 958 美元	1977 年
日本	1941 年	1961 年	3 802 美元	1971 年
英国	1908 年	1946 年	—	1946 年
芬兰	1917 年	1977 年	—	1977 年
爱尔兰	1908 年	1988 年	9 580 美元	1988 年
波兰	1927 年	1977 年	1 822 美元	1977 年

数据来源　王晓东. 国外城乡养老保险一体化:途径、方式、条件及启示[J]. 社会保障研究,2013(5):98-103.

2009 年我国人均 GDP 达到 3 748 美元,已经具备工业反哺农业条件,在这一时间节点,国家颁布《国务院关于开展新型农村社会养老保险试点的指导意见》,建立统账结合模式的新型农村社会养老保险制度(简称"新农保")。2013 年我国人均 GDP 增长至 6 807 美元,经济发展为统筹城乡养老保险提供了有利条件。在经济持续增长支撑下,农村养老保险制度国家财政归位将会极大推动城乡养老保险制度协调发展,养老保险城乡统筹具备了较好的经济条件。

---

① 丁建定,张尧. 养老保险城乡统筹:有利条件、理性原则与完善对策[J]. 苏州大学学报(哲学社会科学版),2014(5):11-16.

(三) 养老保险城乡统筹一元化理论

养老保险城乡统筹是推动经济持续发展和工业化水平提升的基本要求,也是社会福利改进的核心途径。养老保险城乡统筹能够缩小城乡收入差距,是社会福利思想的重要实践。边沁在代表作《道德与立法原理导论》中提出功利原理,即"它按照看来势必增大或减小利益有关者之幸福的倾向,亦即促进或妨碍此种幸福的倾向,来赞成或非难任何一项行动",并认为当一项行动或政府措施增大共同体的幸福时,这一行动或政府措施符合功利原理。[①] 边沁功利原理是功利主义社会福利函数理论的思想源泉,以边沁和穆勒为代表的功利主义社会福利函数将社会福利看作社会成员个人福利的简单加总,古典功利主义社会福利函数未包含收入分配的价值判断,强调社会成员个体福利地位相同。罗尔斯(1971)社会福利函数建立在罗尔斯福利改进思想基础上,将贫困阶层的福利水平作为社会福利目标函数,指出提高贫困人口福利水平能够促进社会整体福利水平提升。[②] 阿玛蒂亚·森(1973)以平均收入和收入差距为核心指标构建社会福利函数模型,指出提高平均收入和缩小收入差距能够提高社会整体福利。西方社会福利思想的根本指向在于降低社会非均等水平,养老保险城乡统筹是社会福利思想的具体体现。

"统筹"具有统一筹划的含义,养老保险城乡统筹就是要实现城乡养老保险统一。"统一"可以分为"模式统一"和"水平统一"两个方面。目前,我国城乡养老保险体系主要包括城镇企业职工养老保险、机关事业单位养老保险和城乡居民养老保险。随着机关事业单位养老保险制度并轨,城镇企业职工养老保险和机关事业单位养老保险可统一为城镇基本养老保险。城镇基本养老保险和城乡居民养老保险均采用统账结合模式,实现了制度模式的统一。城乡养老保险制度分割主要体现在水平差异。城乡养老保险水平差异在二元经济结构中产生,需要在二元经济结构弱化过程中分阶段逐步实现统一,城乡养老保险制度"量"的统一是养老保险城乡统筹更高标准和更高层次的目标。这一目标的实现需要经历相当长的一个过程,与二元经济结构弱化规律相适应。

城乡养老保险一元化是指养老保险"量"的一元化,其中缴费是养老保险核心要素,城乡养老保险一元化集中体现为缴费水平一元化。根据"量"的标准,缴费一元化可以延展出两种内涵:一是城乡养老保险缴费率分别

---

① 边沁. 道德与立法原理导论[M]. 时殷弘,译. 北京:商务印书馆,2000.
② 赵志君. 收入分配与社会福利函数[J]. 数量经济技术经济研究,2011(9):61-74.

达到城乡养老保险缴费适度水平,养老保险缴费适度水平是判断缴费率是否合理的根本依据,城乡养老保险缴费率达到适度水平说明两者实现了缴费相对水平适度统一;二是城乡养老保险采用统一缴费率。

两种内涵具有逻辑递进关系和内在统一性。养老保险适度缴费率和统一缴费率的逻辑递进关系体现为,适度缴费率是设定养老保险缴费水平的根本依据,统一缴费率是以城乡养老保险适度缴费率为基础进行的养老保险制度顶层设计,由此实现养老保险制度更高层次发展。养老保险适度缴费率是与合意收入再分配结构、养老保险人口结构相适应的缴费适度水平,城乡养老保险现实缴费率向适度缴费率调整说明城乡养老保险实现了缴费率相对于适度标准的一致性,养老保险统一缴费率是以缴费适度水平为根本依据,结合养老保险近期动态缴费适度水平和养老保险长期均衡适度缴费率设定的城乡养老保险统一缴费率。养老保险适度缴费率和统一缴费率的内在一致性体现为:在养老保险制度建设周期内,养老保险统一缴费率与长期均衡适度缴费率相一致。养老保险统一缴费率是在更高视角上进行的养老保险制度顶层设计,缴费率一元化是指城镇职工基础养老保险、个体户和灵活就业人员基础养老保险、城乡居民基础养老保险采用统一缴费率,实现不同群体养老保险缴费水平的相对均衡。

二、生存公平和劳动公平理论

(一) 社会公平正义基本思想

社会公平正义的理念源远流长,亚里士多德将社会公平正义定义为:"合法、平等和自由与法制的统一,其中平等意义上的公平分为分配的正义、矫正正义和交换的正义,分配的正义实质上是数量或比例的平等。"[①]我们进一步以"分配正义"为视角梳理社会公平正义思想。

尼古拉斯·巴尔(2003)将收入分配正义理论分为自由意志论、集体主义和自由主义[②]。自由意志论主要观点是反对政府对分配的干预,根据观点理论基础不同又分为自然权利自由意志论和经验主义自由意志论,自然权利自由意志论认为财产分配是天然的权利,政府不能干预财产分配的自由[③],自然权利自由意志论以罗伯特·诺齐克和穆瑞·罗斯巴德为代表。经验主义自由意志论认为正义就是自由,维护自由是实现公平正义的最有

① 亚里士多德. 政治学[M]. 北京:商务印书馆,1997:169-234.
② 巴尔. 福利国家经济学[M]. 郑秉文,穆怀中,等译. 北京:中国劳动社会保障出版社, 2003:48.
③ 诺齐克. 无政府、国家与乌托邦[M]. 何怀宏,等译. 北京:中国社会科学出版社,1991.

效途径,政府只能在社会成员生存需求问题上干预分配[1],经验主义自由意志论以哈耶克为代表。自由主义以罗尔斯社会正义思想为代表,罗尔斯对古典自由主义进行修正,古典自由主义注重社会"善"的总量而忽视内部分配公平[2],罗尔斯认为一项分配制度应当实现平等分配,除非其他分配制度更能促进社会底层成员利益提升。[3] 集体主义强调分配结果的平等性,认为市场在实现分配正义方面具有缺陷,需要国家对分配进行干预。

(二) 国民收入分配梯度思维

　　根据对收入分配视角下社会公平正义思想的梳理,能够发现存在收入分配的梯度公平正义标准,一个是以罗尔斯社会公平正义思想为主要代表的社会底层成员的底线公平价值取向,另一个是以自由意志论为代表的财产自由价值取向,强调收入分配与人的价值相对应。

　　国民财富收入分配问题在公平正义层面上的争议主要来自发展目标的差异,收入分配既要促进人类社会发展,同时也要促进经济持续增长。公平与效率的辩论是经济学发展中亘古不变的主题,公平能够促进人类社会发展,但会损害效率,经济增长效率提升往往会产生不平等。国民收入分配梯度思维以收入分配梯度公平标准为前提,破解国民财富收入分配中的公平正义问题,有助于合理确定收入分配方式和水平。穆怀中(2003)提出国民财富收入分配梯度思维理论,低梯度是满足社会成员基本生存需求,高梯度是实现社会经济持续发展,合理收入分配是在低梯度标准之上的差异性收入分配。[4] 穆怀中(2014)进一步以国民财富收入分配梯度思维为理论基础,提出收入非均等贫困指数概念,以收入非均等贫困指数基本线和警戒线判断收入分配合理程度,以及与之相对应的社会秩序风险。[5] 国民财富收入分配梯度思维的政策含义有两点:其一,消除绝对贫困,满足社会成员基本生存需求;其二,在满足低梯度标准基础上,要肯定差异性收入分配,体现收入分配与劳动贡献相一致。

(三) 收入分配中的生存公平与劳动公平

　　收入分配中的生存公平和劳动公平是国民财富收入分配梯度思维的

①　哈耶克. 通往奴役之路[M]. 王明毅,等译. 北京:中国社会科学出版社,1997.
②　廖申白.《正义论》对古典自由主义的修正[J]. 中国社会科学,2003(5):126-137+208.
③　罗尔斯. 正义论[M]. 何怀宏,等译. 北京:中国社会科学出版社,1988.
④　穆怀中. 国民财富与社会保障收入再分配[M]. 北京:中国劳动社会保障出版社,2003.
⑤　穆怀中,陈曦,李栗. 收入非均等贫困指数及其社会秩序风险测度研究[J]. 中国人口科学,2014(4):14-26+126.

延展。穆怀中(2007)提出收入分配的两个公平标准,即生存公平和劳动公平。[①] 生存公平与人的基本生存权利相对应,每一个人都有获得维持生存所必需的资源的天然权利,这种权利不受个体地位、社会阶层等条件制约,需要在收入分配过程中得到彰显。生存公平并不与社会贡献直接对应,生存公平要求社会成员在初次分配或收入再分配过程中获得的收入水平能够满足生存所需,即使在不能作出劳动贡献情况下,也要保证其基本生存需求。生存公平是人类社会发展的基本目标,由于初次分配与劳动贡献相对应的基本原则,初次分配难以保证每一位社会成员的生存权利,生存公平需要收入再分配制度予以"兜底"保障。

劳动公平与社会成员劳动权利相对应,是更高层次的收入分配标准。劳动公平体现在两个维度:一是社会成员具有参与劳动的权利,享受平等劳动机会,这种平等机会不受城乡结构、就业结构限制;二是社会成员收入分配水平要与劳动贡献相一致,多劳多得。劳动公平在初次分配领域体现为劳动报酬与劳动贡献相一致,在收入再分配领域体现为养老金给付与养老缴费贡献相一致。生存公平是劳动公平的基础,劳动公平是生存公平更高层次的发展,二者的统一协调是社会财富收入分配的核心内容。

根据国民财富收入分配中的生存公平要求,国家有责任为社会成员建立收入再分配制度安排,满足社会成员基本生存需求。社会保障制度具有收入再分配性质,是实现生存公平的有效途径。社会保障制度水平应以生存公平为最低要求,在养老保险领域,生存公平是确定缴费与给付适度水平下限的标准。劳动公平在养老保险领域体现为缴费贡献与给付相对应,劳动公平是养老保险缴费与给付适度水平上限的标准。

三、养老保险缴费适度区间理论

养老保险缴费水平是养老保险制度运行的核心要素,缴费水平过高将导致国家财政、企业和个人缴费负担过重,导致养老保险制度不可持续,阻碍经济发展,缴费水平过低将导致养老保险给付难以满足养老需求。养老保险缴费合意水平是与经济发展水平、缴费能力相契合,与养老合理给付需求相联动的合理缴费负担。

(一) 养老保险缴费适度区间内涵界定

养老保险缴费水平是指养老保险缴费额与收入之间"量"的关系,这种

---

① 穆怀中. 城乡社会保障体系建设中的"生存公平"问题[A]. 中国社会保障论坛第二届年会论文集,2007-09-22.

"量"的关系要与养老保险缴费的"质"相一致。所谓养老保险缴费的"质"是指养老保险缴费与经济发展水平、人口结构相契合。缴费与经济发展水平契合体现为养老保险缴费实现合意收入分配结构,促进经济持续发展;缴费与人口结构契合体现为劳动人口在缴费能力范围内可满足老年人口养老需求。养老保险缴费的"量"要保持在合理范围内,超过特定界限将会改变养老保险缴费的"质"。我们将"度"定义为保持养老保险缴费的"质"所需"量"的界限的幅度。根据这一内涵,养老保险适度水平是一个区间概念,包括养老保险缴费适度下限和养老保险缴费适度上限。适度下限与收入分配中的生存公平相对应,适度上限与收入分配中的劳动公平相对应。

(二) 养老保险缴费适度区间判定标准

养老保险缴费水平的"度"存在两个核心要素"养老保险缴费额"和"劳动报酬"。为体现养老保险缴费与经济发展、收入分配结构契合关系,本书引入人均 GDP 和消费这两个中间变量,将养老保险缴费系数转化为养老保险缴费替代消费系数、居民消费系数和劳动生产要素分配系数三个子系数的函数形式。判断养老保险缴费适度水平需要分别确定劳动生产要素分配系数、居民消费系数和养老保险缴费替代消费系数的合意标准。

劳动生产要素分配系数是指经济总量中依据劳动贡献比例所分配的劳动收入比例,根据柯布-道格拉斯生产函数实证研究结果,合意劳动生产要素分配系数为 0.75[1],可按照合意劳动生产要素分配系数确定适度劳动报酬。居民消费系数是指居民消费支出占 GDP 比重。在经济总量中居民消费达到合意比例才能够保证经济持续发展及保证社会成员福利水平。居民消费水平过低将造成经济发展动力不足,经济过度依赖出口拉动;居民消费水平过高将不利于储蓄和投资,影响扩大再生产。根据钱纳里(1988)基于各个国家经济发展数据开展的实证分析结果,居民消费支出占GDP 的 60% 为标准模式。[2] 养老保险缴费替代消费系数是指养老保险缴费满足养老需求的水平,根据收入分配中的生存公平和劳动公平理论,养老保险缴费下限水平应满足老年人口基本生存需求,即恩格尔系数;养老保险缴费水平应以老年人口基本消费支出为上限,根据消费结构发展规律,老年基本消费支出约为社会平均消费支出的 60%。[3]

---

① Charles W Cobb, Paul H Douglas. A Theory of Production[J]. American Economic Review,1928(18):139-165.

② 钱纳里. 发展的型式:1950—1970[M]. 北京:经济科学出版社,1988.

③ 老年基本消费支出包括食品、衣着和居住支出,根据 2000—2012 年消费结构数据,老年基本消费支出为社会平均消费支出的 60%左右。

养老保险缴费适度区间水平的研究逻辑是，先依据经济发展标准模式确定经济结构中合意居民消费水平（居民消费系数），再根据养老保险功能定位确定合意养老保险缴费替代消费系数，进一步确定合意养老保险缴费负担比例及合意收入分配水平（劳动生产要素分配系数）。

（三）养老保险缴费适度区间理论要素

养老保险缴费适度区间水平从合意收入分配水平出发，实现收入分配中的生存公平和劳动公平。养老保险缴费适度区间水平是判断养老保险缴费率是否合理的有效标准，政策缴费率在缴费适度区间之内说明具有合理性，缴费适度区间也是进行养老保险缴费率调整的约束条件与依据。

1. 缴费适度区间体现收入分配中的生存公平和劳动公平

生存公平和劳动公平是判断收入分配公平性的两个标准，是确定养老保险缴费适度水平的根本依据。养老保险缴费要满足老年人口基本生存需求，养老保险缴费适度水平以缴费替代消费系数为核心指标，缴费替代消费系数下限与恩格尔系数对应，体现生存公平，缴费替代消费系数上限与合理消费支出相对应，体现劳动公平。

同时，缴费适度区间与合意劳动生产要素分配系数相对应，也是劳动公平的重要体现。目前，城镇养老保险缴费水平高的问题与我国劳动生产要素分配系数相对较低有直接关系。现阶段劳动生产要素分配系数较低，提高缴费率才能够满足老年人口养老需求。在同样养老保险给付额需求下，劳动生产要素分配系数高，可降低养老保险缴费率，劳动生产要素分配系数低，需要提高养老保险缴费率。养老保险适度区间以合意劳动生产要素分配系数为核心指标，既体现劳动公平，也反映收入再分配与初次分配的梯次递进关系。

2. 缴费适度区间是劳动人口养老支出的合意份额

劳动人口养老保险缴费属于国民财富代际和代内生命周期再分配范畴，研究养老保险缴费需要解决的核心问题是如何确定缴费金额占劳动人口劳动报酬的合理比重。养老保险缴费水平的直接要素包括"缴费额"和"劳动报酬"，缴费额与养老合理需求相对应，劳动报酬与合意收入分配水平相联系。养老保险缴费适度区间以人均 GDP 和消费为中间变量，确定养老保险缴费与养老合意支出上下限的对应关系。同时，养老保险缴费适度区间以合意劳动生产要素分配系数为核心要素，确定养老保险合意缴费额占合意分配收入的比重。养老保险缴费适度区间破解了经济发展框架

下的合理缴费水平问题,实现了缴费水平与合意收入分配水平、经济结构
相契合。

3. 缴费适度区间是养老保险缴费率调整的约束条件

政策缴费率是养老保险制度的核心要素,政策缴费率需要以合理代际
转移收入再分配数值、经济发展阶段性特征等因素为依据进行不断优化与
完善,缴费适度区间是评价政策缴费率调整是否合理的重要判断依据,政
策缴费率调整需要保持在合理的区间范围内。

养老保险缴费与给付属于国民财富收入再分配,要与经济发展水平和
结构相适应。养老保险缴费过高将导致企业和个人难以负担,影响劳动供
给,不利于经济持续发展;缴费过低将导致养老保险给付与社会消费支出
不匹配。养老保险缴费适度区间以合意劳动生产要素分配系数和居民缴
费系数为核心变量,确定在合理经济结构下的收入再分配筹资适度区间,
能够实现养老保险缴费与经济发展之间的平衡。养老保险缴费适度区间
是城乡基础养老保险缴费率一元化调整过程中进行政策缴费率设定的合
理参考,需要以适度缴费率为根本标准,在适度区间内进行政策缴费率调
整,不断趋近一元化适度缴费率。

4. 缴费适度区间与养老保险统账结构演变相联动

养老保险缴费替代消费系数是养老保险缴费适度水平的核心要素,养
老保险缴费替代消费系数是指养老保险缴费占合理养老消费支出的比例,
反映养老保险对养老需求的满足程度。养老保险缴费替代消费系数在城
镇职工养老保险制度转轨过程中发生动态变化。在养老保险制度转轨初
期,个人账户养老保险尚未达到有效积累,难以有效保障老年人口养老需
求,基础养老保险应承担较大比例养老功能;随着统账结合养老保险制度
发展完善,个人账户养老保障功能提升,基础养老保险的养老保障功能可
适度下调,基础养老保险替代率与统账结合养老保险发展阶段相联动,由
高到低动态调整。目前,城乡居民养老保险制度处于建立初期阶段,根据
养老生命周期理论,个人账户没有达到给付条件,基础养老保险应承担更
多养老保障功能。养老保险缴费适度水平以缴费替代消费系数为传导机
制,体现基础养老保险在不同阶段的功能定位,符合养老保险制度发展
规律。

四、养老保险生命周期补偿理论

养老保险缴费与给付属于财富跨期转移支付,当期劳动人口进行养老

保险缴费满足老年人口养老需求和自身养老积累需要,当期老年人口领取养老金是根据劳动期内经济增长劳动贡献和养老保险缴费贡献而获得的养老回报。这种回报既要满足老年人口养老消费需求,同时也是对老年人口劳动期内初次分配不合理的补偿。推进城乡养老保险缴费一元化,需要结合养老保险生命周期补偿规律,分阶段、有步骤地实现。

(一) 养老保险生命周期理论

莫迪利亚尼和理查德·布拉格在 1954 年提出跨期消费函数理论,指出劳动者的当期消费水平不完全取决于当期收入,它还受以后各个时期预期收入、利率等因素影响。[1] 莫迪利亚尼 1986 年在《生命周期、个人节俭和国家财富》一文中进一步阐述了消费的生命周期平滑规律,劳动者不会将当期劳动收入全部用于消费,而是根据对未来收入的理性预期,进行生命周期范围内的消费平滑。劳动者在劳动期内将收入划分为两部分,一部分用于消费,一部分用于储蓄。当劳动者进入老年期,失去收入来源,劳动者就会利用劳动期储蓄满足消费需求,劳动者生命两期消费总现值与劳动期收入总现值相等。[2]

生命周期理论的核心是典型消费者的财富生命两期收入再分配。作为理性人,典型消费者会选择平滑生命周期消费以实现效用最大化。而现实条件下,部分消费者会表现出非理性特征,劳动期过度消费导致储蓄不足,无法负担老年期基本消费支出。养老保险作为国家强制实行的收入再分配制度,是制度决策对典型消费者个人决策的部分替代,现收现付养老保险制度要求劳动人口在劳动期进行必要的缴费,以获得老年期养老保险领取资格,个人账户养老保险制度要求劳动人口在劳动期进行养老保险缴费,通过缴费积累满足老年期基本养老需求。养老保险制度的实质是消费跨期平滑,具有生命周期特征。

(二) 养老保险生命周期财政补贴理论

根据养老保险生命周期理论,养老保险制度是对消费者收入的跨期平滑。老年人口领取的养老金本质上来源于劳动期劳动报酬收入,劳动报酬收入合理与否直接决定了老年人口领取养老金的合理性。在劳动报酬分

---

① Modigliani Franco, Richard H Brumberg. Utility Analysis and the Consumption Function: an Interpretation of Cross-Section Data[M]// Kenneth K Kurihara, ed. Post-Keynesian Economics. New Brunswick: Rutgers University Press, 2003:388-436.

② Modigliani F. The Life Cycle, Individual Thrift, and the Wealth of Nations[J]. American Economic Review, 1986(3):297-313.

配合理性方面,马克思分配理论和新古典收入分配理论达成了按"劳动贡献"分配的共识,马克思提出收入分配"按劳分配"原则,而以柯布-道格拉斯理论为代表的新古典收入分配理论要求在财富总量中按劳动生产要素贡献分配。[1]

劳动报酬合理性与养老保险给付公平性之间具有跨期对应关系。根据刘易斯(1954)二元经济理论,在工业化发展初期阶段,工业部门生产率显著提升,农业部门为工业部门源源不断地提供剩余劳动力[2],在此过程中迁移劳动力的劳动报酬不取决于边际劳动生产率,而是取决于就业收入,所以劳动报酬水平增长缓慢,与劳动贡献不匹配。同时,资本要素对工业化发展的推动作用进一步强化,国民财富资本报酬分配挤占劳动报酬分配。劳动者在初次分配中遭受的劳动报酬亏欠是他们为经济发展所作的牺牲,随着经济总量提升,应该对劳动者的劳动报酬亏欠予以跨期补偿,在劳动人口进入老年期后,通过国家财政进行养老保险补贴,保障其基本养老权益。劳动生产要素分配系数福利亏欠的财政转移支付补偿包括养老、医疗和公共服务等诸多方面,其中养老保险是主体部分,可将劳动生产要素分配系数福利亏欠依据养老消费需求,转化为养老保险财政补贴,以消费为中间变量将财政补贴延伸至福利层次。

(三) 农民养老保险生命周期补偿理论

根据收入分配劳动公平理论,工农业部门财富分配应当与就业结构相一致。而在工业化发展初期阶段,优先发展工业和农业支持工业的工农业偏斜发展模式导致财富分配偏向工业部门,造成农业部门劳动力福利亏欠。穆怀中(2012)提出二元农业福利差理论,将农业 GDP 比重与农业劳动力比重相一致定义为"均衡状态",将农业 GDP 比重与农业劳动力比重现实对应关系定义为"现实状态","均衡状态"劳动报酬分配与"现实状态"劳动报酬分配之间的差值称为"二元农业福利差"。[3] "二元农业福利差"是工农业偏斜发展模式对农业劳动力造成的福利亏欠,这种亏欠是农业劳动力为经济增长所作的福利牺牲,在经济发展到一定阶段需要对福利亏欠进行补偿。穆怀中、沈毅(2012)进一步以"二元农业福利差"为依据,提出

---

[1]　冯素杰. 收入分配理论的比较分析:马克思与新古典[J]. 湖北经济学院学报,2009,7(2):24-27.

[2]　Lewis W A. Economic Development with Unlimited Supplies of Labor[J]. Manchester School of Economic Studies,1954(2):139-191.

[3]　穆怀中,沈毅. 中国农民养老生命周期补偿理论及补偿水平研究[J]. 中国人口科学,2012(2):2-13+111.

农民养老保险生命周期补偿理论,通过养老筹资财政补贴来补偿农业劳动力福利亏欠。"二元农业福利差"是初次分配福利亏欠的重要组成部分,农民养老保险生命周期补偿包含在养老保险生命周期财政补贴之内。

在工业反哺农业时点,建立以缴费筹资财政负担为核心机制的农村养老保险制度,是福利补偿的要求,也是促进工农业均衡发展和缩小城乡收入差距的必要途径。

五、现收现付养老保险适度筹资水平理论

(一) 现收现付养老保险适度筹资水平内涵

现收现付养老保险筹资是在国民财富初次分配基础上进行的收入再分配,现收现付养老保险筹资水平存在适度区间,现收现付养老保险筹资水平过高将会导致劳动人口筹资负担过重,从而不利于促进消费和经济持续增长,现收现付养老保险筹资水平过低将会导致养老保障需求难以得到有效满足,从而产生老年贫困风险。

现收现付养老保险筹资水平的合意值需要以经济合理性为根本出发点,从宏观视角出发,现收现付养老保险筹资适度水平以筹资总额占 GDP 比重为判断依据,现收现付养老保险筹资总额占 GDP 比重保持在合理区间说明养老保险代际转移达到适度水平。现收现付养老保险筹资以初次收入分配为基础,通过代际收入转移和生命周期财富转移等形式,使得老年人口在退出劳动力市场之后仍能够获得收入,分享经济发展成果。现收现付养老保险筹资是从当期国民财富总量中分配相应比例给老年人口,现收现付基础养老金是老年人口分享当期经济发展成果的主要方式,个人账户养老金是老年人口对上一期国民财富的有效分配和积累。

经济发展成果合理分配的基本依据是生产要素价值贡献,劳动人口根据价值创造过程中的劳动贡献获得财富分配,当期国民经济财富不仅包含当期劳动力的财富价值创造贡献,同时在技术传承、投资积累等环节均包含上一期劳动力的贡献,即当期国民经济财富中也隐含上一期劳动力的价值创造贡献。在经济发展成果合理分配过程中,当期劳动力和上一期劳动力(老年人口)按照人口比例获得相应的报酬分配,当期劳动力报酬分配以就业工资为主要形式,上一期劳动力报酬分配以养老金为主要形式,而老年人口养老金分配需要考虑劳动力市场效率,不能按照全部比例分配给老年人口,否则将会影响劳动力就业积极性,需要按照一定替代率进行分配。因此,老年人口获得的国民财富现收现付收入再分配合理比例为老年人口比重与现收现付替代率的乘积,即现收现付养老保险筹资总额占 GDP 比

重的适度值为老年人口比重与现收现付替代率的乘积。

现收现付基础养老保险筹资适度水平以现收现付筹资总额占 GDP 比重为直接指标,进一步将指标分解,将现收现付筹资总额拆分为人均缴费额与缴费人数,将 GDP 拆分为劳动报酬总额与劳动生产要素分配系数,进一步转换为现收现付基础养老保险适度缴费率。现收现付基础养老保险适度缴费率是微观层面的合理缴费负担,主要取决于老年人口比重、现收现付替代率和劳动生产要素分配系数。老年人口比重越高,国民财富现收现付转移再分配的比例越大,现收现付基础养老保险适度缴费率就越高;现收现付替代率越大,说明老年人口代际转移收入替代劳动报酬的需求越高,现收现付基础养老保险适度缴费率也相应越高;劳动生产要素分配系数与现收现付基础养老保险适度缴费率之间呈反向关联,劳动生产要素分配系数越高,说明初次分配中劳动报酬分配比例越高,在现收现付养老保险筹资额占 GDP 比重不变的情况下,基础养老保险适度缴费率会适当下降,即用微观层面较小比例的筹资,就可以达到宏观层面财富收入再分配的适度水平。

(二) 现收现付养老保险适度筹资水平的要素特征

1. 从依赖庞大劳动人口数量来承担代际赡养责任转变为依托更高的劳动人口报酬分配来承担代际赡养责任

现收现付养老保险是劳动人口缴费以满足老年人口养老金需求的代际收入再分配,根据以支定收原则,推导得到现收现付养老保险收支平衡缴费率为制度赡养比与现收现付养老金替代率的乘积,即根据老年人口比重和现收现付养老金替代率确定给付需求,再将缴费负担分配至劳动人口。现收现付养老保险收支平衡缴费率是确定劳动人口代际转移缴费负担的传统模型,是按劳动人口数量确定代际赡养责任的制度模式。

在人口老龄化过程中,随着劳动人口比例持续下降,劳动人口的代际转移收入再分配能力也在降低,导致传统收支平衡模型以劳动人口数量为核心要素确定代际赡养责任的方式受到冲击,而老年人口比重持续提高,养老保障需求不断增加,此消彼长之间导致现收现付养老保险制度不可持续。在以现收现付养老保险适度筹资水平为宏观标准,推导至现收现付养老保险适度缴费率模型的过程中,将劳动人口比重指标替换为劳动报酬分配比重指标,改变传统按照劳动人口比重确定筹资水平的方式,根据劳动报酬分配水平确定合理的缴费负担。随着人口老龄化不断加深,劳动人口比重持续下降,但通过提高劳动生产率以及改善劳动力供需平衡关系,劳动报酬分配水平呈上升趋势,特别是在国家提高初次分配中劳动报酬分配比例的政策支持下,劳动报酬分配系数将会逐渐提高,意味着现收现付养老保险适度缴费率模型中的代际赡养能力显著提高,有效应对了人口老龄化对现收现付养老保险制度的冲击。

2. 现收现付养老保险适度筹资水平与劳动生产要素分配系数发展趋势相匹配

现阶段城镇职工基础养老保险高政策费率与消化转轨成本的功能相对应,同时也是受到劳动生产要素分配系数偏低的影响,在保障需求固定的情况下,劳动报酬分配比例偏低就会要求提高缴费率,以满足老年人口保障需求。现收现付养老保险适度筹资水平与劳动报酬分配系数呈反比关系,劳动报酬分配系数越高,在相同的总筹资比例条件下,适度缴费率需求越低。这也解释了现阶段城镇职工基础养老保险政策缴费率偏高的原因,其中很重要的一点就在于当前劳动报酬分配比例偏低,在劳动报酬分配比例较低的情况下,需要将缴费率提高,才能够使现收现付养老保险缴费总额占 GDP 比重处在合理水平。从收支平衡角度分析,在老年人口养老保障需求相对固定的情况下,劳动报酬分配比例越低,说明劳动者缴费基数越低,需要提高缴费率才能够保证筹资水平满足老年人口基本生活所需。建立劳动报酬分配比例与养老保险政策缴费率之间的联系,可以为确定合理的政策缴费率提供客观依据。

(三) 现收现付养老保险适度筹资水平是一元化的根本标准

现收现付养老保险适度筹资水平是从代际收入再分配筹资占 GDP 的合意比重为依据,结合养老保险替代率可能性边界和国民财富人口结构分配,推导出现收现付养老保险适度缴费率。现收现付养老保险适度缴费率充分体现出三个方面的合理性:一是与合意现收现付养老保障适度水平相对应;二是与经济发展水平相协调;三是与劳动报酬分配发展趋势相吻合。

在城镇职工基础养老保险和城乡居民基础养老保险适度缴费率接近的情况下,以现收现付养老保险适度筹资水平推导得出的基础养老保险适度缴费率是城乡基础养老保险缴费率一元化的适度标准。城镇职工基础养老保险政策缴费率与城乡居民基础养老保险现行缴费水平需要逐步向适度缴费率调整。

梳理相关理论基础,养老保险城乡统筹与二元经济结构互动理论为城乡基础养老保险缴费率一元化调整提供了经济驱动的依据,生存公平与劳动公平理论是以社会成员基本生存权利和多劳多得的劳动公平权利推导出养老保险缴费适度区间理论,生存公平对应养老保险缴费适度区间下限,劳动公平对应养老保险缴费适度区间上限,养老保险缴费适度区间为城乡基础养老保险缴费率一元化路径的合理性提供了判断标准。养老保险生命周期理论为城乡居民基础养老保险财政筹资模式提供了合理依据,同时也为城乡居民基础养老保险筹资水平调整提供了可参考的标准。现收现付养老保险适度筹资理论结合宏观的合意代际收入再分配视角和微观养老保障需求视角,推导出基础养老保险适度缴费率,在城镇职工基础养老保险和城乡居民基础养老保险适度缴费率趋近的情况下,为城乡基础养老保险缴费率适度一元化提供了根本标准,城镇职工基础养老保险政策缴费率与城乡居民基础养老保险现行缴费水平向一元化适度缴费率动态调整。本书在上述相关理论的支撑下,进一步分析城乡养老保险体系缴费模式现状、一元化政策实践、一元化内在驱动因素与合理政策选择,构建基础养老保险适度缴费率模型,测算城乡基础养老保险一元化适度缴费率,建立合理的政策缴费率调整路径,判断缴费率一元化调整的影响因素及可能产生的效应,提出合理对策建议。

第三章　城乡基础养老保险一元化发展的内在逻辑、现实条件与政策选择

现阶段城乡基础养老保险缴费模式分化是在城乡二元经济结构下受生产方式、缴费能力等因素影响而建立的，在提高养老保险覆盖面和保障民生福祉方面发挥了重要作用。但随着二元经济结构弱化，发挥养老保险缩减城乡收入差距作用的需求更加迫切，建立城乡统筹的养老保险体系、提高养老保险统筹层次对一元化发展的驱动性逐渐显现，需要在一元化政策实践的现实条件支撑下，明确城乡基础养老保险缴费率一元化的内在逻辑，选择合理的一元化政策。

一、城乡养老保险体系及多元化缴费模式

（一）城乡养老保险体系构成

养老保险是通过现收现付财富代际转移收入再分配和生命周期财富纵向转移收入再分配等方式保障老年人口退休期基本生活需求的制度安排。现阶段根据保障对象不同，中国养老保险体系包括城镇职工养老保险、城乡居民养老保险和机关事业单位养老保险，城镇职工养老保险以企业就业职工、个体工商户和灵活就业人员为主要参保对象，城乡居民养老保险以城镇居民和农村居民为主要参保对象，机关事业单位养老保险的参保对象为公务员和事业单位工作人员。

中华人民共和国成立后，城镇职工养老保险相关制度设计在《中华人民共和国劳动保险条例》中得到体现，规定了企业职工养老保障权益与企业筹资责任。在计划经济向市场经济体制转轨过程中，单位保障向社会保障转变，1997 年国务院颁布《国务院关于建立统一的企业职工基本养老保险制度的决定》，标志着"统账结合"的城镇职工养老保险制度正式建立。在制度实施之后，由于存在个人账户空账运行、养老金计发模式不合理等问题，国家选择以辽宁省为试点地区，开始进行城镇职工养老保险制度改革，在总结改革经验的基础上，2005 年国务院颁布《国务院关于完善企业

职工基本养老保险制度的决定》,确定企业缴费计入社会统筹账户,个人缴费计入个人账户,养老保险待遇与缴费年限关联。同时,将灵活就业人员纳入城镇职工养老保险制度,以社会平均工资为缴费基数标准,按照总缴费率20%进行缴费,其中12%划入社会统筹账户,8%划入个人账户。因此,城镇职工养老保险参保主体主要包括两个组成部分,一是以企业职工身份参保的制度对象,另一部分是以个体工商户和灵活就业人员身份参保的制度对象。

城乡居民养老保险是整合新型农村社会养老保险和城镇居民社会养老保险之后建立的养老保险制度。2009年国家为了解决农村养老保险制度发展滞后和农村养老保障需求难以满足等问题,颁布《国务院关于开展新型农村社会养老保险试点的指导意见》,在"老农保"制度个人账户模式基础上,加入社会统筹账户,建立以财政筹资支撑的基础养老金制度模式,在满足农村老年人口基本保障需求方面发挥了重要作用。新农保制度的建立有效扩大了养老保险覆盖面,充分发挥了提高民生福祉的作用,但仍有部分群体没有被纳入养老保险体系,主要为"家属工""五七工"和城镇非就业困难群体等特殊人群,为了实现养老保险体系全覆盖,国家在2011年建立城镇居民社会养老保险制度,满足城镇居民的养老保障需求。在实现扩大养老保险覆盖面的目标之后,城乡养老保险制度分化的结构性矛盾开始凸显,为了统筹城乡养老保险制度,国家在2014年将新型农村社会养老保险和城镇居民社会养老保险制度整合为城乡居民养老保险制度。城乡居民养老保险制度采用固定额筹资模式,基础养老金由中央和地方财政筹资,个人账户根据固定额缴费积累确定待遇水平。

机关事业单位养老保险经历了由财政筹资向城镇职工养老保险制度并轨的发展历程。中华人民共和国成立后,机关事业单位养老保险由财政筹资,按照工龄确定退休人员的保障待遇。随着计划经济向市场经济体制改革,企业职工养老保险进行了"统账结合"改革,但机关事业单位仍保留原制度模式,机关事业单位与城镇企业职工的双轨制开始产生并逐渐强化。在养老保险制度实现扩面目标之后,随着结构性矛盾开始凸显,国家在2015年提出机关事业单位养老保险向城镇职工养老保险并轨,同样采用社会统筹与个人账户相结合的制度模式,参保个体开始缴费。

由于机关事业单位养老保险与城镇职工养老保险制度模式相同,而且机关事业单位受岗位编制等原因的限制,就业人员相对有限,因此本书主要将城乡养老保险体系划分为两部分,即城镇职工养老保险和城乡居民养老保险。与城乡养老保险体系结构划分相对应,城乡基础养老保险也包括两部分,分别为城镇职工基础养老保险和城乡居民基础养老保险。

(二) 城乡基础养老保险多元化缴费模式

由于个人账户在产权性质上属于私人产权,在城乡养老保险转移接续和地区间养老保险转移接续过程中可以实现跨制度、跨区域对接,对劳动力自由流动和养老保险全国统筹等不会产生影响,城乡养老保险缴费模式差异重点体现在基础养老保险筹资模式多元化。

现阶段城镇职工基础养老保险缴费采用固定比例筹资模式,2005 年《国务院关于完善企业职工基本养老保险制度的决定》规定企业基础养老保险缴费率为 20%,随着经济发展进入新常态以及供给侧结构性改革降成本的需求,企业基础养老保险缴费率由 20% 降低至 16%,以个体工商户和灵活就业人员身份参保的制度对象基础养老保险缴费率为 12%,缴费基数以社会平均工资为基准,按照社会平均工资不同比例,划分为不同缴费档次。

城乡居民基础养老保险采用固定额筹资模式,筹资标准主要由中央基础养老金最低标准和地方财政基础养老金最低标准共同组成。在新农保制度建立之初,中央基础养老金最低标准为 55 元/月,各地区可以根据财政能力在最低标准基础上自行提高给付标准,提高部分全部由地方财政负担。随着城镇居民养老保险制度建立以及城乡居民养老保险制度整合,中央基础养老金最低标准逐渐提高,由 55 元/月提高至 2014 年的 70 元/月,进一步提高至 2018 年的 88 元/月,保障水平逐渐提高。在此过程中,各地区对基础养老金进行了不同程度的调整,2019 年北京市城乡居民基础养老金标准提高至 800 元/月,上海市城乡居民基础养老金标准提高至 1 010 元/月。城乡居民基础养老金由中央和地方财政负担,以固定额模式进行资金筹集,与城镇职工基础养老保险固定比例筹资具有明显差异。

城乡基础养老保险缴费率多元化体现在以下方面:第一,城镇企业职工参保和个体灵活就业人员参保之间的缴费率差距;第二,城镇职工基础养老保险与城乡居民基础养老保险之间缴费模式的差别。城乡基础养老保险缴费率多元化模式是根据城乡不同群体缴费能力、二元经济结构等因素确定的养老保险体系设计,在扩大养老保险覆盖率和提高养老福利水平方面发挥了重要作用,但随着二元经济结构弱化以及人口城乡流动更加频繁,城乡基础养老保险缴费率多元化的弊端将会逐渐显现,城乡居民养老保险与城镇职工养老保险如何对接? 城乡居民养老保险统筹层次如何提高？城乡居民养老保险待遇水平如何调整？这些问题都要从城乡养老保险融合发展的视角寻找答案。

二、城乡基础养老保险缴费率一元化发展的内在逻辑与驱动因素

（一）城乡基础养老保险缴费率一元化的内在逻辑

人口老龄化高峰与共同富裕目标在时间上重合，2035 年人口老龄化增速达到最高，而共同富裕战略目标是在 2035 年实现共同富裕。老年群体是共同富裕的绝对主体，老年群体收入差距减小是实现共同富裕战略目标的关键前提。

老年群体核心收入来源是养老保险待遇给付，在共同富裕分析框架下，老年群体可以划分为城镇职工养老保险制度退休人口和城乡居民养老保险制度退休人口，与此相对应，老年群体收入差距可以分为城镇职工养老保险制度退休人口内部收入差距、城乡居民养老保险制度退休人口内部收入差距以及城乡养老保险待遇差距。2021 年城镇职工养老保险人均养老金与城乡居民养老保险人均养老金之比为 19∶1①，城乡养老保险待遇差距是老年群体收入差距的主要来源，也是制约共同富裕的重要因素。

缩小城乡养老保险待遇差距是实现城乡共同富裕的有效途径。城乡养老保险待遇差距缩小是城乡老年人口养老权益保障绝对公平的核心指标，但也应在相对公平的框架下有序推进，在推动城乡养老保险待遇差距缩小过程中要保证缴费义务与给付权利的统一，否则将会导致新的不公平。城乡养老保险融合发展的内涵是权利与义务对等的统一性，即城镇职工养老保险和城乡居民养老保险参保劳动力具有相同的权利与义务对应关系。

城乡养老保险融合发展的外延是制度模式一元化。城乡养老保险待遇差别的主要影响因素是计发模式存在显著差别。城镇职工养老保险待遇计发包括两部分：一是基础养老金，待遇计发标准与缴费年限相关联，缴费年限每增加 1 年，基础养老金替代率增加 1%；二是个人账户养老金，待遇给付标准与缴费积累水平相关联，采用固定比例缴费模式，缴费积累越高，个人账户养老金给付水平越高。城乡居民养老保险待遇计发同样包括两部分：一是基础养老金，待遇标准由中央财政最低给付标准与地方财政标准共同组成，2018 年新增年限基础养老金，建立基础养老金待遇绝对

---

① 根据《2021 年度人力资源和社会保障事业发展统计公报》数据，人均养老金为养老保险基金支出除以领取养老金人数。

额与缴费年限关联机制,但尚无统一标准,由各地区根据实际情况进行具体设定;二是个人账户养老金,待遇给付标准与缴费积累相关联,个人账户采用固定额缴费模式。城镇职工养老保险待遇以替代率为核心指标,建立养老金与收入的关联模式,城乡居民养老保险待遇以固定额为标准,养老金与收入水平脱钩,城乡养老保险待遇计发模式差异导致给付水平差异显著。城乡养老保险待遇计发模式差异的根源在于缴费模式分化,城镇职工养老保险缴费以工资收入的固定比例为依据,缴费与收入直接对应,城乡居民养老保险缴费采用固定额筹资模式,缴费与收入非关联。

以城乡养老保险制度模式一元化促进城乡养老保险融合发展,从而建立城乡老年人口收入差距减小的合理制度通道,以老年人口为核心主体,推动城乡共同富裕目标的实现,是完善养老保险体系的合理选择,也是充分发挥养老保险的共同富裕功能的有效渠道。

(二) 城乡基础养老保险缴费率一元化的驱动因素

1. 消除城乡居民养老保险地区碎片化

在城乡居民养老保险制度发展过程中,中央对基础养老金最低标准进行了规定,各地区根据财政补贴能力和保障需求对基础养老金进行不同程度的调整。从各地区的探索实践来看,城乡居民人均养老金呈增长趋势,但城乡居民养老金水平呈现明显的地区差异,上海市城乡居民人均养老金水平最高,在 2020 年增长至 16 061 元/年,北京市城乡居民人均养老金水平处在第二位,在 2020 年达到 6 959 元/年。贵州省城乡居民人均养老金水平最低,在 2020 年为 1 339 元/年。上海市与贵州省城乡居民人均养老金水平之比约为 12∶1,养老给付绝对水平差距较为显著。

表 3-1　各地区城乡居民人均养老金(单位:元/年)

年份\地区	2013	2014	2015	2016	2017	2018	2019	2020
北　京	5 418	5 950	6 709	3 536	4 342	5 321	6 443	6 959
天　津	2 352	2 740	3 591	3 961	4 553	5 049	5 511	5 838
河　北	721	717	1 062	1 069	1 211	1 431	1 457	1 505
山　西	862	897	1 208	1 114	1 139	1 462	1 515	1 605
内蒙古	1 413	1 445	1 796	1 781	2 050	2 401	2 407	2 431
辽　宁	863	997	1 504	1 389	1 377	1 660	1 722	1 786
吉　林	686	690	1 147	1 079	1 091	1 355	1 403	1 474
黑龙江	731	732	1 046	969	1 140	1 434	1 563	1 820

（续表）

年份 地区	2013	2014	2015	2016	2017	2018	2019	2020
上　海	7 364	8 512	9 938	10 994	12 584	13 804	14 903	16 061
江　苏	1 576	1 778	2 087	2 150	2 356	2 530	2 782	3 234
浙　江	1 825	2 182	2 602	2 673	2 954	3 212	3 365	3 783
安　徽	756	747	1 069	1 021	1 055	1 508	1 530	1 608
福　建	788	994	1 326	1 356	1 474	1 759	1 887	1 950
江　西	676	673	1 117	1 010	1 044	1 368	1 500	1 573
山　东	1 054	1 163	1 355	1 431	1 564	1 813	1 932	2 188
河　南	778	766	1 180	1 076	1 141	1 401	1 447	1 523
湖　北	791	815	1 122	1 130	1 301	1 733	1 793	1 870
湖　南	664	714	1 066	1 062	1 167	1 450	1 557	1 694
广　东	1 149	1 268	1 892	1 924	2 013	2 373	2 872	2 946
广　西	113	931	1 234	1 142	1 150	1 456	1 571	1 631
海　南	1 117	1 335	1 905	1 834	1 882	2 391	2 516	2 633
重　庆	1 019	1 073	1 429	1 354	1 404	1 677	1 732	1 775
四　川	861	981	1 316	1 271	1 419	1 774	1 822	1 912
贵　州	710	716	1 065	972	989	1 243	1 292	1 339
云　南	776	779	1 063	983	1 001	1 396	1 409	1 534
西　藏	1 219	1 489	1 673	2 026	1 833	14 444	2 302	2 607
陕　西	997	1 131	1 479	1 415	1 459	1 722	1 706	1 764
甘　肃	757	836	1 223	1 202	1 212	1 456	1 535	1 580
青　海	1 130	1 363	1 755	1 902	2 362	2 430	2 549	3 055
宁　夏	1 166	1 301	1 840	1 875	2 096	2 494	2 592	2 723
新　疆	903	914	1 646	1 619	1 652	1 958	2 067	2 167

注：城乡居民人均养老金＝城乡居民养老保险基金支出÷实际待遇领取人数
数据来源　《中国统计年鉴》(2014—2021)

　　为了进一步反映城乡居民养老保险待遇保障相对水平,本书测算城乡居民养老金替代率并进行地区间比较分析。测算发现,各地区城乡居民人均养老金替代率呈现不同的发展趋势,多数地区城乡居民人均养老金替代率呈上升趋势,相对保障能力逐渐提高,少部分地区城乡居民人均养老金替代率有所下降,如北京市城乡居民人均养老金替代率由 2013 年的31.68％波动下降至 2020 年的 23.10％。从时间趋势来看,各地区城乡居民人均养老金替代率呈现出两个阶段性变化特征,第一个时序区间是

2015—2017年,多数地区城乡居民人均养老金替代率呈下降趋势,第二个时序区间是2018年之后,多数地区城乡居民人均养老金替代率再次波动下降。根据城乡居民人均养老金替代率变化的时间节点,可以发现2014年和2018年基础养老金最低标准提升对替代率有很大提升作用。

从地区间差异视角分析,上海市城乡居民人均养老金替代率仍是最高,在2020年达到46.01%,河北省城乡居民人均养老金替代率最低,在2020年为9.14%,前者约为后者的5倍。地区间城乡居民养老保险相对保障水平也存在明显差异。

表3-2 各地区城乡居民人均养老金替代率(单位：%)

年份 地区	2013	2014	2015	2016	2017	2018	2019	2020
北 京	31.68	31.53	32.62	15.85	17.91	20.09	22.27	23.10
天 津	15.32	16.10	19.43	19.73	20.93	21.89	22.22	22.73
河 北	7.85	7.04	9.61	8.97	9.40	10.20	9.48	9.14
山 西	10.85	10.18	12.77	11.05	10.56	12.44	11.74	11.57
内蒙古	15.73	14.48	16.67	15.34	16.29	17.39	15.75	14.67
辽 宁	8.49	8.91	12.48	10.78	10.02	11.33	10.69	10.24
吉 林	7.02	6.40	10.13	8.90	8.42	9.85	9.39	9.17
黑龙江	7.80	7.00	9.43	8.19	9.00	10.39	10.43	11.25
上 海	38.34	40.16	42.83	43.08	45.23	45.45	44.90	46.01
江 苏	11.65	11.89	12.84	12.21	12.30	12.14	12.27	13.36
浙 江	10.43	11.26	12.32	11.69	11.84	11.77	11.26	11.85
安 徽	8.55	7.53	9.88	8.71	8.27	10.78	9.92	9.67
福 建	6.91	7.86	9.62	9.04	9.03	9.87	9.64	9.34
江 西	7.44	6.66	10.03	8.33	7.88	9.46	9.50	9.26
山 东	9.86	9.79	10.48	10.26	10.34	11.12	10.87	11.67
河 南	8.68	7.69	10.87	9.20	8.97	10.13	9.54	9.45
湖 北	8.16	7.52	9.48	8.88	9.42	11.57	10.94	11.47
湖 南	7.35	7.10	9.70	8.90	9.02	10.29	10.11	10.22
广 东	10.38	10.36	14.16	13.26	12.76	13.82	15.26	14.62
广 西	—	10.72	13.04	11.02	10.16	11.71	11.49	11.01
海 南	12.69	13.47	17.54	15.48	14.59	17.09	16.65	16.17
重 庆	12.00	11.31	13.60	11.72	11.11	12.17	11.45	10.85
四 川	10.27	10.49	12.84	11.34	11.60	13.31	12.42	12.00
贵 州	12.04	10.74	14.41	12.02	11.15	12.80	12.01	11.50

（续表）

年份 地区	2013	2014	2015	2016	2017	2018	2019	2020
云　南	11.54	10.44	12.90	10.90	10.15	12.96	11.84	11.94
西　藏	18.60	20.24	20.30	22.28	17.74	—	17.77	17.86
陕　西	14.06	14.25	17.03	15.06	14.21	15.36	13.84	13.25
甘　肃	13.54	13.32	17.63	16.12	15.00	16.53	15.94	15.27
青　海	17.49	18.71	22.12	21.95	24.96	23.38	22.17	24.75
宁　夏	15.35	15.47	20.18	19.03	19.52	21.30	20.16	19.60
新　疆	11.50	10.48	17.46	15.90	14.96	16.35	15.76	15.41

注：（1）广西 2013 年数据、西藏 2018 年数据出现明显的奇异值，在表中暂未列出；（2）由于农村居民是城乡居民养老保险制度的核心主体，同时城镇居民与农村居民基础养老金标准相同，在此本书选择农村人均可支配收入作为替代率模型的核心指标，城乡居民人均养老金替代率＝人均养老金÷人均可支配收入

数据来源　《中国统计年鉴》（2014—2021）

　　地区间城乡居民养老保险待遇差距会产生以下三个方面影响。第一，地区之间养老保障权益不公平，在参保者相同缴费年限的情况下，领取养老金水平存在差异，养老保险缴费义务与给付权利之间存在不公平现象，同时也会制约地区间老年群体的收入平等，从而不利于实现地区间共同富裕的发展目标。第二，养老保险统筹层次提升与财政筹资责任之间的矛盾。通过测算发现地区之间城乡居民养老金替代率存在显著差距，缩减地区差距的有效方式是提高城乡居民养老保险统筹层次，实现制度模式统一，但提高统筹层次面临财政筹资责任的制约。各地区以地方财政为支撑提高基础养老金标准，所以在规定城乡居民养老保险参保和养老金待遇领取资格条件时通常会进行户籍限制，只允许本地户籍的人口参加，通过地方财政提高基础养老金标准在提高统筹层次过程中会导致中央与地方统筹责任划分不清，以及统筹标准难以确定，制约统筹目标的实现。第三，由于城乡居民养老金待遇差距是由地方财政补贴能力差异导致，而且以户籍为参保限制条件，因此在一定程度上会制约人口地区间自由流动，形成人口迁移的制度性障碍。

　　因此，统筹地区间城乡居民养老保险待遇水平是提高地区间养老保障公平性、促进劳动力自由流动的基本要求，统筹地区间城乡居民养老保险待遇水平的有效方式是实现制度模式一元化，形成统一的制度模式。

2. 转变城乡养老保险二元分割发展趋势

　　城乡居民养老保险制度的建立在提高养老保险覆盖面和农村居民养老保障水平方面发挥了重要作用，在实现养老保险扩面目标的情况下，养

老保险体系建设的任务开始转向解决结构性矛盾,集中表现在机关事业单位与城镇职工养老保险的二元结构、城乡养老保险的二元分割。2015 年机关事业单位养老保险与城镇职工养老保险并轨,统一为城镇职工养老保险制度模式,标志着机关事业单位养老保险与城镇职工养老保险的双轨制逐渐消除。目前,养老保险体系结构性矛盾突出表现为城乡养老保险二元分割。

随着城乡居民基础养老金标准的调整,城乡居民养老保险待遇给付水平持续提高,城乡居民人均养老金由 2013 年的 955 元/年提高至 2020 年的 2 088 元/年,以农村人均可支配收入作为参照基数,城乡居民养老金替代率由 2013 年的 10.73% 提高至 2020 年的 12.19%,保障水平呈上升趋势。然而城乡居民养老保险待遇水平与城镇职工养老保险待遇水平之间仍有明显差距,2013 年城乡居民养老保险人均养老金仅为城镇职工养老保险人均养老金的 4.2%,虽然在 2020 年提高至 5.2%,但后者仍是前者的约 19 倍,城乡养老保险待遇水平差距较大。从相对保障水平视角分析,城乡居民养老金替代率与城镇职工养老金替代率的比值由 2013 年的 24.47% 提高至 2020 年的 30.48%,两者之间差距在缩减,但仍需要建立合理的城乡养老保险待遇差距缩减方式,逐步实现城乡养老保险保障公平。

表 3-3　城乡养老保险待遇差距

各项指标	城乡居民养老保险		城镇职工养老保险	
	2013 年	2020 年	2013 年	2020 年
基金支出(亿元)	1 348	3 355	18 470	51 301
养老金领取人数(万人)	14 122	16 068	8 041	12 762
人均养老金(元/年)	955	2 088	22 970	40 198
养老金替代率(%)	10.73	12.19	43.85	39.99

注:(1)城乡居民人均养老金＝城乡居民养老保险基金支出÷养老金领取人数,由于农村居民是城乡居民养老保险制度的核心主体,同时城镇居民与农村居民基础养老金标准相同,在此本书选择农村人均可支配收入为替代率模型的核心指标,城乡居民人均养老金替代率＝人均养老金÷人均可支配收入;(2)城镇职工人均养老金＝城镇职工养老保险基金支出÷养老金领取人数,城镇职工养老金替代率＝人均养老金÷城镇非私营单位平均工资,社会平均工资统计口径在 2016 年进行调整,将私营单位工资纳入统计范畴,但为了时间序列上的一致性和指标可比性,此处仍选择非私营单位平均工资作为替代率的参照指标

数据来源　《中国统计年鉴》(2014—2021)

城乡养老保险待遇差距过大会阻碍城乡共同富裕目标的实现,也会导致城乡老年人口养老保障权益不公平。在人口老龄化过程中,老年人口比重逐渐提高,老年群体成为共同富裕的重要施策对象,老年人口收入差距缩减将会有效推动共同富裕目标的实现。缩减城乡养老保险待遇差距需

要避免盲目性和随意性，应该形成科学合理的政策通道，在一定客观标准下进行动态调整。城乡养老保险二元分割是在城乡二元经济结构下产生并逐渐强化的，随着城乡二元经济结构弱化，城乡养老保险也应该趋向一元化，收入水平是评价二元经济结构的核心指标，二元经济结构弱化的主要标志之一就是收入差距逐渐缩减，城乡养老保险以收入变化为核心依据，进行待遇水平动态调整，随着收入差距缩减而实现养老保险待遇水平趋近的方式是较为合理的。

3. 确定城乡居民基础养老金待遇调整机制

确定城乡居民养老保险待遇水平是政府在推进制度建设过程中需要解决的关键问题，也在政府的政策实践中得到体现。2018年人力资源社会保障部和财政部颁布《关于建立城乡居民基本养老保险待遇确定和基础养老金正常调整机制的指导意见》，主要体现三个方面的政策变化：一是确定基础养老金标准的动态调整机制；二是增加年限基础养老金，建立缴费年限与给付水平挂钩的机制；三是增加高龄养老金，对高龄老人进行待遇倾斜。中央提出了政策改革框架，各地区根据实际情况进行具体设计。然而在各地区对中央政策框架进行具体回应过程中，关于基础养老金标准的动态调整机制仍然较为笼统，缺乏科学、合理、客观、明确的标准。辽宁省在落实政策过程中提出城乡居民基础养老金最低标准至少每3年调整一次，河北省、湖南省等地区提出要根据城乡居民收入增长、物价水平变动等因素确定调整方案。关于城乡居民基础养老金最低标准如何调整、与哪些指标挂钩、挂钩机制是什么等问题缺少准确的政策回应，最终导致的结果是基础养老金最低标准的阶段性调整，而非逐年的动态调整，使得城乡居民基础养老金在调整周期内的保障能力下降，也不利于合理提高保障水平。

城乡基础养老保险缴费率一元化可以为建立城乡居民基础养老金动态调整机制提供客观标准，逐步实现筹资模式向固定比例筹资转变，给付模式向固定比例给付转变，基础养老金与城乡居民收入水平挂钩，由此形成基础养老金动态调整的合理依据。

4. 推动共同富裕目标的实现

实现共同富裕是社会主义的本质要求，也是国家重要的宏观发展战略。现阶段城乡之间、地区之间、制度之间的养老保险缴费与给付水平存在显著差异，直接制约共同富裕目标的实现，特别是随着人口老龄化程度逐渐提高，养老保险制度碎片化对共同富裕的制约作用将会更加显著。因此，在推进共同富裕战略目标实现的过程中，要不断缩小不同老年群体之间的收入差距，以养老保险为政策工具,建立老年群体收入差距缩减的合理渠道。

缩减老年群体收入差距并不是要实现养老金水平绝对平等,而是要在权利与义务相统一的框架内有序推进。养老保险权利与义务相统一的科学标准就是缴费与给付模式的一元化,在相同的缴费贡献下获得相同的给付回报,可以实现老年群体养老保障的相对公平。现阶段城乡居民基础养老金由财政负担,具有福利补偿性质,可以视作对计划经济时期工农业剪刀差政策下农村劳动人口的经济福利亏欠的补偿①,在推进缴费与给付模式一元化过程中,这一理论有助于确定财政补偿的合理水平。

5. 提振消费的收入再分配要求

养老保险制度不仅是保障老年群体基本生活需求的收入再分配机制,同时也是国家宏观调控的重要手段。在疫情冲击的影响下,经济增长的压力逐渐提高,养老保险作为宏观调控工具也应该发挥促进经济增长的功能。经济宏观调控的主要着力点之一在于提振消费,建立以国内循环为主的国内国外双循环机制,养老保险制度对消费具有显著影响,城乡基础养老保险缴费率一元化对消费的提振作用体现在两个方面:第一,城乡居民基础养老金按照固定比例筹资,随着居民收入增长而动态上涨,可降低城乡居民预防性储蓄,从而产生刺激消费的作用;第二,根据边际消费倾向原理,随着收入水平提高,边际消费倾向逐渐下降,在城乡二元经济结构下,农村居民收入水平偏低,相应的边际消费倾向更高,加强对农村居民的收入再分配,提高农民收入水平,更有利于刺激消费。城乡基础养老保险缴费率一元化会建立城乡居民养老保险待遇调整的制度通道,完善农村养老保险制度,提高城乡养老保险体系中农村养老保险的结构比例,充分发挥刺激消费的功能,吸收工业产品和第三产业服务,促进经济增长。

表 3-4　城乡居民人均边际消费倾向

年份	农村人均可支配收入（元/年）	农村人均现金消费支出（元/年）	城镇人均可支配收入（元/年）	城镇人均现金消费支出（元/年）	农村人均边际消费倾向	城镇人均边际消费倾向
2014	10 488.9	6 716.7	28 843.9	16 690.6	—	—
2015	11 421.7	7 392.1	31 194.8	17 887.0	0.72	0.51
2016	12 363.4	8 127.3	33 616.2	19 284.1	0.78	0.58

---

① 穆怀中、沈毅.中国农民养老生命周期补偿理论及补偿水平研究[J].中国人口科学,2012(2):2-13+111.

（续表）

年份	农村人均可支配收入（元/年）	农村人均现金消费支出(元/年)	城镇人均可支配收入（元/年）	城镇人均现金消费支出(元/年)	农村人均边际消费倾向	城镇人均边际消费倾向
2017	13 432.4	8 856.5	36 396.2	20 329.4	0.68	0.38
2018	14 617.0	9 862.0	39 250.8	21 287.1	0.85	0.34
2019	16 020.7	10 854.5	42 358.5	22 798.0	0.71	0.49
2020	17 131.5	11 097.2	43 833.8	21 555.6	0.22	—0.84

注：（1）边际消费倾向＝人均消费支出变化值÷人均可支配收入变化值；（2）由于城镇人均现金消费支出的统计数据在 2014 年发生统计方面的变化，本书采用 2014—2020 年数据进行统计分析

数据来源　《中国统计年鉴》(2015—2021)

三、城乡基础养老保险缴费率一元化的现实条件与合理选择

城乡基础养老保险缴费率一元化是推动共同富裕的有效途径，也是完善养老保险体系的根本要求。城乡基础养老保险缴费率一元化不仅具有理论合理性，也具有现实可行性，选择合理的缴费率一元化模式有利于实现养老保险全国统筹和城乡统筹的政策目标。

（一）城乡基础养老保险缴费率一元化的现实条件

1. "最低标准＋缴费激励"的一元化制度实践

现阶段城乡居民基础养老保险主要由国家财政筹资，中央规定基础养老金最低给付标准，各地区根据实际情况选择最低标准基础养老金或提高基础养老金给付水平。为了进一步提高缴费激励性，2018 年人力资源社会保障部和财政部颁布《关于建立城乡居民基本养老保险待遇确定和基础养老金正常调整机制的指导意见》①，提出年限基础养老金制度，即"对长期缴费、超过最低缴费年限的，应适当加发年限基础养老金"，实现了基础养老金"多缴多得"的缴费激励。

梳理各地区年限基础养老金制度政策可以发现，各地区普遍采用缴费每增加 1 年，基础养老金增发固定额的方式。因此，城乡居民基础养老保险已经形成了"最低标准＋缴费激励"的制度模式，这种模式与城镇职工基础养老保险性质相同，城镇职工基础养老保险待遇包括两部分：一是最低缴费年限养老金替代率 15％；二是缴费每增加 1 年，替代率增加 1％的缴

---

① 文件提出了要合理确定全国基础养老金最低标准，但仍没有明确的制度规定，基础养老金最低标准如何建立以及动态调整机制问题仍未解决。

费激励养老金。可以说年限基础养老金制度的建立使得城乡居民基础养老保险制度模式向城镇职工基础养老保险制度模式靠近,已经具备了城乡基础养老保险一元化的制度雏形①。

但雏形需要进一步优化才能最终成型。首先,全国固定额的基础养老金最低标准难以反映各地区养老保障需求的差异,2019 年全国基础养老金最低标准为 88 元/月,对应的各地区农村基础养老金替代率最高为 10.97%,而最低仅为 3.18%,差距较为明显②。这相当于将低替代率地区的养老金提升责任转移到地方政府,地方政府如果不提高基础养老金标准就可能导致养老金难以满足基本养老需求。这种结果会导致地区间的不公平,也难以为将来城乡居民基础养老金全国统筹提供制度保障。

其次,各地区年限基础养老金采用相同的固定额调整方式,导致缴费激励的地区间差异,产生不公平的问题。以同样缴费年限为例,福建省参保者缴费 35 年,在基础养老金最低标准的基础上,根据年限基础养老金标准获得缴费激励养老金,最低缴费年限对应的基础养老金替代率为 7.24%,缴费35 年对应的基础养老金替代率为 8.46%,缴费激励养老金替代率为 1.23%。而同样是缴费 35 年,年限基础养老金标准也相同,河北省城乡居民基础养老保险缴费 35 年对应的缴费激励养老金替代率为 1.56%,地区之间缴费激励替代率存在差异,导致缴费与给付的非对应性(见表 3-5)。因此,年限基础养老金制度优化需要在地区间统筹缴费与给付的对应关系,合理的方式是建立缴费与给付的固定比例模式,实现权利与义务的统一。

表 3-5　城乡居民基础养老保险缴费激励水平

地区	基础养老金标准(元/月)	年限基础养老金标准(元/月)	农村人均可支配收入(元/年)	缴费15年基础养老保险给付替代率(%)	缴费35年基础养老保险给付替代率(%)	缴费激励养老金替代率(%)
福　建	118	1	19 568	7.24	8.46	1.23
山　东	118	1.18	17 775	7.97	9.56	1.59
甘　肃	103	2	9 629	12.84	17.82	4.98
浙　江	155	5	29 876	6.23	10.24	4.02
安　徽	105	2	15 416	8.17	11.29	3.11

---

① 城乡居民基础养老金为最低标准(部分地区进行了上调)+年限基础养老金,城镇职工基础养老金为最低标准(替代率 15%)+年限基础养老金(缴费每增加 1 年,替代率增加1%),制度模式基本相同。

② 此处选择人均可支配收入作为替代率的分母,替代率=基础养老金÷人均可支配收入。

（续表）

地区	基础养老金标准（元/月）	年限基础养老金标准（元/月）	农村人均可支配收入（元/年）	缴费15年基础养老保险给付替代率（%）	缴费35年基础养老保险给付替代率（%）	缴费激励养老金替代率（%）
陕　西	136	2	12 326	13.24	17.13	3.89
内蒙古	128	2	15 283	10.05	13.19	3.14
河　南	103	3	15 164	8.15	12.90	4.75
河　北	108	1	15 373	8.43	9.99	1.56
西　藏	180	9	12 951	16.68	33.36	16.68
新　疆	140	2	13 222	12.71	16.34	3.63
重　庆	115	5	15 133	9.12	17.05	7.93
山　西	103	1	12 902	9.58	11.44	1.86
天　津	307	4	24 804	14.85	18.72	3.87
辽　宁	108	2	16 108	8.05	11.03	2.98
黑龙江	90	2	14 982	7.21	10.41	3.20
北　京	800	3	29 000	33.10	35.59	2.48
上　海	1 010	2	33 195	36.51	37.96	1.45
吉　林	103	5	14 936	8.28	16.31	8.03
四　川	100	3	14 670	8.18	13.09	4.91
广　东	170	3	18 818	10.84	14.67	3.83
江　苏	148	3	22 675	7.83	11.01	3.18
江　西	105	2.1	15 796	7.98	11.17	3.19
湖　北	103	1	16 391	7.54	9.00	1.46
湖　南	103	1	15 395	8.03	9.59	1.56
海　南	178	2	15 113	14.13	17.31	3.18
贵　州	93	5	10 756	10.38	21.53	11.16
云　南	103	5	11 902	10.38	20.47	10.08
青　海	175	10	11 499	18.26	39.13	20.87
广　西	116	2	13 676	10.18	13.69	3.51
宁　夏	120	2	12 858	11.20	14.93	3.73

　　注：（1）由于年限基础养老金制度在2018年颁布，在2019年出台明确标准，此处选择各地区基础养老金、年限基础养老金和农村人均可支配收入数据进行分析；（2）缴费15年基础养老保险替代率＝基础养老金最低标准÷农村人均可支配收入，缴费35年基础养老保险替代率＝（基础养老金最低标准＋年限基础养老金标准×20）÷农村人均可支配收入，缴费激励养老金替代率＝缴费35年基础养老保险替代率－缴费15年基础养老保险替代率

结合机关事业单位养老保险与城镇职工养老保险并轨,以及城乡居民养老保险增设年限基础养老金向城镇职工养老保险缴费激励机制趋同等政策实践,可以发现养老保险体系一元化已经在政策层面得以体现,城乡基础养老保险缴费率一元化具备了前期政策实践探索的支撑条件,同时也需要进一步明确顶层设计思路以及合理的推进路径。

2. 城乡养老保险政策导向趋同

梳理城镇职工养老保险和城乡居民养老保险政策,可以发现近年来两者对参保者的政策导向存在趋同的趋势,主要体现在两个方面。第一,参保者缴费激励导向趋同,城镇职工的基础养老金待遇和养老金调整指数均更加强调长缴多得的缴费与给付关联性,基础养老保险缴费每增加 1 年,替代率增加 1%,养老金调整指数也建立了与缴费年限挂钩的调整机制。2018 年人力资源社会保障部和财政部颁布《关于建立城乡居民基本养老保险待遇确定和基础养老金正常调整机制的指导意见》,提出建立年限基础养老金,重点激励参保者延长缴费年限,两项制度在缴费激励导向方面趋同。第二,各地区在对《关于建立城乡居民基本养老保险待遇确定和基础养老金正常调整机制的指导意见》的政策回应中规定,城乡居民基础养老金最低标准调整机制除了考虑居民收入和物价变动外,还要参照城镇职工养老保险等社会保障标准调整情况,说明城镇职工养老保险待遇标准调整对城乡居民基础养老金标准调整具有示范效应,政策导向有趋同的趋势。

城镇职工养老保险与城乡居民养老保险政策导向的趋同性为缴费率一元化提供了政策基础,也使得缴费率一元化具有现实可行性。

(二) 城乡基础养老保险缴费率一元化的合理选择

1. 城乡基础养老保险缴费率一元化的政策切入点

城乡养老保险分化是二元经济结构的衍生效应,随着二元经济结构弱化,如何促进城乡养老保险统筹成为学者们关注的问题。杨一帆(2009)以城乡社会保障统筹为基本原则,提出中国农村养老保险制度模式选择及体系框架。蒲晓红、朱美玲(2017)针对城乡养老保险转移接续过程中存在的福利损失问题提出解决思路,认为可以采用折算缴费年限或补缴视同缴费年限、一次性补缴、养老金分段计发等方式进行城乡养老保险统筹对接。徐婷婷、魏远竹(2021)以乡村振兴为背景,提出以提高城乡居民养老保险统筹层次和建立基础养老金调整机制等方式,完善城乡居民养老保险,促进城乡一体化。蒋军成等(2017)认为农村养老保险制度存在问题的根源在于城乡养老保险二元分化,需要以城乡统筹为原则优化农村养老保险制度。根据城乡养老保险体系发展现状,总结学术界研究的普遍共识,城乡养老保险一元化发展的关键在于城乡居民养老保险制度优化。

城乡居民养老保险如何定型是完善养老保险体系和提高民生福利水平过程中不可回避的关键问题。是保持以国家财政为主要筹资来源的基础养老金福利性质,还是随着二元经济结构弱化而向城镇职工养老保险过渡?这是现在面临的选择题,也是优化城乡居民养老保险制度的方向性判断。

城乡居民养老保险制度顶层设计不仅要考虑给付水平调整及财政可行性等问题,还要预判未来制度需求。在人口流动和制度改革趋势下,养老保险体系改革面临以下几个方面的政策导向选择。第一,城乡居民养老保险的地区统筹。在劳动人口迁移过程中,面临不同地区的城乡居民养老保险转移接续问题,仍保留户籍地参保,还是可以转移至迁入地参保?如果要实现异地结转就要推进城乡居民养老保险全国统筹。第二,城镇职工养老保险和城乡居民养老保险的制度统筹。现阶段城镇职工养老保险和城乡居民养老保险制度对接规定可以在一定程度上解决制度间转移接续问题,但也存在福利损失等现象,而以财政筹资为主的城乡居民基础养老保险和企业缴费为主的城镇职工基础养老保险的制度差异导致两个制度统筹困难,未来是否需要构建制度统筹的"通道"?第三,养老保险全国"大统筹",城镇职工养老保险全国统筹是完善养老保险体系的必然趋势,是否需要将城乡居民和城镇职工基础养老保险合在一起进行全国"大统筹",从而真正解决制度对接问题?

现阶段人口跨地区流动是常态,而跨地区的乡城流动是主要形式,在这种背景下城乡居民养老保险制度的地区转移接续是迫切需要实现的政策需求,以中央规定的最低给付标准加上地方政府提高幅度的方式确定基础养老金给付水平导致各地区城乡居民基础养老金差异显著,而采取以"收入×替代率"为最低标准的方式可以统一地区间的制度规定,为城乡居民基础养老金的全国统筹提供制度条件。向企业制度模式趋近的政策设计还可以衍生出两大政策效果。一是基础养老金的标准及其调整机制。中央以"替代率"为统一的最低给付水平政策标准,既能够体现政策的统一性,也能够反映各地区实际收入水平的差异,为设定基础养老金最低标准提供依据,同时随着收入增长,最低标准养老金也在增长,形成了潜在的养老金调整指数机制。二是年限养老金的标准。假定参照城镇职工养老保险制度模式,缴费增加1年,替代率增加1%,也就在中央层面确定了统一的年限养老金标准,解决各地区年限养老金政策存在不合理差异的问题。

将城乡居民基础养老保险给付模式由"固定额最低标准养老金＋固定额年限养老金"向"替代率最低标准养老金＋替代率年限养老金"的制度模式调整,可以为未来城乡居民基础养老保险全国统筹提供制度条件,并衍生出了与收入增长相挂钩的城乡居民基础养老金动态调整机制。同时,还可以为城镇职工养老保险和城乡居民养老保险的合理对接以及二元经济结构弱化背景下的全国"大统筹"提供制度接口。以城乡居民基础养老金给付标准和年限养老金的设立为现实条件,以城乡居民基础养老金最低标准的动态调整机制为现实需求,以未来城乡居民基础养老保险制度全国"大统筹"为长远规划,城乡居民基础养老保险"替代率最低标准养老金＋替代率年限养老金"的制度模式改革思路具有合理性。

在待遇保障层面实现城乡养老保险模式一元化,促进了老年群体养老保障权益的城乡公平,但养老保障公平的真正内涵应该是权利与义务对等的城乡公平,因此也需要对养老保险筹资模式进行一元化改革。现阶段城乡居民基础养老保险采用需求导向型的筹资机制,以基础养老金最低标准为固定筹资额,这种筹资模式是在城乡居民养老保险缴费能力有限的现实条件和对经济起步阶段农民经济福利亏欠进行补偿的政策考量下的合理安排,但随着二元经济结构弱化以及城乡居民收入水平持续提高,由固定额筹资向固定比例筹资转变,可以更好地实现权利与义务对等,也能够建立支持城乡居民养老保险待遇动态调整的有效机制。城乡居民基础养老保险缴费模式需要由固定额筹资向以城乡居民收入水平为基数的固定比例筹资转变,逐步实现城乡基础养老保险缴费率一元化。

2. 城乡基础养老保险缴费率一元化的合理推进方式

城乡基础养老保险缴费模式二元分化的根源在于城乡二元经济结构,城镇职工养老保险作为经济体制改革的配套机制,起步较早且发展相对成熟,城乡居民养老保险充分考虑城乡居民收入水平和保障需求,采用低水平起步并阶段性调整的政策模式,现阶段两项制度之间仍存在明显差距,城乡基础养老保险缴费率一元化并不是短期任务,而是在未来较长一段时间内逐步推进的动态过程。在推进城乡基础养老保险缴费率一元化过程中,应当考虑三个因素。一是城乡收入差距缩减的趋势。收入差距是判断二元经济结构的重要指标之一,收入水平也是反映参保者缴费能力的关键变量,随着二元经济结构弱化,城乡收入差距逐渐缩减,与收入关联的缴费与给付水平也应逐渐调整,逐步调整至一元化水平。二是城乡居民缴费能力。在政策由固定额缴费向固定比例缴费转变之初,居民缴费能力可能不足,可以适当降低缴费基数,参照城镇职工养老保险缴费基数的上下限范围,以人均可支配收入的60%作为基数的下限。三是养老保险收支平衡压力。城镇职工基础养老保险缴费率要平稳调整,避免政策缴费率调整对收支平衡产生过大影响。在综合考虑各项因素的情况下,设定合理的城乡基础养老保险缴费率一元化路径,实现一元化政策目标。

四、城乡基础养老保险缴费率一元化的标准设定

党的二十大提出"健全覆盖全民、统筹城乡、公平统一、安全规范、可持续的多层次社会保障体系",统筹城乡、公平统一与安全规范之间具有环环相扣的逻辑关系。统筹城乡要求不断缩小城乡社会保障差距,建立城乡社会保障统筹发展的推进机制,而统筹城乡的基本原则是公平统一,城乡社会保障差距缩小并不意味着实现待遇水平的绝对平等,而是在权利与义务相对应的条件下实现相对公平,建立统一的制度模式是实现统筹城乡和相对公平的合理政策选择。在以城乡养老保险制度一元化推动统筹城乡和相对公平的过程中,也会衍生出城乡居民养老保险规范的发展机制,包括基础养老金与居民收入增长挂钩,年限基础养老金替代率与缴费年限挂钩,等等。城乡基础养老保险缴费率一元化是落实党的二十大关于社会保障发展论断和优化社会保障体系的有效政策选择。

城乡基础养老保险缴费率一元化是统筹城乡养老保险、建立公平统一养老保险体系和推动养老保险安全规范发展的有效途径。城乡基础养老保险缴费率一元化是养老保险制度模式的统一,而在此过程中面临的关键问题就是缴费率标准的设定。城镇职工基础养老保险政策缴费率为16%,城乡居民基础养老保险折算后的缴费率约为2.5%,两项制度的一元化标准设定为多少? 这是决定缴费率一元化改革合理与否、可行与否的关键。城乡居民基础养老保险向城镇职工基础养老保险缴费率趋近是可选择的政策取向之一,但城镇职工基础养老保险政策缴费率是否适度也有待检验。因此,首先要确定城乡基础养老保险缴费率适度水平,在城乡基础养老保险适度缴费率趋同的情况下,基础养老保险缴费率一元化就具备了适度标准。城乡基础养老保险适度缴费率可以从养老保险缴费占GDP的合意比重为出发点,结合客观的人口结构指标,最终确定合理的代际转移缴费负担。城镇职工基础养老保险和城乡居民基础养老保险以一元化适度缴费率为标准进行动态调整,综合考虑缴费能力、收支平衡和宏观调控功能等因素,动态调整缴费率,逐步实现一元化目标。

　　城乡基础养老保险缴费率一元化是在共同富裕发展战略目标框架下，建设统筹城乡、公平统一与安全规范的养老保险体系的合理选择，以缴费适度水平为核心标准逐步推进的过程也符合习总书记提出的"量力而行、尽力而为、循序渐进"的共同富裕推进逻辑。

第四章 城乡基础养老保险缴费率
一元化适度标准

城乡基础养老保险缴费率一元化是以缴费适度水平为核心标准逐步推进的动态过程,缴费适度水平是以收入再分配占国民经济合理比例为依据,结合老年人口合意国民财富分配结构,确定的合理代际转移筹资。本章重点分析基础养老保险缴费适度水平理论基础,构建基础养老保险适度缴费率模型,在城镇职工养老保险和城乡居民养老保险相关指标参数设定下,测算城乡基础养老保险适度缴费率,确定基础养老保险一元化缴费率。

一、缴费适度水平理论基础

养老保险缴费是在国民财富初次分配基础上进行的收入再分配,养老保险缴费水平存在适度区间,养老保险缴费水平过高将会导致劳动人口筹资负担过重,从而不利于促进消费和经济持续增长,养老保险缴费水平过低将会导致老年群体养老保障需求难以得到有效满足,从而产生老年贫困等问题。

从宏观视角出发,养老保险缴费适度水平以筹资总额占 GDP 比重为根本标准,养老保险筹资总额占 GDP 比重保持在合理区间内说明养老保险缴费达到适度水平。养老保险缴费以初次收入分配为基础,通过代际收入转移和生命周期财富转移等形式,使得老年人口在退出劳动力市场之后仍能够获得收入,分享经济发展成果。因此,养老保险缴费与给付不仅是满足老年人口养老需求的福利保障制度,更是老年人口分享经济发展成果的核心渠道。养老保险缴费适度水平需要从经济发展成果的合理分配视角进行界定。现收现付养老保险缴费是从当期国民财富总量中分配相应比例给老年人口,现收现付基础养老金是老年人口分享当期经济发展成果的主要方式,个人账户养老金是老年人口对上一期国民财富的有效分配和积累。

经济发展成果合理分配的基本依据是按照生产要素价值贡献,劳动人口根据价值创造过程中的劳动贡献获得财富分配,当期国民经济财富中不仅包含了当期劳动力的财富价值创造贡献,同时在技术传承、投资积累等环节均包含了上一期劳动力的贡献,即当期国民经济财富中也隐含了上一期劳动力的价值创造贡献。在经济发展成果合理分配过程中,当期劳动力和上一期劳动力(老年人口)按照人口比例获得相应的报酬分配,当期劳动力报酬分配以就业工资为主要形式,上一期劳动力报酬分配以养老金为主要形式,而老年人口养老金分配需要考虑到劳动力市场效率,不能按照全部比例分配给老年人口,否则将会影响劳动力就业积极性,需要按照一定替代率进行分配。因此,老年人口获得的国民财富现收现付收入再分配合理比例为老年人口比重与现收现付替代率的乘积,即现收现付养老保险缴费总额占 GDP 比重的适度值为老年人口比重与现收现付替代率的乘积。

现收现付基础养老保险缴费适度水平以现收现付缴费总额占 GDP 比重为直接指标,进一步将指标要素进行分解,将现收现付缴费总额拆分为人均缴费额与缴费人数,将 GDP 拆分为劳动报酬总额与劳动生产要素分配系数(见公式 4-1),进一步转换为现收现付基础养老保险适度缴费率。基础养老保险适度缴费率是微观层面的合理缴费负担,主要取决于老年人口比重、现收现付替代率和劳动生产要素分配系数。老年人口比重越高,国民财富现收现付转移再分配的比例越大,现收现付基础养老保险适度缴费率就越高;现收现付替代率越高,说明老年人口代际转移收入替代劳动报酬的需求越高,现收现付基础养老保险适度缴费率也相应越高;劳动生产要素分配系数与现收现付基础养老保险适度缴费率之间呈反向关联,劳动生产要素分配系数越高,说明初次分配中劳动报酬分配比例越高,在现收现付养老保险筹资占 GDP 比重不变的情况下,基础养老保险适度缴费率会适当下降,即用微观层面较小比例的筹资,就可以实现宏观层面财富收入再分配的适度水平。

从国民财富合理收入再分配的宏观视角出发,延伸至微观层面基础养老保险缴费率适度水平,可以为设定合理的基础养老保险政策缴费率提供依据,为城乡基础养老保险缴费率一元化提供适度标准。

二、缴费适度水平模型构建

(一)模型构建

从国民财富合意收入再分配视角出发,可推导出基础养老保险适度缴费率。以基础养老保险缴费占 GDP 比重为逻辑起点,基础养老保险缴费占 GDP 比重的模型为:

$$\beta = \frac{C \times NL}{GDP} = \frac{C \times NL}{NL \times W \div H} = \frac{C \times H}{W} = \theta \times H \quad (4-1)$$

其中，β 表示基础养老保险缴费占 GDP 的比重，C 为人均养老保险缴费额，NL 为劳动年龄人口数，GDP 为国内生产总值，W 为人均工资水平，H 为劳动生产要素分配系数，θ 为基础养老保险缴费率。

基础养老保险缴费是一种国民财富收入再分配的形式，国民财富是当期劳动人口与资本结合的价值创造，同时也包含了上一期劳动力的价值贡献，在国民财富收入再分配时应以老年人口比重作为核心考量指标，同时以保障劳动力市场效率为上限。因此，基础养老保险缴费占 GDP 比重的合意值应由老年人口比重和适度替代率共同决定，即 $\widehat{\beta} = P_O \times S$，其中 $\widehat{\beta}$ 表示基础养老保险缴费占 GDP 比重的合意值，P_O 表示老年人口比重，S 表示基础养老保险适度替代率。将基础养老保险缴费占 GDP 比重合意值公式代入公式(4-1)，得到基础养老保险适度缴费率模型：

$$\widehat{\theta} = \frac{P_O \times \widehat{S}}{\widehat{H}} \quad (4-2)$$

其中，$\widehat{\theta}$ 为基础养老保险适度缴费率，$\widehat{S}$ 为基础养老保险适度替代率，$\widehat{H}$ 为合意劳动生产要素分配系数。

（二）模型结构要素特征

1. 以劳动报酬要素替代传统收支模型中按劳动人口比重分担缴费责任

现收现付养老保险是劳动人口缴费满足老年人口养老金需求的代际收入再分配，根据以支定收原则，推导得到现收现付养老保险收支平衡缴费率为制度赡养比与现收现付养老金替代率的乘积，即根据老年人口比重和现收现付养老金替代率确定给付需求，再将缴费负担按劳动人口比重分配给劳动人口。现收现付养老保险收支平衡缴费率是确定劳动人口代际转移缴费负担的传统模型，反映劳动人口赡养老年人口的代际关系。

在人口老龄化过程中，传统收支平衡模型以劳动人口数量承担赡养老年人口责任的方式受到冲击，随着劳动人口比例持续下降，劳动人口的代际转移收入再分配能力也在降低，而老年人口比重持续提高，养老保障需求不断增加，此消彼长之间导致现收现付养老保险制度不可持续。而现收现付养老保险适度缴费率模型将劳动人口比重指标替换为劳动报酬分配比重指标，改变传统按照劳动人口比重确定筹资水平的方式，根据劳动报酬分配水平确定合理的缴费负担。随着人口老龄化程度不断加深,劳动人口比重持续下降,但通过提高劳动生产率、优化劳动力供需平衡关系等方式,劳动报酬分配水平呈上升趋势,特别是在国家提高初次分配中劳动报酬分配比例的政策支持下,劳动报酬分配系数将会逐渐提高,意味着现收现付养老保险的代际赡养能力显著提高,有效应对了人口老龄化对现收现付养老保险制度的冲击。

现收现付养老保险适度缴费率模型与人口"质量-数量"红利演变趋势相契合,在人口数量红利逐渐消减的趋势下,通过提高人力资本投资、增强劳动力资源配置效率等方式,充分发挥人口质量红利,替代人口数量红利,在此过程中选择以劳动报酬分配指标替代劳动人口比重指标作为确定合理缴费负担的依据具有合理性。

2. 现收现付养老保险适度缴费率与劳动报酬分配发展趋势相匹配

根据现收现付养老保险适度缴费率模型,适度缴费率与劳动报酬分配系数呈反比关系,劳动报酬分配系数越高,在相同的总筹资比例条件下,适度缴费率需求越低。这也解释了现阶段城镇职工基础养老保险政策缴费率偏高的原因,其中很重要的一点就在于当前劳动报酬分配比例偏低,在劳动报酬分配比例较低的情况下,需要将缴费率提高,才能够使现收现付养老保险缴费总额占 GDP 比重处在合理水平。从收支平衡角度分析,在老年人口的养老保障需求相对固定情况下,劳动报酬分配比例越低,说明劳动者缴费基数越低,需要提高缴费率才能够保证筹资水平满足老年人口基本生活所需。

在劳动报酬分配系数逐渐提高的趋势下,现收现付养老保险缴费率适当降低,既满足了老年人口保障需求,也缓解了劳动人口代际赡养负担,促进养老保险制度可持续发展。

(三)指标参数设定

下文对现收现付养老保险适度缴费率模型相关指标进行参数设定,参数设定如下。

1. 老年人口比重

此处以 2020 年第七次人口普查数据为基础,对城镇和农村人口进行预测,得到各年龄段人口结构和规模。依据城镇职工养老保险待遇领取年龄标准,城镇职工养老保险老年人口的年龄划分标准为男性 60 周岁以上、女性 55 周岁以上,由于城乡居民养老保险的核心参保主体是农村居民,同时城乡居民养老保险待遇领取年龄标准为 60 周岁,因此本文以农村 60 周岁以上老年人口比重为城乡居民养老保险老年人口比重的指标参数。

2. 现收现付养老保险替代率

养老保险替代率依据比照基数不同可以划分为社会平均工资替代率和个人收入替代率,个人收入替代率反映养老金与参保者退休前收入的比例关系,难以体现养老金的平均保障水平。本文采用养老保险社会平均工资替代率指标,根据城镇职工养老保险制度规定,基础养老保险社会平均工资替代率受参保者缴费年限等因素影响。

养老金社会平均工资替代率是退休初始替代率、退休期养老金调整指数与工资增长率比值和退休人口结构共同作用的平均养老给付水平。本文构建养老金社会平均工资替代率的数理模型:

$$\overline{S}_t = \sum A_{i,j,t} \times S_{i,j,t} = \sum A_{i,j,t} \times S_0 \times \left(\frac{1+h}{1+g}\right)^{t-m} \quad (4\text{-}3)$$

其中,$\overline{S}_t$ 表示养老金社会平均工资替代率,A 表示退休人口中不同年龄、性别人群的人口占比,$S_{i,j,t}$ 表示不同年龄、性别退休人口的社会平均工资替代率,S_0 表示退休初始社会平均工资替代率,h 表示养老金调整指数,g 表示工资增长率,m 表示退休时点。

根据城镇职工养老保险给付模式政策规定,本文进一步设定退休初始社会平均工资替代率模型,其中模型右侧第一部分为基础养老金社会平均工资替代率,第二部分为个人账户养老金社会平均工资替代率。

$$S_0 = \frac{n\% \times (1+\beta)}{2 \times (1+g)} + \frac{\theta \times 12 \times (1+r)^{n+1} \times \left[1 - \left(\frac{1+g}{1+r}\right)^n\right]}{\delta \times (r-g) \times (1+g)} \quad (4\text{-}4)$$

其中,n 表示缴费年限,β 表示缴费基数占社会平均工资的比重,θ 表示个人账户缴费率,r 表示个人账户基金投资收益率,δ 表示个人账户计发系数。将公式(4-4)代入公式(4-3)得到养老金社会平均工资替代率的最终模型:

$$\overline{S}_t = \sum A_{i,j,t} \times \left\{\frac{n\% \times (1+\beta)}{2 \times (1+g)} + \frac{\theta \times 12 \times (1+r)^{n+1} \times \left[1 - \left(\frac{1+g}{1+r}\right)^n\right]}{\delta \times (r-g) \times (1+g)}\right\} \times$$

$$\left(\frac{1+h}{1+g}\right)^{t-m} \quad (4\text{-}5)$$

这里对养老金社会平均工资替代率模型相关指标进行参数设定,确定养老金替代率可能性边界。①缴费年限与缴费基数。根据养老保险政策规定,最低缴费年限为 15 年,缴费基数下限为社会平均工资 60%,本文选择缴费年限 15 年,缴费基数为社会平均工资 60%作为替代率可能性边界下限指标参数。考虑到劳动初始年龄和退休年龄,将男性参保职工缴费年限上限设为 40 年,女性参保职工缴费年限上限设为 35 年。社会平均工资是不同收入群体的平均收入水平,平均缴费基数以社会平均工资为上限。②工资增长率与投资收益率。借鉴陈曦(2017)研究成果,工资增长率设定为 5%,与 2020 年实际工资增长率接近。考虑现阶段社会保障基金平均投资收益率,个人账户投资收益率设定为 3%。③养老金调整指数。通过分析近年来城镇职工养老金调整指数与社会平均工资增长率之间的关系,发现养老金调整指数约为社会平均工资增长率的 75%。本文设定养老金调整指数下限为 3.5%,养老金调整指数以社会平均工资增长率为上限。④退休年龄及退休人口中不同年龄人口占比。本文设定男性退休年龄为 60 周岁,女性退休年龄为 55 周岁。假定参保退休人口年龄构成与城镇人口年龄构成相同,利用人口普查数据对城镇不同年龄人口进行预测,得到退休人口中不同年龄人口的占比。

根据测算发现,2021 年城镇职工养老金社会平均工资替代率可能性边界为 13.46%~51.43%,2050 年替代率可能性边界为 12.76%~51.75%。在全劳动期缴费、养老金调整指数与社会平均工资增长率相同等极限条件下,养老金社会平均工资替代率约为 51%,在测度城镇职工养老保险收支平衡以及养老金给付水平过程中,需要将社会平均工资替代率限定在可能性边界上限之内。同时,养老金调整指数低于社会平均工资增长率,将会导致退休期内参保个体的社会平均工资替代率下降,在人口老龄化的影响下,养老金替代率可能性边界下限将会下降,需要采用缴费激励等措施,提高养老金给付水平,确保养老金能够发挥保障基本生活需求的功能。

在养老金社会平均工资替代率可能性边界中,可以进一步分离出基础养老金社会平均工资替代率。在基础养老保险适度缴费率模型中,需要确定基础养老金社会平均工资适度替代率,再结合老年人口比重和劳动生产要素分配系数,确定适度缴费水平。基础养老金社会平均工资适度替代率应综合考虑参保主体缴费年限和退休人口结构等因素。根据城镇职工养老保险政策宣传文件,在参保者缴费 35 年情况下,养老保险替代率达到国际公认的约 60%合意值,男性参保者退休年龄为 60 岁,考虑到受教育水平提升等因素,参保初始年龄有延后趋势,男性参保者合

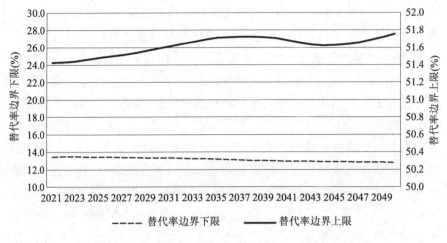

图 4-1　城镇职工养老金社会平均工资替代率边界

意缴费年限设定为 35 年,女性参保者退休更早,女性参保者合意缴费年限设定为 30 年。城乡居民养老保险参保者合意缴费年限需要综合考虑两点因素:一是参保主体的缴费能力与意愿,现阶段城乡居民养老保险参保者缴费能力有限,且多选择最低缴费年限 15 年,合意缴费年限设定不宜过高。二是农村参保者养老保障由养老保险和土地保障两部分构成,土地保障替代率约为 10%[①],承担了部分保障功能,养老保险合意缴费年限可适当降低。综合两点影响因素,本文设定城乡居民基础养老保险合意缴费年限为 25 年。

用社会平均工资替代率模型测算出城镇职工基础养老金社会平均工资适度替代率为 25%~27%,城乡居民基础养老金社会平均工资适度替代率约为 20%(见表 4-1)。

表 4-1　城乡基础养老保险社会平均工资适度替代率

年份	城镇职工基础养老金社会平均工资适度替代率(%)	城乡居民基础养老金社会平均工资适度替代率(%)
2021	26.49	20.88
2022	26.51	20.89
2023	26.51	20.89
2024	26.51	20.88

① 穆怀中、沈毅、陈曦.农村养老保险综合替代率及其结构分析[J].人口与发展,2013(6):2-10.

（续表）

年份	城镇职工基础养老金社会 平均工资适度替代率（%）	城乡居民基础养老金社会 平均工资适度替代率（%）
2025	26.48	20.87
2026	26.46	20.86
2027	26.43	20.86
2028	26.41	20.86
2029	26.39	20.85
2030	26.37	20.84
2031	26.34	20.82
2032	26.31	20.79
2033	26.27	20.75
2034	26.21	20.68
2035	26.14	20.60
2036	26.08	20.53
2037	26.02	20.46
2038	25.95	20.37
2039	25.90	20.29
2040	25.85	20.20
2041	25.80	20.12
2042	25.76	20.05
2043	25.71	19.98
2044	25.68	19.93
2045	25.65	19.91
2046	25.63	19.93
2047	25.62	19.97
2048	25.61	20.01
2049	25.59	20.04
2050	25.56	20.05

注：养老保险人口结构预测以第七次人口普查数据为基础预测得到，其中借鉴《世界人口展望》数据以及国内学者研究结论，人口预期寿命设定为：城镇男性人口预期寿命在2050年达到81.33周岁，城镇女性达到84.95周岁，农村男性在2050年达到77.35周岁，农村女性达到80.20周岁；人口出生性别比逐步降低至106∶100，总和生育率逐步提高至约1.6，死亡率由人口预测软件确定参数值。城镇职工养老保险缴费人数占城镇就业人口比重由2021年的74.65%提高至2050年的100%，城镇就业人口占城镇劳动年龄人口比重保持90.00%不变，城镇职工养老保险退休人口占城镇老年人口比重由2021年的81.71%提高至2050年的90.00%，与城镇就业人口占比一致

3. 劳动报酬分配系数

劳动报酬分配系数是在国民经济财富中按照劳动生产要素价值创造贡献确定的劳动报酬分配比例。劳动报酬分配系数发展趋势受以下因素影响。一是劳动力市场供需状况。在劳动力市场供大于求的情况下,企业可以通过低工资吸纳大量劳动力,使得劳动报酬分配系数偏低。随着人口老龄化程度逐渐加深,劳动人口比重逐渐降低,劳动力市场开始由供大于求向供不应求转变,在此过程中,劳动者报酬水平呈上升趋势,劳动报酬分配系数也相应提高。二是劳动生产率,根据经济学原理,劳动者报酬取决于劳动者边际生产率,在大数据等信息技术应用逐渐加深的情况下,劳动者边际生产率会显著提高,劳动报酬也会提高。三是经济发展阶段与国家宏观政策。在经济发展初期阶段,资本积累对经济起步具有重要作用,资本在价值分配中的地位更高,劳动报酬分配系数相对偏低,在经济发展达到一定阶段之后,创新拉动型经济增长模式更加重要,劳动生产要素在价值创造中的重要性显著提升,劳动报酬分配系数会有所提高。2021年国务院《要素市场化配置综合改革试点总体方案》中提出要"提高劳动报酬在初次分配中的比重",提高劳动报酬既是合理优化收入分配格局的有效举措,也是提振消费和促进经济持续增长的根本要求。

综合劳动报酬分配系数影响因素以及现实发展趋势,借鉴穆怀中等学者(2013)的研究,本文设定城镇劳动报酬分配系数的合意值为75%,城镇职工劳动报酬分配系数以2021年为基期,平稳增长至2050年的75%,同时考虑农村土地生产要素在价值分配中的比例,农村劳动报酬分配系数的合意值为65%[①]。城乡居民养老保险以农村居民为核心制度对象,因此本文设定其参保者的劳动报酬分配系数与农村居民相同,城乡居民养老保险参保者的劳动报酬分配系数以2021年为基期,平稳增长至2050年的65%。

三、城乡基础养老保险缴费率适度水平测算

本书根据养老保险人口结构、基础养老金适度替代率和劳动报酬分配系数等指标参数设定,利用基础养老保险适度缴费率模型测算得到缴费适度水平。

(一) 城乡基础养老保险适度缴费率

基础养老保险适度缴费率是从宏观层面合意筹资比例出发,根据合理

---

① 穆怀中、沈毅、陈曦. 农村养老保险综合替代率及其结构分析[J]. 人口与发展,2013(6):2-10.

缴费年限对应的现收现付给付适度水平确定的代际转移缴费水平。城镇职工养老保险老年人口比重由 2021 年的 19.43％提高至 2050 年的34.05％,利用社会平均工资替代率公式测算得到城镇职工基础养老金社会平均工资适度替代率由 2021 年的 26.49％平稳降低至 2050 年的25.56％,城镇职工劳动报酬分配系数由 2021 年的 44.71％提高至 2050 年的 75.00％。在上述指标参数的发展趋势下,利用基础养老保险适度缴费率模型测算得到城镇职工基础养老保险适度缴费率由 2021 年的 11.51％提高至 2033 年的 13.09％,此后逐渐呈下降趋势,在 2050 年降低至11.60％,城镇职工基础养老保险适度缴费率发展趋势呈倒 U 形(见表 4-2)。城镇职工基础养老保险适度缴费率发展趋势与代际人口赡养负担变化趋势相契合,城镇职工老年人口比重增长速度在 2021—2035 年处于较高水平,代际人口赡养负担持续增加,基础养老保险适度缴费率可以适当提高,以满足老年人口养老保障需求,老年人口比重增长率在 2035 年之后有所下降,随着代际人口赡养负担降低,基础养老保险适度缴费率可以适当降低。

表 4-2　城镇职工基础养老保险适度缴费率

年份	城镇职工养老保险老年人口比重(％)	城镇职工基础养老金社会平均工资适度替代率(％)	城镇职工劳动报酬分配系数(％)	城镇职工基础养老保险适度缴费率(％)
2021	19.43	26.49	44.71	11.51
2022	20.07	26.51	45.51	11.69
2023	20.79	26.51	46.33	11.90
2024	21.56	26.51	47.17	12.12
2025	22.38	26.48	48.02	12.34
2026	23.12	26.46	48.88	12.51
2027	23.87	26.43	49.76	12.68
2028	24.62	26.41	50.66	12.84
2029	25.34	26.39	51.57	12.96
2030	25.98	26.37	52.50	13.05
2031	26.51	26.34	53.44	13.07
2032	27.05	26.31	54.40	13.08
2033	27.59	26.27	55.38	13.09

（续表）

年份	城镇职工养老保险老年人口比重（%）	城镇职工基础养老金社会平均工资适度替代率（%）	城镇职工劳动报酬分配系数（%）	城镇职工基础养老保险适度缴费率（%）
2034	28.14	26.21	56.38	13.08
2035	28.70	26.14	57.39	13.07
2036	29.07	26.08	58.43	12.98
2037	29.42	26.02	59.48	12.87
2038	29.75	25.95	60.55	12.75
2039	30.09	25.90	61.64	12.64
2040	30.47	25.85	62.75	12.55
2041	30.78	25.80	63.88	12.43
2042	31.17	25.76	65.03	12.34
2043	31.61	25.71	66.20	12.28
2044	32.09	25.68	67.39	12.23
2045	32.58	25.65	68.60	12.18
2046	32.90	25.63	69.84	12.08
2047	33.24	25.62	71.09	11.98
2048	33.58	25.61	72.37	11.88
2049	33.86	25.59	73.67	11.76
2050	34.05	25.56	75.00	11.60

注：（1）本文假定城镇职工养老保险老年人口比重与城镇老年人口比重相同，年龄标准为男性60岁以上、女性55岁以上，人口预测以第七次人口普查数据为基础，利用people软件预测得到；（2）城镇职工基础养老保险适度替代率来源于表4-1；（3）城镇职工基础养老保险适度缴费率由模型（4-2）测算得到

　　城乡居民基础养老保险适度缴费率是根据城乡居民基础养老保险缴费适度水平相关指标参数设定，计算得到的代际转移合理缴费水平。城乡居民养老保险老年人口比重由2021年的20.91%提高至2050年的40.24%，利用社会平均工资替代率公式测算得到城乡居民基础养老金社会平均工资适度替代率由2021年的20.88%平稳降低至2050年的20.05%，城乡居民养老保险参保者的劳动报酬分配系数由2021年的44.71%提高至2050年的65.00%。在上述指标参数的发展趋势下，利用基础养老保险适度缴费率模型测算得到城乡居民基础养老保险适度缴费率由2021年的9.77%提高至

2035 年的 13.15％,此后逐渐呈下降趋势,在 2050 年降低至 12.42％,城乡居民基础养老保险适度缴费率发展趋势呈倒 U 形(见表 4-3)。

表 4-3　城乡居民基础养老保险适度缴费率

年份	城乡居民养老保险老年人口比重(％)	城乡居民基础养老金社会平均工资适度替代率(％)	城乡居民养老保险参保者劳动报酬分配系数(％)	城乡居民基础养老保险适度缴费率(％)
2021	20.91	20.88	44.71	9.77
2022	21.51	20.89	45.29	9.92
2023	22.34	20.89	45.88	10.17
2024	23.36	20.88	46.47	10.50
2025	24.58	20.87	47.08	10.89
2026	25.63	20.86	47.69	11.21
2027	26.79	20.86	48.31	11.57
2028	27.98	20.86	48.94	11.92
2029	29.12	20.85	49.57	12.25
2030	30.14	20.84	50.22	12.51
2031	30.97	20.82	50.87	12.68
2032	31.80	20.79	51.53	12.83
2033	32.62	20.75	52.20	12.97
2034	33.42	20.68	52.88	13.07
2035	34.19	20.60	53.56	13.15
2036	34.51	20.53	54.26	13.06
2037	34.76	20.46	54.96	12.94
2038	34.97	20.37	55.68	12.79
2039	35.19	20.29	56.40	12.66
2040	35.49	20.20	57.13	12.55
2041	35.45	20.12	57.87	12.33
2042	35.47	20.05	58.63	12.13
2043	35.59	19.98	59.39	11.97
2044	35.90	19.93	60.16	11.89
2045	36.42	19.91	60.94	11.90
2046	36.88	19.93	61.73	11.91

（续表）

年份	城乡居民养老保险老年人口比重(%)	城乡居民基础养老金社会平均工资适度替代率(%)	城乡居民养老保险参保者劳动报酬分配系数(%)	城乡居民基础养老保险适度缴费率(%)
2047	37.65	19.97	62.53	12.02
2048	38.58	20.01	63.34	12.19
2049	39.49	20.04	64.17	12.34
2050	40.24	20.05	65.00	12.42

注：（1）本文假定城乡居民养老保险老年人口比重与农村老年人口比重相同，年龄标准为 60 岁以上，人口预测以第七次人口普查数据为基础，利用 people 软件预测得到；（2）城乡居民基础养老保险适度替代率来源于表 4-1；（3）城乡居民基础养老保险适度缴费率由模型（4-2）测算得到

（二）城乡基础养老保险一元化适度缴费率

基础养老保险适度缴费率是在老年人口比重、现收现付适度替代率和劳动报酬分配系数逐年变化下测算得到的动态缴费适度水平。本文进一步构建城乡基础养老保险长期适度缴费率，从而为城乡基础养老保险缴费率一元化确定合理标准。基础养老保险长期适度缴费率是一定时间段内动态适度缴费率的均值，长期适度缴费率模型为：

$$\bar{\theta} = \frac{\sum N_{L,t} \times W_t \times \theta_t \div (1+\gamma)^{t-1}}{\sum N_{L,t} \times W_t \div (1+\gamma)^{t-1}} \tag{4-6}$$

其中，$N_{L,t}$ 为第 t 期养老保险缴费人数，W_t 为第 t 期养老保险缴费基数，$\bar{\theta}$ 为长期适度缴费率，γ 为贴现率。本文将城镇职工基础养老保险和城乡居民基础养老保险相关参数代入模型（4-6），测算得到城镇职工基础养老保险和城乡居民基础养老保险长期适度缴费率。

测算得到城镇职工基础养老保险长期适度缴费率为 12.42%，城乡居民基础养老保险长期适度缴费率为 12.02%，城乡基础养老保险长期适度缴费率较为一致，说明城乡基础养老保险缴费率一元化具有合理性。

城乡基础养老保险缴费率一元化是以缴费适度水平为标准设计的制度统筹发展路径，由于城乡基础养老保险长期适度缴费率均接近 12%，本文设定城乡基础养老保险一元化适度缴费率为 12%。城乡基础养老保险一元化适度缴费率回应了四个政策问题。

第一，城镇职工基础养老保险政策缴费率是否继续下调？城镇职工基础养老保险政策缴费率在 2019 年由 20% 降低至 16%，这是在供给侧结构性改革背景下降低企业成本的重要举措，充分发挥了刺激企业投资和劳动

力雇佣需求的作用。在降低至 16% 之后是否还需要继续调整以及调整标准是什么，尚无明确定论。本文从城乡基础养老保险缴费率一元化视角确定城镇职工基础养老保险缴费适度水平，为政策缴费率调整提供合理依据，同时政策缴费率向一元化适度缴费率调整也是进一步应对经济增长压力的重要方式。

第二，城镇职工和灵活就业人员的基础养老保险政策缴费率差异如何解决？以城镇职工身份参保的基础养老保险政策缴费率为 16%，以灵活就业人员身份参保的基础养老保险政策缴费率为 12%，由于缴费率与退休期基础养老保险待遇之间不具有关联性，两者在退休期基础养老金不受政策缴费率影响，然而两者政策缴费率差异会导致企业规避缴费的行为，部分企业在缴费环节为了规避缴费，让员工按照灵活就业人员身份参保，降低企业缴费成本，城镇职工和灵活就业人员基础养老保险政策缴费率是否需要统一成为养老保险体系建设过程中面临的问题。本文测算得到城乡基础养老保险一元化适度缴费率为 12%，与灵活就业人员基础养老保险政策缴费率相同，城镇职工基础养老保险政策缴费率向一元化适度缴费率调整，也使其向灵活就业人员政策缴费率趋近。

第三，城乡居民养老保险如何定型？现阶段城乡居民养老保险采用固定额缴费和固定额给付的制度模式，基础养老金根据中央最低标准和地方给付标准叠加确定，筹资由中央和地方财政分担，个人不需要缴费，具有福利性质。城乡居民养老保险未来如何发展是制度建设过程中面临的核心问题，是保持固定额筹资与给付模式还是逐步向固定比例筹资与给付模式调整？需要进行政策选择。本文提出以城乡基础养老保险一元化适度缴费率为标准，推进城乡居民养老保险向固定比例筹资与给付模式调整，实现城乡养老保险制度模式一元化，为城乡养老保险融合发展奠定基础。

第四，养老保险全国统筹的政策标准与覆盖范围。现阶段养老保险全国统筹的政策对象普遍认为是城镇职工养老保险，加快推进养老保险全国统筹是逐步实现地区间城镇职工养老保险政策统一、基金调剂使用与风险共担的过程，全国统筹的重要标准之一就是地区间的缴费率统一。在实现全国统筹的过程中，如何确定统一的基础养老保险政策缴费率是首先要解决的问题。现阶段多数地区政策缴费率为 16%，浙江、广东等地区政策缴费率约为 14%，统一政策缴费率标准如何界定？本文提出基础养老保险一元化适度缴费率为 12%，各地区由现行政策缴费率向一元化缴费率调整，明确了全国统筹缴费率标准问题。同时，养老保险全国统筹是否为城乡居民养老保险预留通道也是需要未雨绸缪的政策顶层设计问题。随着城乡二元经济结构弱化和人口城乡间、区域间流动越发频繁,城乡居民养老保险全国统筹的需求也更加迫切,在养老保险体系顶层设计过程中需要为城乡居民养老保险全国统筹预留政策接口,扩大养老保险全国统筹的覆盖范围,将城镇职工、城乡居民养老保险全国统筹纳入顶层设计框架,城乡基础养老保险长期适度缴费率接近也为养老保险全国"大统筹"提供了有利条件。

四、基础养老保险适度缴费率合理性检验

下文从两个方面检验基础养老保险适度缴费率的合理性:一是基础养老保险适度缴费率与收支平衡缴费率发展趋势比较分析;二是基础养老保险适度缴费率对应的保障适度性。

(一)基础养老保险适度缴费率发展趋势合理性

基础养老保险适度缴费率是以筹资占 GDP 合理比例为根本依据,从国民财富人口结构分配视角出发确定的合理代际收入转移比例。本文通过比较基础养老保险适度缴费率与传统收支平衡模型确定的缴费率的发展趋势,检验基础养老保险适度缴费率发展趋势的合理性。以城镇职工养老保险为例,2021 年城镇职工养老保险退休人数为 13 157 万人,参保职工人数为 34 917 万人,依据退休人口占老年人口比重、参保职工人数占就业人口比重,推算得到 2021—2050 年城镇职工养老保险退休人数与参保缴费人数的发展趋势,从而确定制度赡养比。测算得到城镇职工基础养老保险收支平衡缴费率由 2021 年的 9.98% 持续提高至 2050 年的 17.98%。通过比较适度缴费率与收支平衡缴费率之间的发展趋势可以发现,收支平衡缴费率是随着制度赡养比的上升而逐渐提高的,这不利于实现积极应对人口老龄化的制度发展目标,人口老龄化程度逐渐加深的情况下,代际赡养压力持续提高,劳动力承担的筹资压力加大,制度不可持续的潜在风险增加。基础养老保险适度缴费率在 2033 年之后开始逐渐回落,主要是由于在人口老龄化背景下,适度缴费率实现了由依赖庞大的劳动人口赡养老年人向依托更高的劳动报酬分配赡养老年人的筹资机制转变,虽然劳动人口数量和比重下降,但劳动报酬分配水平持续提高会提高基础养老保险筹资能力,从而更加有效地应对人口老龄化,降低缴费率(见表 4-4)。以劳动人口为代际赡养的筹资主体会随着制度赡养比提高而快速提高缴费率需求,相比之下,基础养老保险适度缴费率以劳动报酬分配为筹资依据,能够更好地抵消人口老龄化对养老保险制度的冲击,因此更具合理性。

表 4-4　城镇职工基础养老保险适度缴费率与收支平衡缴费率比较

年份	城镇职工基础养老保险收支平衡缴费率(%)	城镇职工基础养老保险适度缴费率(%)	年份	城镇职工基础养老保险收支平衡缴费率(%)	城镇职工基础养老保险适度缴费率(%)
2021	9.98	11.51	2036	15.11	12.98
2022	10.36	11.69	2037	15.21	12.87
2023	10.83	11.90	2038	15.32	12.75
2024	11.33	12.12	2039	15.46	12.64
2025	11.84	12.34	2040	15.64	12.55
2026	12.27	12.51	2041	15.79	12.43
2027	12.69	12.68	2042	16.00	12.34
2028	13.09	12.84	2043	16.28	12.28
2029	13.46	12.96	2044	16.60	12.23
2030	13.78	13.05	2045	16.95	12.18
2031	14.02	13.07	2046	17.18	12.08
2032	14.25	13.08	2047	17.43	11.98
2033	14.49	13.09	2048	17.68	11.88
2034	14.74	13.08	2049	17.87	11.76
2035	14.98	13.07	2050	17.98	11.60

注：(1)基础养老保险收支平衡缴费率＝制度赡养比×替代率，制度赡养比＝退休人口数÷缴费人口数；(2)城镇职工养老保险缴费人数占城镇就业人口比重由2021年的74.65%提高至2050年的100%，城镇就业人口占城镇劳动年龄人口比重保持90.00%不变，城镇职工养老保险退休人口占城镇老年人口比重由2021年的81.71%提高至2050年的90.00%，与城镇就业人口占比一致

（二）基础养老保险适度缴费率的保障效应合理性

基础养老保险给付替代率是代际转移支付水平的评价指标，合理给付水平既要考虑到老年人口的保障需求，同时也要考虑劳动人口的代际赡养能力。在人口老龄化过程中，劳动人口比重持续降低，对应的养老保险代际赡养能力有所减弱。现阶段基础养老保险给付水平与劳动人口比重的关联性调整尚无明确依据。在城乡基础养老保险缴费率一元化过程中，可依据合理缴费年限与退休人口中各年龄段人口结构确定合意给付水平。测算得到基础养老保险适度替代率呈平稳下降趋势，以城镇职工基础养老保险适度替代率为例，适度替代率在2050年下降至约25%，与劳动人口比重下降趋势相匹配(见图4-2)，同时下降趋势较为平缓，能够保障老年人

口基本生活需求,既考虑到劳动人口的代际赡养能力,又兼顾了老年人口保障需求,具有合理性。

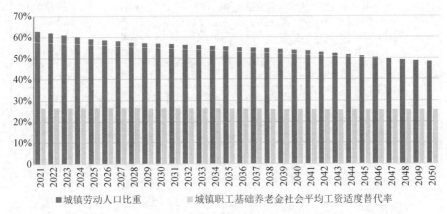

图 4-2   城镇职工基础养老保险给付适度水平与劳动人口比重契合趋势

注:(1)依据城镇职工养老保险退休年龄标准,城镇劳动年龄人口标准为男性 16~59 周岁,女性 16~54 周岁;(2)城镇劳动人口数以第七次人口普查数据为基础,利用预测软件预测得到

五、基础养老保险缴费率一元化调整的可行性分析

(一)基础养老保险现实缴费率测算

由于现阶段城镇职工养老保险采用固定比例筹资模式,城乡居民养老保险采用固定额筹资模式,城乡居民养老保险现实缴费水平以固定额衡量,因此本文只以城镇职工养老保险为例,分析现实缴费率向一元化缴费率趋近的可行性①。

1. 基础养老保险现实缴费率模型

现阶段城镇职工基础养老保险缴费主体包括两类:一是企业职工,其政策缴费率为 16%;二是个体户和灵活就业人员,其政策缴费率为 12%。二者缴费均划入城镇职工基本养老保险统筹账户。在制度现实运行状态下,由于参保人口遵缴率不足、灵活就业人员缴费基数档次选择低于社会平均工资等原因,现实缴费率会偏离政策缴费率,确定现实缴费率相对于政策缴费率的偏离程度有助于确定合理的政策缴费率及现实缴费率优化路径,从而实现现实缴费率向均衡缴费率靠拢,实现养老保险缴费率降低

---

① 本书将在第五章对城乡居民基础养老保险缴费向一元化方向调整的方式进行设定和测算。

与制度可持续发展的目标。基础养老保险现实缴费率模型为：

$$\theta = \frac{C_t}{W_t} = \frac{N_{formal} \times \beta_f \times w_{f,t-1} + N_{informal} \times \beta_{if} \times w_{if,t-1}}{W_t}$$

$$= \frac{L_{formal} \times R_{cf} \times R_{zf} \times \beta_f \times w_{f,t-1} + L_{informal} \times R_{cif} \times R_{zif} \times \beta_{if} \times w_{if,t-1}}{W_t}$$

$$(4\text{-}7)$$

其中，C_t 为 t 期养老保险缴费总额，N_{formal} 为企业职工参保缴费人数，β_f 为企业职工基础养老保险政策缴费率，$w_{f,t-1}$ 为 $t-1$ 期企业职工平均工资，$N_{informal}$ 为灵活就业人员参保缴费人数，β_{if} 为灵活就业人员基础养老保险政策缴费率，$w_{if,t-1}$ 为 $t-1$ 期灵活就业人员平均工资。L_{formal} 为企业就业人员总数，R_{cf} 为企业就业人员参保覆盖率，R_{zf} 为企业职工养老保险遵缴率，$L_{informal}$ 为灵活就业人员就业总数，R_{cif} 为灵活就业人员参保覆盖率，R_{zif} 为灵活就业人员养老保险遵缴率。W_t 为企业就业和灵活就业参保人员的工资总额。模型可以进一步整理为：

$$\theta = \frac{L \times \alpha_f \times R_{cf} \times R_{zf} \times \beta_f \times w_{f,t} \div (1+g_f) + L \times \alpha_{if} \times R_{cif} \times R_{zif} \times \beta_{if} \times w_{if,t} \div (1+g_{if})}{L \times \alpha_f \times R_{cf} \times w_{f,t} + L \times \alpha_{if} \times R_{cif} \times w_{if,t}}$$

$$(4\text{-}8)$$

其中，L 为就业总人数，α_f 为企业就业占比，α_{if} 为灵活就业人员占比，$w_{f,t}$ 为 t 期企业职工平均工资，$w_{if,t}$ 为 t 期灵活就业人员平均工资，g_f 为企业职工工资增长率，g_{if} 为灵活就业人员工资增长率。模型转化为：

$$\theta = \frac{\alpha_f \times R_{cf} \times R_{zf} \times \beta_f \times w_{f,t} \div (1+g_f) + \alpha_{if} \times R_{cif} \times R_{zif} \times \beta_{if} \times w_{if,t} \div (1+g_{if})}{\alpha_f \times R_{cf} \times w_{f,t} + \alpha_{if} \times R_{cif} \times w_{if,t}}$$

$$(4\text{-}9)$$

设定 λ 为企业职工就业占比与灵活就业人员就业占比的比值，即 $\lambda = \alpha_f \div \alpha_{if}$。由于灵活就业人员缴费基数采用非私营单位平均工资与私营单位平均工资的加强平均数再乘以特定比例系数 δ，因此 $w_{if,t} = w_{f,t} \times \delta$，$g_{if} = g_f = g$。模型进一步调整为：

$$\theta = \frac{\lambda \times R_{cf} \times R_{zf} \times \beta_f + R_{cif} \times R_{zif} \times \beta_{if} \times \delta}{(\lambda \times R_{cf} + 1 \times R_{cif} \times \delta) \times (1+g)} \qquad (4\text{-}10)$$

通过基础养老保险现实缴费率模型可以确定在特定的政策缴费率和参保指标条件下，实际能够达到的缴费水平，也为基础养老保险缴费优化提供了依据。

2. 现实缴费率影响因素

（1）就业结构

根据基础养老保险现实缴费率模型，可以发现城镇就业结构对现实缴费水平有直接影响。由于企业职工的政策缴费率为 16％，灵活就业人员的政策缴费率为 12％，在总就业人口中正规就业相比非正规就业的比值越高，平均现实缴费率就越高。在现行城镇就业人口统计中，可以分为城镇非私营企业就业、城镇私营企业就业和个体户就业。在此，本文把城镇非私营就业和城镇私营就业划入正规就业范畴，把个体户和灵活就业划入非正规就业范畴，也就是说城镇非私营企业和私营企业就业占比越高，基础养老保险现实缴费率越高。

（2）覆盖率

根据基础养老保险现实缴费率模型，参保人口覆盖率对基础养老保险现实缴费率的影响主要体现在企业职工覆盖率和灵活就业人员覆盖率的差异方面。如果企业职工覆盖率和灵活就业人员覆盖率相同，覆盖率指标将会在模型中消除，模型转化为：

$$\theta = \frac{\lambda \times R_{zf} \times \beta_f + R_{zif} \times \beta_{if} \times \delta}{(\lambda + \delta) \times (1 + g)} \tag{4-11}$$

在企业职工覆盖率和灵活就业人员覆盖率存在差异的情况下，企业职工覆盖率越高会导致基础养老保险现实缴费率提高，而灵活就业人员覆盖率提高会提高参保人口中灵活就业人员的比重，由于灵活就业人员政策缴费率偏低且缴费基数以社会平均工资 60％为下限，灵活就业人员的比重越大，基础养老保险现实缴费率越低。

（3）遵缴程度

养老保险遵缴程度反映了参保劳动力人口中实际缴费主体的比重，实际缴费人口比重越高，现实缴费率就越高。在人口老龄化逐渐加深的情况下，养老保险遵缴率提升越快，现实缴费率偏离政策缴费率的程度越小，也越有利于实现养老保险收支平衡。

（4）政策缴费率

政策缴费率调整对基础养老保险现实缴费率有直接影响，政策缴费率越高，现实缴费率就越高。从企业职工和灵活就业人员的政策缴费率差异视角来看，企业职工基础养老保险政策缴费率高于灵活就业人员政策缴费率，因此企业职工身份参保劳动人口占比越高，现实缴费率就越高。

（5）工资增长率

在核定城镇职工养老保险缴费基数时，企业职工采用上一年度月平均工资作为缴费基数，个体户和灵活就业人员采用上一年度社会月平均工资作为缴费基数。而在确定基础养老保险现实缴费率时，主要采用现实缴费水平与当期平均工资之比，因此现实缴费额为上一期社会平均工资乘以政策缴费率，转化为当期现实缴费率需要除以（1＋平均工资增长率）。工资增长率越高，政策缴费率转化为现实缴费率的水平越低。

3. 现实缴费率测算

根据基础养老保险现实缴费率模型，本文对相关指标参数进行设定，对城镇职工基础养老保险现实缴费率进行测算。①就业结构。本文将企业职工身份参保主体的范围界定为城镇非私营企业和私营企业的就业人口，将灵活就业人员身份参保主体的范围界定为城镇个体户和灵活就业人口。2018 年城镇企业就业人数是城镇灵活就业人数的 3 倍，在互联网技术和经济结构变动等因素的影响下，灵活就业人员的就业人数将会显著增加，本文假设就业结构由 3∶1 逐渐降低至 1∶1，以此为基准情况，判断就业结构变动情况下基础养老保险现实缴费率的变动趋势。②城镇职工和城乡居民养老保险覆盖率。2018 年城镇职工养老保险参保劳动人口占城镇就业人口的比重为 72％，根据统计数据，城镇职工身份参保人口约为灵活就业人员身份参保人口的 3 倍，与就业结构基本一致，因此本文假设在初始期城镇企业职工养老保险覆盖率和灵活就业人员养老保险覆盖率相同，逐步提升至 2050 年的 100％。③城镇职工和城乡居民养老保险遵缴率。遵缴率反映了参保劳动人口中真实缴费人口的比重，遵缴率受缴费年限、就业转换等因素影响，如劳动力在更换工作的中间期暂时停止缴纳养老保险费，或者参保者达到最低缴费年限之后不再续缴，等等。现阶段城镇职工养老保险遵缴率约为 80％，从遵缴率的影响因素来看，灵活就业人员更倾向于选择低缴费年限，其就业稳定性更弱，且其参保主动选择的空间更大，因此本文假定企业职工养老保险遵缴率为 85％，灵活就业人员养老保险遵缴率为 70％，此后逐渐提升。④政策缴费率。城镇企业职工基础养老保险政策缴费率为 16％，灵活就业人员基础养老保险政策缴费率为 12％。⑤灵活就业人员养老保险缴费基数。根据政策规定，灵活就业人员养老保险缴费基数可以在社会平均工资 60％～300％之间自由选择，通过现实数据统计，多数灵活就业参保者选择最低缴费标准，因此本文将灵活就业人员缴费基数设定为社会平均工资的 60％。

在对相关指标参数进行设定的情况下，测算得到城镇职工基础养老保险现实缴费率由 2018 年的 10.91% 缓慢上升至 2050 年的 11.05%。虽然城镇企业职工基础养老保险政策缴费率为 16%，灵活就业人员基础养老保险政策缴费率为 12%，但在参保缴费基数、覆盖率和遵缴率不足等因素影响下，真实的缴费率仅为 11% 左右。

表 4-5　城镇职工基础养老保险现实缴费率

年份	λ	R_{cf} (%)	R_{zf} (%)	g (%)	R_{cif} (%)	R_{zif} (%)	β_f (%)	β_{if} (%)	δ (%)	θ (%)
2018	3.0	72.0	85.0	5	72.0	70.0	16	12	60	10.91
2019	2.9	72.7	85.4	5	72.7	70.8	16	12	60	10.92
2020	2.8	73.5	85.9	5	73.5	71.6	16	12	60	10.93
2021	2.7	74.3	86.3	5	74.3	72.4	16	12	60	10.94
2022	2.6	75.0	86.7	5	75.0	73.2	16	12	60	10.95
2023	2.5	75.8	87.2	5	75.8	74.0	16	12	60	10.96
2024	2.4	76.6	87.6	5	76.6	74.8	16	12	60	10.96
2025	2.4	77.4	88.1	5	77.4	75.7	16	12	60	10.97
2026	2.3	78.2	88.5	5	78.2	76.5	16	12	60	10.98
2027	2.2	79.0	89.0	5	79.0	77.4	16	12	60	10.98
2028	2.1	79.8	89.4	5	79.8	78.3	16	12	60	10.99
2029	2.1	80.6	89.9	5	80.6	79.1	16	12	60	10.99
2030	2.0	81.4	90.3	5	81.4	80.0	16	12	60	10.99
2031	1.9	82.3	90.8	5	82.3	80.9	16	12	60	11.00
2032	1.9	83.1	91.3	5	83.1	81.8	16	12	60	11.00
2033	1.8	84.0	91.7	5	84.0	82.7	16	12	60	11.00
2034	1.7	84.9	92.2	5	84.9	83.7	16	12	60	11.01
2035	1.7	85.7	92.7	5	85.7	84.6	16	12	60	11.01
2036	1.6	86.6	93.1	5	86.6	85.6	16	12	60	11.01
2037	1.6	87.5	93.6	5	87.5	86.5	16	12	60	11.01
2038	1.5	88.4	94.1	5	88.4	87.5	16	12	60	11.01
2039	1.5	89.3	94.6	5	89.3	88.5	16	12	60	11.02
2040	1.4	90.2	95.0	5	90.2	89.5	16	12	60	11.02
2041	1.4	91.2	95.5	5	91.2	90.5	16	12	60	11.02
2042	1.3	92.1	96.0	5	92.1	91.5	16	12	60	11.02

年份	λ	R_{cf}（%）	R_{zf}（%）	g（%）	R_{cif}（%）	R_{zif}（%）	β_f（%）	β_{if}（%）	δ（%）	θ（%）
2043	1.3	93.1	96.5	5	93.1	92.5	16	12	60	11.02
2044	1.2	94.0	97.0	5	94.0	93.5	16	12	60	11.03
2045	1.2	95.0	97.5	5	95.0	94.6	16	12	60	11.03
2046	1.1	96.0	98.0	5	96.0	95.6	16	12	60	11.03
2047	1.1	97.0	98.5	5	97.0	96.7	16	12	60	11.04
2048	1.1	98.0	99.0	5	98.0	97.8	16	12	60	11.04
2049	1.0	99.0	99.5	5	99.0	98.9	16	12	60	11.04
2050	1.0	100.0	100.0	5	100.0	100.0	16	12	60	11.05

本书进一步放宽相关指标参数的假设，分别调整不同指标的参数设置，反映不同要素变化带来的现实缴费率变动情况。现实缴费率情景Ⅰ：在基准情况下，假定就业结构由3∶1降低至1∶1，在此本文假设灵活就业人员的就业增长有所放缓，就业结构由3∶1降低至2∶1，城镇职工基础养老保险现实缴费率有所上升，由2018年的10.91%上升至2050年的12.44%，相比基准情况现实缴费率约提高1.4%。现实缴费率情景Ⅱ：为了分析覆盖率和遵缴率提升对基础养老保险现实缴费率的影响，在此本文放宽假设，将覆盖率和遵缴率提升路径设定为2030年达到100%，保持基准情况的其他指标参数不变，发现城镇职工基础养老保险现实缴费率呈倒U形发展趋势，现实缴费率由2018年的10.91%上升至2030年的12.43%，说明覆盖率和遵缴率提升抵消了灵活就业人员参保占比提高的影响，此后逐渐下降至11.05%，灵活就业人员参保占比持续提高降低了现实缴费水平。现实缴费率情景Ⅲ：假设城镇企业职工参保覆盖率增长快于灵活就业人员参保覆盖率增长，到2030年城镇企业职工参保率提高至100%，灵活就业人员参保覆盖率在2050年达到100%，在此情景下，城镇职工基础养老保险现实缴费率在2018—2030年有所提升，而2030年之后企业职工覆盖率不变而灵活就业人员参保占比提升又会拉低现实缴费率。现实缴费率情景Ⅳ：假设城镇企业职工参保覆盖率增长慢于灵活就业人员参保覆盖率增长，到2050年城镇企业职工参保率提高至100%，灵活就业人员参保覆盖率在2030年达到100%，在此情景下，城镇职工基础养老保险现实缴费率呈U形发展趋势，在2018—2030年有所下降，而2030年之后城镇企业职工覆盖率提升而灵活就业人员参保占比不变又会拉高现实缴费率。现实缴费率情景Ⅴ：灵活就业人员养老保险缴费基数选择上年度月

平均工资的100%,在此假设下,城镇职工基础养老保险现实缴费率显著提高,由2018年的11.71%上升至2050年的13.33%,主要是由于灵活就业人员参保现实缴费水平随着缴费基数的提高而增加,拉高了现实缴费率。现实缴费率情景Ⅵ:在此情景下对一系列假设均进行调整,就业结构由3:1降低至2:1,覆盖率和遵缴率快速提高,在2030年达到100%,灵活就业人员参保缴费基数提高至社会平均工资的100%,同时根据缴费适度水平进行政策缴费率优化,最终城镇职工基础养老保险现实缴费率由2018年的10.91%增加至2050年的14.29%。

表4-6　基于参数调整的城镇职工基础养老保险现实缴费率

年份	基准现实缴费率	现实缴费率Ⅰ(%)	现实缴费率Ⅱ(%)	现实缴费率Ⅲ(%)	现实缴费率Ⅳ(%)	现实缴费率Ⅴ(%)	现实缴费率Ⅵ(%)
2018	10.91	10.91	10.91	10.91	10.91	11.71	10.91
2019	10.92	10.96	11.03	10.95	10.90	11.75	11.06
2020	10.93	11.00	11.15	10.99	10.88	11.79	11.22
2021	10.94	11.05	11.27	11.02	10.86	11.83	11.37
2022	10.95	11.09	11.39	11.06	10.84	11.88	11.53
2023	10.96	11.13	11.51	11.10	10.81	11.92	11.69
2024	10.96	11.18	11.63	11.13	10.79	11.96	12.25
2025	10.97	11.22	11.76	11.17	10.76	12.00	11.78
2026	10.98	11.27	11.89	11.21	10.73	12.04	11.96
2027	10.98	11.31	12.02	11.25	10.70	12.09	12.14
2028	10.99	11.36	12.16	11.28	10.67	12.13	12.33
2029	10.99	11.41	12.29	11.32	10.64	12.17	12.52
2030	10.99	11.45	12.43	11.36	10.60	12.22	13.27
2031	11.00	11.50	12.37	11.35	10.62	12.26	13.26
2032	11.00	11.54	12.30	11.34	10.64	12.31	13.26
2033	11.00	11.59	12.24	11.33	10.66	12.36	13.25
2034	11.01	11.64	12.17	11.32	10.68	12.41	13.24
2035	11.01	11.69	12.10	11.30	10.70	12.46	13.87
2036	11.01	11.73	12.04	11.29	10.72	12.51	13.86
2037	11.01	11.78	11.97	11.27	10.74	12.56	13.86
2038	11.01	11.83	11.90	11.26	10.77	12.61	13.86

（续表）

年份	基准现实 缴费率	现实缴费率 Ⅰ（%）	现实缴费率 Ⅱ（%）	现实缴费率 Ⅲ（%）	现实缴费率 Ⅳ（%）	现实缴费率 Ⅴ（%）	现实缴费率 Ⅵ（%）
2039	11.02	11.88	11.83	11.24	10.79	12.66	13.85
2040	11.02	11.93	11.76	11.22	10.81	12.72	14.29
2041	11.02	11.98	11.69	11.21	10.83	12.77	14.29
2042	11.02	12.03	11.62	11.19	10.85	12.83	14.29
2043	11.02	12.08	11.55	11.17	10.88	12.89	14.29
2044	11.03	12.13	11.48	11.15	10.90	12.94	14.29
2045	11.03	12.18	11.41	11.14	10.92	13.01	14.29
2046	11.03	12.23	11.33	11.12	10.95	13.07	14.29
2047	11.04	12.29	11.26	11.10	10.97	13.13	14.29
2048	11.04	12.34	11.19	11.08	11.00	13.20	14.29
2049	11.04	12.39	11.12	11.06	11.02	13.26	14.29
2050	11.05	12.44	11.05	11.05	11.05	13.33	14.29

（二）现实缴费率向一元化缴费率趋近的可行性

下文进一步分析在调整现实缴费率影响因素情况下，制度运行参数变化是否具有降费空间，即降费的同时不扩大养老保险基金收支缺口。如果在相关指标参数调整情况下，缴费率降低会导致基金收入低于降费之前，说明收支缺口会增大，不存在降费空间，反之则说明可以实现降费而不减基金收入的目标，存在降费空间。降费可能性判定模型为：

$$\Delta = \sum_{t=1}^{n} \frac{N_{l,t} \times (\theta' - \theta) \times W_t}{(1+\gamma)^{t-1}} \tag{4-12}$$

如果 $\Delta \geqslant 0$ 说明存在降费空间，如果 $\Delta < 0$ 说明降费会导致基金收入低于降费之前，不存在降费空间。本文对制度运行参数调整下的不同情景进行模拟，分析不同情景下的降费空间。情景1：将城镇企业职工和灵活就业人员的遵缴率提高至100%，保持其他参数不变，此情景下如果保持养老保险基金收支缺口不扩大，企业政策缴费率可以降低至15%。情景2：灵活就业人员缴费档次提高至社会平均工资的100%，其他参数保持不变，企业政策缴费率可以降低至14%。情景3：叠加调整，遵缴率和缴费档次均提高至100%，企业政策缴费率可以降低至12%，城镇企业职工和灵活就业人员基础养老保险缴费率相同，实现缴费率一元化（见表4-7）。

表 4-7　城镇职工基础养老保险降费情景模拟

模拟情景	参数调整	政策缴费率调整	基金收入变化（亿元）
情景 1	养老保险遵缴率提高至 100%	企业政策缴费率降低至 15% 企业政策缴费率降低至 14%	0.63 -0.30
情景 2	灵活就业人员缴费档次提高至社会平均工资的 100%	企业政策缴费率降低至 15% 企业政策缴费率降低至 14% 企业政策缴费率降低至 13%	1.63 0.77 -0.10
情景 3	遵缴率提高至 100%，灵活就业人员缴费档次提高至社会平均工资的 100%	企业政策缴费率降低至 15% 企业政策缴费率降低至 14% 企业政策缴费率降低至 13% 企业政策缴费率降低至 12% 企业政策缴费率降低至 11%	3.46 2.53 1.60 0.68 -0.25

注：为了简化计算，基期社会平均工资设定为 1，工资增长率设定为 5%

第五章 城乡基础养老保险缴费率
一元化实现路径

城乡基础养老保险缴费率一元化是以共同富裕和养老保险统筹层次提升为内在驱动因素，以缴费率适度水平为标准，兼顾城乡养老保险主体缴费能力的动态调整过程，阶段性调整方案需要与制度可持续性、二元经济结构弱化等因素相协调。

一、城乡基础养老保险缴费率适度一元化的实施原则

城乡基础养老保险缴费率一元化实施的目的在于统一养老保险制度模式，在缴费与给付相对应的情况下，实现城乡养老保险公平发展。因此，城乡基础养老保险缴费率一元化并不是要采用缴费与给付绝对平等的方式，而是实现相对公平。

（一）以适度水平为一元化标准，分阶段有序推进

城乡养老保险融合发展是共同富裕目标中的重要内容，城乡养老保险融合发展的主要标志之一就是缴费模式一元化，参保主体在城乡不同养老保险制度之间实现缴费义务与领取待遇权利的公平统一。城乡基础养老保险缴费率一元化过程中面临的关键问题是标准选择，即城乡基础养老保险在什么水平上实现统一。城乡基础养老保险缴费率一元化合理标准的选择可以参照缴费率适度水平进行设定，缴费率适度水平是以代际转移筹资占 GDP 的合意比重为主要依据，按照国民财富的人口结构贡献分配，结合人口老龄化过程中退休人口结构确定的合理缴费负担。缴费率适度水平以劳动力获得的报酬分配替代劳动人口比重指标，实现了依托更高的劳动报酬分配承担老年人口赡养责任，而非依赖庞大的劳动人口数量承担老年人口赡养责任，有效解决了人口老龄化过程中劳动人口数量下降导致的筹资能力不足问题，缴费率适度水平可以为缴费率一元化提供科学标准。

在确定城乡基础养老保险缴费率适度水平的情况下，如果城镇职工基

础养老保险和城乡居民基础养老保险缴费率适度水平一致,则缴费率一元化既具备理论合理性,又具备现实可行性。城乡基础养老保险政策缴费率向一元化适度缴费率调整并不是短期即可实现的,而是需要结合参保主体经济能力、制度可持续性等因素分阶段逐步推进。城镇职工基础养老保险政策缴费率为16%,在收支平衡前提下,参考人口老龄化发展规律,逐步向一元化适度缴费率12%进行动态调整。城乡居民基础养老保险的缴费调整路径将会更加复杂,首先要转变筹资模式,由固定额筹资向固定比例筹资转变,其次要在低缴费水平的基础上,参照城乡居民收入能力提升情况和国家财政负担能力,逐步调整至一元化适度缴费水平。城乡居民基础养老保险缴费率一元化是养老保险体系优化的顶层设计,需要在顶层设计框架下有序推进。

(二) 设定多元缴费基数,兼顾主体缴费能力

城镇职工基础养老保险缴费率一元化是以缴费适度水平为根本依据的缴费模式,在推进过程中需要考虑不同主体的缴费能力,通过设定多元化缴费基数,体现城镇职工、灵活就业人员和城乡居民的缴费差异,充分发挥"多缴多得、长缴多得"的缴费激励功能,实现公平与效率的相对统一。

城乡养老保险体系主要包括两项制度、三类主体,制度主要包括城镇职工养老保险制度与城乡居民养老保险制度[1],参保主体主要包括城镇企业职工、个体工商户与灵活就业人员、城乡居民。在设定城乡基础养老保险缴费基数过程中,需要结合参保主体的缴费能力差异,设定多元化缴费基数。城镇企业职工参保缴费基数以就业实际工资收入为基准,根据现阶段缴费基数范围设定,缴费基数下限设定为社会平均工资的60%,缴费基数上限设定为社会平均工资的300%。个体工商户和灵活就业人员缴费基数可适当以低水平起步,逐渐向社会平均工资水平趋近。根据统计数据,非正规就业与正规就业之间存在劳动报酬差距,非正规就业劳动报酬显著低于正规就业[2],因此个体工商户和灵活就业人员养老保险缴费基数可以从社会平均工资的60%起步,随着收入水平提高而动态上调,在不同体制就业人员的收入差距逐渐缩小过程中,逐步达到社会平均工资水平。

---

① 由于机关事业单位养老保险与城镇职工养老保险并轨,且机关事业单位养老保险覆盖范围有限,本文将机关事业单位养老保险与城镇职工养老保险合并分析。

② 由于缺少个体工商户和灵活就业人员工资统计数据,本文对私营单位就业平均工资与非私营单位就业平均工资进行比较分析,反映个体工商户和灵活就业人员同城镇企业职工的收入差距。2020年城镇私营单位就业平均工资为57 727元/年,非私营单位就业平均工资为97 379元/年。

城乡居民养老保险缴费基数设定可以参照城乡居民人均可支配收入水平，鉴于现阶段城乡居民基础养老保险筹资水平偏低，可以参考个体工商户和灵活就业人员缴费基数设定方式，以城乡居民人均可支配收入的60％起步，随着城乡居民收入水平逐渐提高和二元经济结构弱化，缴费基数逐渐向城乡居民人均可支配收入水平动态调整。

城乡基础养老保险缴费率一元化的核心内涵是建立以缴费率适度水平为根本标准的一元化缴费率，以及兼顾不同参保主体缴费能力的多元化缴费基数，在权利与义务相对应的前提下实现制度统一。

二、城乡基础养老保险缴费率适度一元化调整路径

在确定城乡基础养老保险一元化适度缴费率的情况下，城镇职工基础养老保险和城乡居民基础养老保险需要根据各自发展特征以及养老保障需求等因素，分阶段推动政策缴费率向一元化适度缴费率动态调整。

（一）城镇职工基础养老保险缴费率调整路径

1. 政策缴费率调整的理论基础

在城镇职工养老保险制度建立之初，为支付养老保险制度转轨成本而选择设定相对较高的政策缴费率，但在高缴费率条件下，部分企业和个人选择不参保、断缴或延迟缴费，导致高缴费率与低基金收入并存。随着经济发展进入新常态，高缴费率带来的企业成本高企和缴费不可持续等问题逐渐凸显，降费率成为促进养老保险可持续发展的必然要求，也是供给侧结构性改革过程中的政策实践。2016年《关于阶段性降低社会保险费率的通知》提出在养老保险基金累计结余可支付高于9个月待遇支出的地区，将城镇职工基础养老保险政策缴费率由20％向19％调整，2019年城镇职工基础养老保险政策缴费率进一步降低至16％，显著降低了企业成本，在促进投资和拉动就业方面发挥了重要作用。根据城乡基础养老保险一元化适度缴费率测算，城镇职工基础养老保险政策缴费率需要进一步下调至12％。降低政策缴费率虽然对实现合理的代际转移支付比例以及促进经济增长具有正向作用，但不可避免地面临着制度可持续性的限制。

基金收支平衡是制约养老保险降费率的关键问题。降费率的经济学直觉是基金收入降低，从而带来财政支付风险。然而，降低养老保险缴费率有可能会减轻企业成本而增加就业参保人数，激励参保人口延长缴费年限，并在一定程度上避免企业通过限制工资上涨而将养老保险缴费成本转移给员工，如此便能提高缴费基数，从而提高短期基金收入。延长缴费年

限虽然能够增加当期基金收入,但在劳动者进入退休期之后的给付替代率也相应提高,社会平均工资替代率会因此上升,有可能产生跨期基金收支缺口,不利于长期收支平衡。如果提高财政补贴能够补偿长期基金收支缺口,即使降费率会导致长期收支非均衡,降费率也会具备现实可行性,否则在基金收支平衡制约下,降费率难以有效推进。

养老保险降费率及收支平衡问题受到国内外学者广泛关注。缴费率是养老保险最核心的制度要素,最优缴费标准问题一直以来都是学界关注的焦点,现行政策缴费率高于最优缴费率成为学者研究的普遍共识(彭浩然、陈斌开,2012;康传坤、楚天舒,2014)。高缴费率会对企业和个人参保决策行为产生不利影响。Feldstein(2003)认为中国社会保险高缴费率导致企业、个人逃避缴费,使得基金收入低于理论水平;赵静等(2015)实证分析发现社会保险政策缴费率较高情况下,企业参保率显著降低;马双等(2014)研究发现养老保险企业缴费对工资挤出弹性为 0.6%,对就业挤出弹性为 0.8%;封进(2013)认为制度缴费率偏高会导致现实缴费率降低,制度缴费率下调 5 个百分点,可以提高现实缴费率 0.48~1.35 个百分点,反而会提高基金收入。在供给侧结构性改革推行过程中,养老保险降费率逐渐被提上日程。郑秉文(2016)认为降费率有利于供给侧结构性改革,在降费率过程中提高财务可持续性能够实现降费不减基金收入和降费不减待遇;通过提高覆盖率和遵缴率等措施能够实现降费率目标(穆怀中等,2015;路锦非,2016)。同时,延迟退休也是导致缴费人口数量和缴费年限变化的制度因素,延迟退休虽然能够改善养老保险基金状况,但难以改变养老保险收不抵支的趋势(杨一心、何文炯,2016;袁磊,2014;田月红、赵湘莲,2016)。延迟退休在提高劳动者缴费年限的同时,也缩减了养老金待遇领取时间,与现行退休年龄条件下降费率导致延长缴费年限情况有所差别。

准确判断养老保险政策缴费率调整对基金收支平衡的影响需要以养老保险缴费率、覆盖率、遵缴率、工资增长率等指标的联动关系为切入点,仿真模拟降费率提高短期基金收入的作用,构建缴费年限与基金收支平衡之间的精算模型,研究降费率、延长缴费年限与长期收支缺口的"三维"联动关系。政策缴费率调整路径需要在尽量降低收支平衡压力、保障需求等前提下合理设计。

(1) 养老保险政策缴费率调整对基金收入的影响

在高缴费率条件下,由于企业和个人缴费能力有限,部分企业和个人选择不参保或者逃避缴费,企业受人力成本预算制约,选择用学生工、实习工替代正式员工,减少社会保险缴费成本,从而导致高缴费率与低基金收入并存。降低养老保险缴费率能够减轻企业缴费成本,减少企业养老保险缴费成本转嫁而提高工资水平,对就业参保人数具有挤入效应,提高参保缴费人口的可支配收入,在很大程度上减少企业和个人逃避缴费行为。企业和个人参保行为决策变化在宏观层面体现为养老保险制度覆盖率和遵缴率提升,补偿缴费率下降而导致的基金收入下降,从而提高基金收入。

（2）养老保险政策缴费率调整对长期收支平衡的影响

养老保险缴费与给付具有直接关联性,缴费年限每增加 1 年,基础养老金替代率提高 1%,个人账户给付水平也相应提高。在假定养老保险降费率能够促进覆盖率、遵缴率提升前提下,缴费年限增加在短期内会提高基金收入,但也增加了长期养老保险支付债务。降低养老保险缴费率是否会带来长期收支非均衡,需要比较短期基金收入提升和长期基金支出增幅之间的关系:如果降费率带来的基金收入增加能够补偿支付水平上升,说明降费率既能够提升短期基金收入,也能够促进长期收支平衡;反之,则会导致长期收支缺口扩大。

（3）基础养老保险政策缴费率一元化调整的路径选择依据

基础养老保险政策缴费率向一元化适度缴费率调整过程中需要遵循以下几项原则。第一,从制度可持续性出发,政策缴费率调整应该避免对养老保险收支平衡产生集中、过大的冲击,造成特定阶段内的财政补贴压力增加,同时也为了应对经济增长放缓,需要平滑养老保险政策缴费率下调对养老保险制度可持续性的影响,因此需要判断养老保险政策缴费率调整是否会产生长期基金收支缺口,如果产生长期收支缺口,则需要分阶段平稳调整政策缴费率。第二,结合人口结构和养老保障需求发展规律,人口结构主要以人口老龄化为核心指标,随着老年人口比重持续提高,对经济社会发展的影响也在逐渐加强,积极应对人口老龄化需要未雨绸缪,逐渐推动养老保险制度参数调整,在人口老龄化高峰时期实现养老保险制度优化,同时养老保险政策缴费率调整需要考虑养老保障需求发展趋势,在养老保险制度改革时点,退休人口主要为"老人"和"中人",在制度运行过程中,"新人"在退休人口中占比开始逐渐提高,"老人"和"中人"养老金替代率相对较高,随着退休人口中"老人"和"中人"的比重降低,平均养老保障需求也有所降低,因此可以适当降低代际转移筹资比例。

2. 政策缴费率调整对养老保险收支平衡影响的检验

政策缴费率调整对养老保险制度可持续性的影响是设计调整路径时必须考虑的因素,本文对政策缴费率调整与基金收支平衡之间的关系进行定量检验。检验分为三个部分：第一，检验政策缴费率与现实缴费率之间的关系；第二，检验政策缴费率调整对基金收入的影响；第三，检验政策缴费率调整对长期收支平衡的影响。

（1）城镇职工养老保险政策缴费率对现实缴费率的影响

现阶段城镇企业职工基础养老保险政策缴费率为16％，个人账户政策缴费率为8％，灵活就业人员基础养老保险政策缴费率为12％。在参保缴费人口中，企业职工身份和灵活就业人员身份参保的结构比例不同，养老保险现实缴费率也会有相应变化。同时，根据城镇职工养老保险缴费模式规定，养老保险缴费以上年度工资收入为缴费基数，在测算养老保险收支平衡过程中，由于替代率指标采用社会平均工资替代率，为了统一口径，需要将缴费基数转变为当期平均工资收入，导致实际缴费产生变化。本文构建养老保险现实缴费率模型[①]：

$$\theta = \frac{\lambda \times \beta_f + \beta_{if} \times \delta}{(\lambda + \delta) \times (1 + g)} \tag{5-1}$$

其中，θ 为养老保险现实缴费率，λ 为城镇职工身份参保人数与灵活就业身份参保人数的比值，β_f 为城镇企业职工养老保险政策缴费率，包括基础养老保险缴费率与个人账户缴费率，现行规定为24％，β_{if} 为灵活就业人员养老保险政策缴费率，现行规定为20％，δ 为灵活就业人员缴费基数与社会平均工资的比值，g 为社会平均工资增长率。

现阶段城镇企业职工身份参保人数与灵活就业人员身份参保人数之比约为3∶1，借鉴陈曦（2017）的研究对社会平均工资增长率的设定，测算得到在城镇企业基础养老保险政策缴费率为16％，个人账户政策缴费率为8％的情况下，城镇职工养老保险现实缴费率约为20％。基础养老保险政策缴费率降低至15％，城镇职工养老保险现实缴费率为19.29％；基础养老保险政策缴费率降低至14％，城镇职工养老保险现实缴费率为18.57％；基础养老保险政策缴费率降低至13％，城镇职工养老保险现实缴费率为17.86％；基础养老保险政策缴费率降低至12％，城镇职工养老保险现实缴费率为17.14％。

（2）城镇职工基础养老保险政策缴费率调整对基金收入的影响

养老保险基金收入主要受参保缴费人数、缴费基数、缴费率和遵缴程

---

①　此处养老保险现实缴费率与第四章有所不同，本章假定遵缴率达到100％，在公式中去掉了遵缴率对现实缴费率的影响。

度的影响,相应的指标为养老保险参保劳动人口覆盖率、社会平均工资、政策缴费率和遵缴率。政策缴费率变动与养老保险基金收入之间不仅存在局部均衡,而且存在一般均衡关系,政策缴费率变化会影响制度覆盖率、遵缴率以及社会平均工资增长率,从而导致养老保险基金收入变化,在短期内影响基金收支平衡。

本书模拟城镇职工基础养老保险政策缴费率下调对覆盖率、遵缴率和社会平均工资增长率的影响,从而判断政策缴费率下调对基金收入的影响。①养老保险缴费是企业人力资源成本的重要组成部分,缴费水平提高会增加企业成本,从而挤出劳动力就业,降低养老保险劳动人口覆盖率,导致养老保险缴费人口数量下降,与此相反,降低政策缴费率会提高养老保险劳动人口覆盖率,增加养老保险缴费人数。借鉴陈曦(2017)的研究,养老保险缴费率对劳动人口覆盖率影响的系数为−1.206,养老保险政策缴费率降低1个百分点,劳动人口覆盖率提高1.206个百分点。②养老保险缴费水平是参保主体缴费决策过程中考量的重要指标,缴费水平过高将会导致参保主体出现断缴、延迟缴等情况,从而使得当期实际缴费人口数量下降,应缴未缴导致养老保险遵缴程度下降。借鉴陈曦(2017)的研究结论,养老保险政策缴费率对遵缴率的影响系数为−4.243,政策缴费率降低1个百分点,养老保险遵缴率提高4.243个百分点。③养老保险缴费是制约企业降成本的重要因素,部分企业为了减少缴费,降低运营成本,会转嫁养老保险缴费成本,通过降低工资增长率的方式,将一部分缴费成本转嫁给企业职工,养老保险缴费率越高,企业转嫁程度也越高。研究发现,养老保险政策缴费率对社会平均工资增长率的影响系数为−0.249,政策缴费率降低1个百分点,社会平均工资增长率提高0.249个百分点。

根据城镇职工养老保险政策缴费率与基金收入相关指标之间的关系,本文模拟政策缴费率调整对短期基金收入的影响,以2020年为基期,模拟在2021年降低政策缴费率的情况下基金收入变化情况。根据2020年城镇职工养老保险参保职工占城镇就业人口比重,确定2020年参保职工的就业人口覆盖率约为71%,遵缴率设定为80%①,社会平均工资实际增长率为5%,在未降低城镇职工养老保险政策缴费率的情况下,覆盖率、遵缴率和工资增长率等指标不变,模拟得到2021年城镇职工养老保险基金收入为56 738亿元,政策缴费率降低会提高覆盖率、遵缴率和工资增长率,在

---

① 此处借鉴陈曦(2017)的研究结论,同时基金收入变化主要缘于遵缴率变化,基期遵缴率对结论不会产生影响。

政策缴费率降低 1 个百分点的情况下,基金收入提高至 57 526 亿元,在政策缴费率降低 2 个百分点的情况下,基金收入提高至 58 131 亿元,在政策缴费率降低 3 个百分点的情况下,基金收入提高至 58 609 亿元,在政策缴费率降低 4 个百分点的情况下,基金收入提高至 58 890 亿元。

模拟测算发现,城镇职工基础养老保险政策缴费率下降有可能会提高养老保险基金收入,从基金收入视角来看,城镇职工基础养老保险政策缴费率具有一次性下调至一元化适度缴费率的可行性。本文会进一步检验政策缴费率调整对长期收支平衡的影响,如果不会对长期收支平衡产生负面影响,直接调整至一元化适度缴费率就具有可行性,否则需要进行分阶段动态调整,避免对制度可持续性产生较大影响。

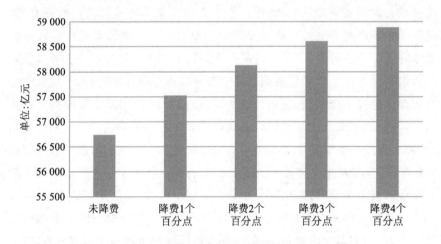

图 5-1　政策缴费率降低对养老保险基金收入的影响

注：(1)基期养老保险基金收入＝基期城镇就业人口数×参保职工覆盖率×遵缴率×社会平均工资；(2)模拟期养老保险基金收入＝模拟期城镇就业人口数×(基期参保职工覆盖率＋覆盖率变化)×(基期遵缴率＋遵缴率变化)×基期社会平均工资×(1＋工资增长率＋工资增长率变化)

(3) 城镇职工基础养老保险政策缴费率调整对基金收支平衡的影响

降低养老保险政策缴费率虽然会提高短期基金收入,但同样意味着增加了未来养老金支付债务,有可能扩大长期收支缺口。在降低养老保险政策缴费率情况下,无论是覆盖率提高,还是遵缴率提高,本质上都是参保主体缴费年限延长。因此,本文以"边际增量贡献"视角研究降费率对基金收支平衡的影响,即假定存在一位典型劳动者,在现行缴费年限与替代率关系的制度条件下,研究延长缴费年限对养老金缴费现值与给付现值之差的影响。

养老保险缴费现值模型为:

$$PVFC = \frac{\theta \times W \times (1+r) \times \left[1 - \left(\frac{1+g}{1+r}\right)^n\right]}{r-g} \qquad (5-2)$$

其中，$PVFC$ 为养老保险缴费现值，θ 为养老保险缴费率，W 为社会平均工资，r 为贴现率，g 为工资增长率，n 为缴费年限。

基础养老金给付现值模型为：

$$PVFB = \frac{S \times W \times (1+r) \times \left(\frac{1+g}{1+r}\right)^{35} \times \left[1 - \left(\frac{1+h}{1+r}\right)^t\right]}{r-h} \qquad (5-3)$$

其中，$PVFB$ 为基础养老金给付现值，S 为基础养老金替代率，h 为养老金调整指数，t 为平均预期余命。根据现行制度规定，养老保险缴费每增加 1 年，基础养老金替代率增加 1%，所以 $S = n\%$。

个人账户养老金给付现值模型为：

$$PVFI = \frac{12 \times \lambda \times W \times (1+r)^2 \times \left[1 - \left(\frac{1+g}{1+r}\right)^n\right] \times \left[1 - \left(\frac{1+h}{1+r}\right)^t\right]}{139(r-g)(r-h)}$$

$$(5-4)$$

其中，$PVFI$ 为个人账户养老金给付现值，λ 为个人账户缴费率。个人账户养老金属于完全积累制 DC 模式，给付水平需根据缴费积累而定。根据个人账户计发办法，平均计发月数为 139 个月。

本文对相关参数进行设定：①贴现率为固定存款利率 3%；②改革开放以来，城镇工资实际增长率约为 8.5%，而同期国内生产总值增长率约为 9.8%，"十四五"期间国内生产总值增长率设定为 6.5%，因此本文将工资实际增长率设定为 5.0%；③平均余命，即领取养老金年限为 15 年；④为了便于比较分析，本文假定社会平均工资为 1，在进行养老金债务具体测算时再放宽这一假设；⑤结合中国养老金调整指数与工资增长率挂钩的经验，以及 2016 年开始养老金调整指数随工资增长率下降而下调的制度实践，本文设定养老金调整指数为工资实际增长率的 50%。[①]

[①] 1997 年国家规定养老金调整指数为职工平均工资增长率的 40%～60%，2001 年调整为按平均工资增长率的 60% 进行调整，2002 年调整为平均工资增长率的 50%（阳义南、申曙光，2012）。此后基本采用以人均养老金为基数进行固定比例系数调整，这种调整方式在满足养老金需求方面发挥了重要作用，但具有一定的随机性，缺乏明确标准。在此，本文提出养老金调整指数与工资增长率挂钩，具体为工资增长率的 50%。

在相关参数条件下,测定缴费年限与基金收支平衡之间的关系。①缴费年限同基础养老金缴费与给付现值之差绝对值呈倒 U 形关系。在缴费年限低于 19 年情况下,随着缴费年限延长,基础养老金缴费与给付现值之差的绝对值逐渐增加,说明缴费水平提升难以补偿替代率提高带来的给付水平增加,基础养老金收支缺口逐渐扩大;缴费年限超过 19 年,随着缴费年限延长,基础养老金缴费与给付现值之差的绝对值开始减小,缴费上升幅度高于给付上升幅度,基础养老金收支缺口逐渐缩小。②个人账户养老金缴费现值低于给付现值,随着缴费年限延长,个人账户养老金缴费现值与给付现值之差逐渐增加,说明延长缴费年限会扩大个人账户收支缺口。③缴费年限与综合养老金收支平衡呈倒 U 形关系,综合养老金缴费年限与收支平衡倒 U 形拐点滞后于基础养老金,这主要是由于个人账户养老金收支缺口扩大在一定程度上抵消了基础养老金收支平衡的改善,缴费年限在 25 年之前,随着缴费年限增加,综合养老金缴费现值与给付现值差值的绝对值逐渐增加,当缴费年限超过 25 年时,随着缴费年限增加,综合养老金缴费现值与给付现值差值的绝对值逐渐减小。④总体来看,缴费15 年与缴费 35 年的综合养老金缴费与给付差值较为接近,在非强制参保情况下,参保个体出于理性也不会选择缴费超过 25 年,参保个体缺少延长缴费年限的积极性(见表 5-1 和图 5-2)。

表 5-1　缴费年限对养老金收支平衡的影响

缴费年限	基础养老金			个人账户养老金			综合养老金		
	缴费系数	给付系数	缴费与给付差值	缴费系数	给付系数	缴费与给付差值	缴费系数	给付系数	缴费与给付差值
15	3.44	4.26	−0.82	1.38	1.72	−0.35	4.82	5.99	−1.17
16	3.71	4.55	−0.84	1.48	1.86	−0.37	5.20	6.41	−1.21
17	3.98	4.83	−0.85	1.59	1.99	−0.40	5.58	6.83	−1.25
18	4.26	5.12	−0.86	1.70	2.13	−0.43	5.96	7.25	−1.29
19	4.54	5.40	−0.86	1.82	2.27	−0.46	6.36	7.68	−1.32
20	4.83	5.69	−0.85	1.93	2.42	−0.49	6.76	8.10	−1.34
21	5.13	5.97	−0.84	2.05	2.57	−0.52	7.18	8.54	−1.36
22	5.42	6.25	−0.83	2.17	2.72	−0.55	7.59	8.97	−1.38
23	5.73	6.54	−0.81	2.29	2.87	−0.58	8.02	9.41	−1.39
24	6.04	6.82	−0.78	2.42	3.03	−0.61	8.46	9.85	−1.39
25	6.36	7.11	−0.75	2.54	3.18	−0.64	8.90	10.29	−1.39

（续表）

缴费年限	基础养老金			个人账户养老金			综合养老金		
	缴费系数	给付系数	缴费与给付差值	缴费系数	给付系数	缴费与给付差值	缴费系数	给付系数	缴费与给付差值
26	6.68	7.39	−0.71	2.67	3.35	−0.67	9.35	10.74	−1.38
27	7.01	7.68	−0.66	2.80	3.51	−0.71	9.82	11.19	−1.37
28	7.35	7.96	−0.61	2.94	3.68	−0.74	10.29	11.64	−1.35
29	7.69	8.24	−0.55	3.08	3.85	−0.77	10.77	12.09	−1.33
30	8.04	8.53	−0.49	3.22	4.03	−0.81	11.26	12.55	−1.30
31	8.40	8.81	−0.42	3.36	4.20	−0.85	11.75	13.02	−1.26
32	8.76	9.10	−0.34	3.50	4.39	−0.88	12.26	13.48	−1.22
33	9.13	9.38	−0.25	3.65	4.57	−0.92	12.78	13.95	−1.17
34	9.51	9.66	−0.16	3.80	4.76	−0.96	13.31	14.43	−1.12
35	9.89	9.95	−0.06	3.96	4.95	−1.00	13.85	14.90	−1.05

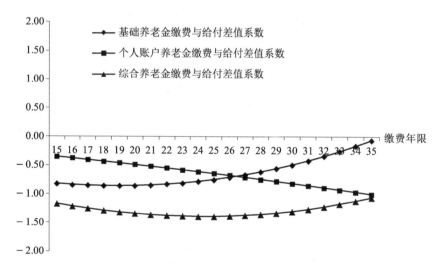

图 5-2 缴费年限对参保个体缴费与给付差值的影响

由于养老金缴费与给付现值受指标参数设定影响，本文利用参数变化，对缴费年限与养老金缴费、给付现值之间的关系进行敏感性检验。

本书对相关参数进行调整。①假定以灵活就业人员身份参保，缴费率降低为 20%，缴费基数为社会平均工资的 60%。随着缴费年限增加，缴费现值与给付现值之差的绝对值逐渐增加，这一方面是由于缴费率和缴费基数偏低导致生命周期缴费现值下降，另一方面是由于养老保险给付基数为

(缴费基数＋社会平均工资)÷2,给付基数高于缴费基数强化了高低收入群体之间的收入再分配效应,提高了灵活就业人员养老金给付水平。②平均预期余命延长至 20 年,给付周期延长和替代率提高的双重叠加效应导致给付现值增量超过缴费现值增量,使得缴费与给付差值的绝对值逐渐增大。③将工资增长率调整至 6%,工资增长率变化导致综合养老金缴费现值与给付现值之差的倒 U 形拐点滞后于基准情景,在缴费未满 28 年情况下,缴费年限增加会导致收支缺口扩大,缴费超过 28 年,收支缺口随缴费年限增加而缩小。④将贴现率调整至 4%,即工资增长率与贴现率之间差距减小,缴费现值与给付现值之差为正,且随着缴费年限增加,缴费现值与给付现值之差逐渐增加,此时扩大养老保险覆盖率和延长缴费年限有利于实现基金收支平衡。⑤缴费基数为社会平均工资的 300%,缴费现值与给付现值之差为正,且缴费年限越长,缴费现值超出给付现值水平越高,养老保险给付基数为社会平均工资与个人指数化工资的均值,若缴费基数为社会平均工资的 300%,在退休期给付基数为(社会平均工资 300%＋社会平均工资 100%)÷2＝社会平均工资 200%,高低收入群体之间的收入再分配弱化了高收入群体养老金福利水平,因此高收入职工参保将会有利于缩减养老保险基金收支缺口(见表 5-2 和图 5-3)。

表 5-2　缴费年限与收支缺口关系敏感性检验

缴费年限	以灵活就业人员身份参保	平均余命延长至 20 年	工资增长率＝6%	贴现率＝4%	缴费基数为社会平均工资 300%
	缴费与给付差值	缴费与给付差值	缴费与给付差值	缴费与给付差值	缴费与给付差值
15	−2.38	−3.07	−2.62	0.14	2.90
16	−2.53	−3.24	−2.74	0.17	3.19
17	−2.67	−3.42	−2.85	0.20	3.50
18	−2.82	−3.59	−2.95	0.22	3.82
19	−2.96	−3.75	−3.05	0.26	4.15
20	−3.10	−3.91	−3.13	0.29	4.51
21	−3.24	−4.07	−3.21	0.33	4.87
22	−3.38	−4.22	−3.28	0.36	5.25
23	−3.51	−4.37	−3.33	0.40	5.65
24	−3.65	−4.52	−3.38	0.45	6.06

（续表）

缴费年限	以灵活就业人员身份参保	平均余命延长至20年	工资增长率=6%	贴现率=4%	缴费基数为社会平均工资300%
	缴费与给付差值	缴费与给付差值	缴费与给付差值	缴费与给付差值	缴费与给付差值
25	−3.78	−4.66	−3.42	0.49	6.49
26	−3.91	−4.79	−3.45	0.54	6.94
27	−4.04	−4.92	−3.46	0.59	7.40
28	−4.17	−5.05	−3.47	0.64	7.88
29	−4.29	−5.17	−3.46	0.69	8.38
30	−4.41	−5.28	−3.45	0.75	8.90
31	−4.53	−5.39	−3.42	0.81	9.43
32	−4.65	−5.50	−3.38	0.87	9.99
33	−4.77	−5.60	−3.32	0.93	10.56
34	−4.88	−5.70	−3.25	1.00	11.15
35	−5.00	−5.79	−3.17	1.06	11.76

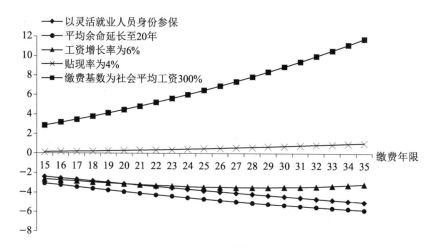

图 5-3　缴费年限与收支缺口关系敏感性检验

根据敏感性检验，缴费年限延长对基金收支平衡的影响随参数变化而变化。因此，有必要对养老保险降费率面对的经济发展条件和主要影响对象进行深入分析，以确定降低缴费率并提高覆盖率和缴费年限对长期收支平衡的准确影响。

讨论一：降费率更可能影响高收入者还是低收入者？

在降费率过程中提高缴费年限是否会导致长期基金收支缺口扩大受降费激励对象的收入水平影响，如果降费更能够激励高收入者参保和延长缴费年限，则有利于长期基金收支平衡，如果降费更能够激励低收入者参保和延长缴费年限，则不利于长期基金收支平衡。降费率对不同收入群体参保行为决策的影响可以从以下三个方面进行判定。

一是不同收入群体养老保险参保能力及现状。根据 2009 年中国健康与营养调查数据（CHNS），参保人口工资水平比未参保人口高出约 32%（封进，2014），未参保人口中更多为低收入群体，而高收入群体更容易被养老保险覆盖，其中有两点原因。其一是低收入群体受收入约束，当期消费效用高于未来消费效用，即主观贴现率更高，因此更有可能选择不参保而提高当期可支配收入，降低养老保险缴费率能够提高其可支配收入，促使其回归多缴多得的理性选择。其二是高收入群体一般对应着更高的劳动生产率，在劳动市场中处于供不应求状态，在这种情况下企业难以规避其养老保险成本，而选择为其缴纳养老保险。

二是企业养老保险缴费成本转嫁能力在不同收入群体间的分化。企业在进行养老保险缴费过程中，可以通过降低工资等方式将缴费成本在一定程度上转嫁给职工，而转嫁程度受劳动力对养老保险收益评价和劳动力市场供给弹性影响，劳动力对养老保险收益评价越高，劳动力市场供给弹性越大，企业越难以转嫁成本。低收入群体对养老保险收益评价和劳动供给弹性均小于高收入群体，因此企业更容易将养老保险缴费成本转嫁给低收入群体。从成本视角来看，降费率可能会对低收入群体产生影响。

三是养老保险参保的理性选择。根据养老保险缴费与给付现值比较分析，高收入群体养老保险缴费现值高于给付现值，降低养老保险缴费率也不会改变这一结果，在理性人假设下，高收入群体并不会因为降低缴费率而选择参保或延长缴费年限。

综合上述分析，本文认为降低养老保险缴费率更有可能影响低收入者。

讨论二：平均余命延长对基金收支平衡的影响

随着平均余命延长，延长缴费年限会导致基金收支缺口增加。本文假定平均余命为 15 年，随着平均预期寿命延长，退休期领取养老金时间会进一步增加，即使逐步推行延迟退休政策，未来退休年龄普遍延迟至 65 岁，在这一时点平均预期寿命也已经高于 80 岁，平均预期余命至少会保持在 15 年以上。因此，随着平均余命增加，延长缴费年限更可能会增加基金收支缺口。

讨论三：工资增长率与贴现率之间的关系

通过比较表5-1和表5-2测算结果，发现工资增长率与贴现率之间的差距越小，延长缴费年限越会缩小基金收支缺口，从而有利于实现基金收支平衡；反之，延长缴费年限会扩大基金收支缺口。从工资增长率与贴现率之间的现实关系来看，改革开放以来，实际工资增长率约为8.5%[①]，显著高于贴现率。根据"提高劳动报酬分配比例"发展战略要求，在预计GDP增速保持在6.5%以上的情况下，未来随着工资增长放缓，工资增长率也不会低于5%。因此，延长缴费年限更有可能会扩大基金收支缺口。

综合上述三种情况讨论结果，延长缴费年限对基金收支平衡的影响随参数变化而变化，但更有可能会导致基金收支缺口扩大。

（4）降费率与长期基金收支缺口

在养老保险政策缴费率降低过程中，无论是断缴企业、个人恢复缴费，还是缴满15年参保个体选择继续缴费，这种遵缴率提升实质上都是缴费年限延长。如遵缴率由80%提升至82.97%，意味着当年参保职工中有2.97%选择延长缴费年限。根据降低养老保险缴费率对缴费年限选择的影响程度，可以划分为四类模拟情景。

基准情景Ⅰ。城镇职工养老保险缴费率降低1个百分点。降低养老保险缴费率会提高养老保险覆盖面，新增参保人口缴费年限为15年。降费率会提高原参保职工的遵缴率，即延长其缴费年限，缴费年限由15年上升为16年。降低养老保险缴费率虽然具有参保激励效应，但降幅有限，且在缴费基数随社会平均工资增长而逐渐提高情况下，缴费年限小幅增加是符合现实情况的模拟情景。在基准情景Ⅰ中，新增参保人口399万人，收支差值系数为−1.17，延长缴费年限人口为998万人，收支差值系数为−0.04，养老保险缴费率降低1个百分点，扩大基金收支缺口5 362亿元（见表5-3）。

扩展情景Ⅱ。本文进一步放宽养老保险降费率对延长缴费年限影响程度的假设，设定新增参保人口缴费年限为20年，受影响的原参保人口延长缴费年限至20年。在扩展情景Ⅱ中，新增参保人口对应的收支差值系数为−1.34，延长缴费年限人口对应的收支差值系数为−0.17，养老保险缴费率降低1个百分点，扩大基金收支缺口7 452亿元（见表5-3）。

扩展情景Ⅲ。设定新增参保人口缴费年限为25年，受影响的原参保

---

① 根据《中国统计年鉴》中"城镇平均实际工资指数"计算得到。

人口延长缴费年限至 25 年。在扩展情景Ⅲ中,新增参保人口对应的收支差值系数为－1.39,延长缴费年限人口对应的收支差值系数为－0.22,养老保险缴费率降低 1 个百分点,扩大基金收支缺口 8 190 亿元(见表 5-3)。

扩展情景Ⅳ。设定基础养老保险政策缴费率降低 4 个百分点。降低养老保险缴费率会提高养老保险覆盖面,新增参保人口缴费年限为 15 年。降费率会提高原参保职工的遵缴率,即延长其缴费年限,缴费年限由 15 年上升为 16 年。新增参保人口 1 598 万人,收支差值系数为－1.17,延长缴费年限人口为 5 621 万人,收支差值系数为－0.04,养老保险缴费率降低4 个百分点,扩大基金收支缺口 22 139 亿元(见表 5-3)。

根据对四种情景进行模拟测算,可以发现:第一,降费率会导致长期基金收支缺口,降费率的延长缴费年限效应越大,基金收支缺口就会越大;第二,对比情景Ⅳ和情景Ⅰ,养老保险缴费率降低越多,养老保险基金长期缺口越大。

表 5-3　降低缴费率对基金长期收支缺口的影响

模拟情景	影响对象	收支差值系数	收支差值 (亿元)	基金收支缺口 扩大额(亿元)
基准情景Ⅰ	新增参保人口数 延长缴费年限人数	－1.17 －0.04	－4 940 －422	5 362
扩展情景Ⅱ	新增参保人口数 延长缴费年限人数	－1.34 －0.17	－5 658 －1 794	7 452
扩展情景Ⅲ	新增参保人口数 延长缴费年限人数	－1.39 －0.22	－5 869 －2 321	8 190
扩展情景Ⅳ	新增参保人口数 延长缴费年限人数	－1.17 －0.04	－19 762 －2 377	22 139

注:延长缴费年限人数对应的收支差值系数＝延长之后收支差值系数－延长之前收支差值系数

3. 城镇职工养老保险政策缴费率调整路径设定

城镇职工养老保险政策缴费率调整的主要依据为缴费率变化与基金收支平衡之间的关系,同时兼顾人口老龄化和养老保障需求发展规律。通过对城镇职工养老保险政策缴费率调整对基金收支平衡影响的实证检验,发现基础养老保险政策缴费率下调在短期内会增加基金收入,但增加水平较为有限,政策缴费率降低 1 个百分点,养老保险基金收入增加约 788 亿元,政策缴费率降低 4 个百分点,养老保险基金收入增加约 2 152 亿元。然而,基础养老保险政策缴费率下降会更大幅度扩大基金长期收支缺口,政策缴费率降低 1 个百分点,养老保险基金长期收支缺口扩大 5 362 亿元,政策缴费率降低 4 个百分点,养老保险基金长期收支缺口扩大 22 139 亿元。基础养老保险政策缴费率一次性降低至一元化适度缴费率将会扩大未来相同周期内的基金收支缺口,使得不可持续的风险提高,因此需要分阶段下调政策缴费率。

同时,根据人口老龄化发展趋势,老年人口比重在 2035 年之前处于加速增长阶段。在人口老龄化高峰之前,需要完善养老保险政策参数,实现政策缴费率适度调整。在养老保险制度运行过程中,退休人口中的"老人"占比逐渐减少,在 2035 年已经基本接近解决"老人"的转轨成本,代际转移养老缴费负担可适当降低。综合基金收支平衡、人口老龄化规律和养老保障需求发展规律,本文设定阶段性调整城镇职工基础养老保险政策缴费率,在 2036 年达到一元化适度缴费水平。

表 5-4　城镇职工基础养老保险政策缴费率调整路径

年份	政策缴费率（％）	缴费基数（元/年）	人均缴费额（元/年）	年份	政策缴费率（％）	缴费基数（元/年）	人均缴费额（元/年）
2021	16	105 538	16 886	2036	12	219 405	26 329
2022	16	110 814	17 730	2037	12	230 375	27 645
2023	15	116 355	17 453	2038	12	241 894	29 027
2024	15	122 173	18 326	2039	12	253 989	30 479
2025	15	128 282	19 242	2040	12	266 688	32 003
2026	14	134 696	18 857	2041	12	280 023	33 603
2027	14	141 430	19 800	2042	12	294 024	35 283
2028	14	148 502	20 790	2043	12	308 725	37 047
2029	14	155 927	21 830	2044	12	324 161	38 899
2030	14	163 723	22 921	2045	12	340 369	40 844
2031	13	171 910	22 348	2046	12	357 388	42 887
2032	13	180 505	23 466	2047	12	375 257	45 031
2033	13	189 530	24 639	2048	12	394 020	47 282
2034	13	199 007	25 871	2049	12	413 721	49 647
2035	13	208 957	27 164	2050	12	434 407	52 129

注:缴费基数以 2020 年社会平均工资为基期标准,根据前文假定条件,社会平均工资增长率设定为 5％,人均缴费额＝政策缴费率×缴费基数

（二）城乡居民基础养老保险缴费率调整路径

城乡居民基础养老保险向一元化适度缴费率调整需要首先转变为固定比例筹资和给付模式,再随着城乡居民收入增长和二元经济结构弱化而逐步推进。

1. 城乡居民基础养老保险政策缴费率调整的原则

城乡居民基础养老保险政策缴费率向一元化适度缴费率调整并不是一蹴而就的,而是在兼顾现行缴费水平与缴费能力等因素基础上进行的动态调整,需要遵循平稳对接原则和分阶段有序推进原则。

（1）平稳对接现行缴费水平原则

城乡居民基础养老保险政策缴费率向一元化适度缴费率调整需要遵循经济发展规律,现行替代率向适度替代率调整不能一步到位,而应在财政可承受和福利刚性条件下逐步调整,避免基础养老金给付水平大幅度阶梯式提高,造成财政补贴压力过大和制度不可持续。现阶段城乡居民基础养老保险最低标准与年限基础养老金之和为1 356元/年,基础养老金待遇水平需要与现行待遇给付标准平稳对接,设定合理增长率,逐步实现适度保障目标。

（2）分阶段有序调整原则

城乡居民基础养老保险政策缴费率调整可以根据给付绝对水平与相对增长的反向关系、人口老龄化发展趋势等因素进行分阶段调整。首先,在给付绝对水平与相对增长的反向关系方面,在低给付绝对水平的条件下,高待遇增长率对应的给付金额增量有限,不会给制度可持续性造成较大压力,在高给付绝对水平的条件下,高待遇增长率会大幅度提高给付金额,导致制度不可持续,因此在城乡居民基础养老金较低的时期,可以加速调整,当基础养老金上涨到较高水平时,需要适当放缓调整幅度。其次,在人口老龄化发展趋势方面,在人口老龄化高峰时点之前可以逐步调整优化指标参数,将缴费率调整至一元化适度水平,以更好地应对人口老龄化的冲击。

2. 城乡居民基础养老保险政策缴费率调整路径

城乡居民基础养老保险待遇包括两部分:一是基础养老金最低标准,由中央财政和地方财政共同确定,采用固定额给付模式;二是年限基础养老金,待遇水平与缴费年限挂钩,缴费年限越长,年限基础养老金给付水平越高。根据缴费率一元化调整需求,需要由固定额筹资与给付模式向固定比例筹资与给付模式转变。本文首先对现阶段城乡居民基础养老保险给付替代率进行测算,指标参数设定如下。①由于各地区财政补贴能力存在显著差异,地方财政基础养老金水平也大不相同,在此只采用 2021 年中央财政基础养老金最低标准,反映基础养老金最低保障水平。②年限基础养老金与缴费年限相关联,在此本文依据第四章城乡居民基础养老保险给付适度替代率测算中平均缴费年限设定,同时综合各地区年限基础养老金待遇规定,多数地区选择缴费每增加 1 年,年限基础养老金提高 2 元,在此选择相同的计发标准。③城乡居民养老保险制度对象以农村居民为绝大多数,因此替代率分母选择 2021 年农村人均可支配收入。测算得到 2021 年城乡居民基础养老保险替代率约为 7.16%。城乡居民基础养老保险缴费率一元化适度调整也是给付替代率向适度水平趋近的过程,城乡居民基础养老保险替代率向适度水平趋近可以选择两种方案,一是替代率在 2035 年达到适度水平,二是替代率更加平缓地调整,在 2050 年达到适度水平。在第一种方案下,基础养老金在 2021—2035 年平均增长率约为 14%,在 2035—2050 年平均增长率约为 6%。在第二种方案下,基础养老金在 2021—2050 年平均增长率约为 10%(见表 5-5)。

表 5-5 城乡居民基础养老金替代率调整方案

年份	给付基数（元/年）	方案一		方案二	
		基础养老金替代率（%）	基础养老金给付额（元/年）	基础养老金替代率（%）	基础养老金给付额（元/年）
2021	18 931	7.16	1 356	7.16	1 356
2022	20 067	7.72	1 549	7.42	1 489
2023	21 271	8.33	1 771	7.69	1 636
2024	22 547	8.98	2 025	7.97	1 796
2025	23 900	9.68	2 314	8.26	1 973
2026	25 334	10.44	2 646	8.55	2 167
2027	26 854	11.26	3 024	8.86	2 380
2028	28 465	12.14	3 457	9.18	2 614
2029	30 173	13.10	3 952	9.51	2 871
2030	31 984	14.12	4 517	9.86	3 153
2031	33 903	15.23	5 164	10.21	3 463
2032	35 937	16.43	5 903	10.58	3 804
2033	38 093	17.71	6 748	10.97	4 177
2034	40 378	19.10	7 713	11.36	4 588

（续表）

年份	给付基数（元/年）	方案一		方案二	
		基础养老金替代率（%）	基础养老金给付额（元/年）	基础养老金替代率（%）	基础养老金给付额（元/年）
2035	42 801	20.60	8 817	11.77	5 039
2036	45 369	20.53	9 314	12.20	5 534
2037	48 091	20.46	9 839	12.64	6 078
2038	50 977	20.37	10 384	13.10	6 676
2039	54 035	20.29	10 964	13.57	7 332
2040	57 278	20.20	11 570	14.06	8 053
2041	60 714	20.12	12 216	14.57	8 844
2042	64 357	20.05	12 904	15.09	9 714
2043	68 219	19.98	13 630	15.64	10 669
2044	72 312	19.93	14 412	16.20	11 717
2045	76 650	19.91	15 261	16.79	12 869
2046	81 249	19.93	16 193	17.40	14 134
2047	86 124	19.97	17 199	18.02	15 524
2048	91 292	20.01	18 267	18.68	17 050
2049	96 769	20.04	19 393	19.35	18 726
2050	102 576	20.05	20 566	20.05	20 566

注：根据 2014—2021 年农村人均可支配收入增长率测算，平均增长率为 8.8%，鉴于收入增长率与经济增长之间的本质关联，设定 2021—2030 年农村人均可支配收入增长率为 8.8%，2030—2040 年增长率为 6.0%，2040—2050 年增长率为 4.0%，测算得到 2021—2050 年平滑之后的平均增长率为 6.0%。给付基数是以 2021 年农村人均可支配收入为基期，按照平均增长率 6.0%计算得到的

　　城乡居民基础养老保险替代率向适度水平调整的方案选择可以参照两个方面的因素。第一，替代率增长率与给付绝对水平的对应关系，基础养老保险替代率增长幅度对制度筹资的影响受给付绝对水平制约，在低给付绝对水平情况下，提高替代率增长幅度带来的给付金额增加值有限，不会对制度可持续性产生较大冲击。以 2021 年为例，假定城乡居民基础养老金替代率增长 14%，对应的替代率由 7.16%增加至 8.16%，而对应的基础养老金最低标准仅增加 15 元/月。而在高给付绝对水平的情况下，替代率增长幅度需要有效控制，否则给付绝对水平增长幅度将会过大，不利于制度可持续。城乡居民基础养老保险替代率调整是在低给付水平下起步的，在前期可以适当提高调整幅度，这不仅是实现缴费率一元化的根本要

求,同时也是增加基础养老金抵消通货膨胀等因素影响的必然举措,而随着基础养老金给付水平逐渐提高,可以适当放缓增长幅度,以保障制度可持续性。第二,城乡基础养老保险的财政补贴模式是否有改进空间,即通过"补入口"与"补出口"之间的财政筹资重构,在不提高财政补贴水平的情况下,提高城乡居民养老保险待遇水平,如果可以实现,基础养老保险替代率在前期的快速提高也就更加具有现实可行性。

本文进一步检验"补入口"与"补出口"之间财政筹资比例重构的可能性,从而确定城乡居民基础养老保险替代率调整路径。现阶段城乡居民养老保险财政补贴分为"补入口"和"补出口","补入口"是指对城乡居民养老保险个人账户缴费的财政补贴,为了激励参保者提高缴费档次而设定梯度补贴水平,"补出口"是指以财政筹资为来源的基础养老金待遇给付。在有限的财政补贴能力下,选择"补入口"或者"补出口"哪个更具有效率是需要进行检验的问题。本文利用"艾伦条件"原理对"补入口"与"补出口"之间的选择进行检验,萨缪尔森利用代际交叠模型将人的生命周期分为劳动期与退休期,对应的现收现付养老保险待遇给付水平模型为:

$$P_{t-1} = \theta \times N_{t-1} \times W_{t-1} \tag{5-5}$$

其中,P_{t-1} 表示第 $t-1$ 期现收现付养老金水平,θ 表示现收现付缴费率,N_{t-1} 表示第 $t-1$ 期劳动人口,W_{t-1} 表示第 $t-1$ 期社会平均工资。

在第 t 期,现收现付养老金给付水平为:

$$P_t = \theta \times N_{t-1}(1+n) \times W_{t-1}(1+g) \tag{5-6}$$

其中,n 表示人口增长率,g 表示社会平均工资增长率。将公式(5-5)代入公式(5-6),推导得到:

$$P_t = P_{t-1}(1+n)(1+g) \tag{5-7}$$

而 $(1+n)(1+g) \approx 1+n+g$,因此现收现付养老金增长率为人口增长率与工资增长率之和。

个人账户养老金增长模型为:

$$P_t = \theta \times N_{t-1} \times W_{t-1} \times (1+r) \tag{5-8}$$

其中,r 为市场利率,个人账户养老金增长率为实际市场利率。

在 $n+g > r$ 的情况下,相同缴费率,增加现收现付的筹资投入比增加个人账户筹资投入更能够提高养老保障水平。根据对城乡居民基础养老保险缴费率一元化过程中参保人数、社会平均工资增长率的测算,参保人口增长率与社会平均工资增长率之和约为4％。城乡居民养老保险个人账户的投资回报率设定主要参照银行固定存款利率,而现阶段银行固定存款利率低于4％,说明增加现收现付养老保险财政补贴比增加个人账户财政补贴更能够提高给付水平。

在进行"艾伦条件"原理检验的基础上,本文进一步在城乡居民养老保险实际指标参数运行情况下,检验相同财政补贴水平,分配在"补入口"或"补出口"带来的养老金水平差异。首先测算城乡居民养老保险"补入口"对养老金水平的提升作用。根据城乡居民养老保险个人账户缴费的财政补贴规定,个人账户最低缴费档次的财政补贴为30元,200元缴费档次的财政补贴为40元,现阶段大多数地区已经将最低缴费档次提高至200元/年,因此本文选择以40元作为财政补贴基期水平,财政补贴水平增长率为10％,根据前文设定,平均缴费年限为25年,基金投资回报率参照银行固定存款利率设定为3％,利用缴费终值公式,测得领取养老金时点财政补贴对应的个人账户缴费积累额为5 145元。

本书进一步测算,财政补贴放弃"补入口"而选择"补出口",会如何改变参保者养老金给付水平。对于典型参保者而言,缴费时未得到财政补贴,而在未来退休期基础养老金给付过程中增加财政补贴。在"补入口"的情况下,基期人均缴费财政补贴为40元,而财政总补贴水平为参保缴费人数与人均缴费补贴的乘积,将缴费期内各年度财政补贴总额折算到领取养老金时点并求和,可以得到财政补贴总额终值,结合典型参保者基础养老金领取周期以及周期内领取养老金人数等指标确定典型参保者领取周期的基础养老金水平,并折算到退休时点,得到参保者基础养老金待遇总额为8 844元。将相同的财政补贴用于"补出口"将会比"补入口"更多增加参保者的养老金收入。因此,在城乡居民基础养老保险替代率调整的前期,可以采用财政补贴结构重构的方式,增加基础养老金财政补贴水平,为前期快速提高替代率提供条件。

城乡居民基础养老保险适度替代率保持在约20％,对应的城乡居民基础养老保险理论缴费率由2021年的8.77％上升到2050年的16.25％,这是在城乡居民基础养老保险待遇水平达到合意值情况下需要实现的筹资比例。在现实中,城乡居民基础养老保险待遇水平是以低水平起步并逐步上调的,现行城乡居民基础养老保险替代率约为7.16％,依据收支平衡推导得到城乡居民基础养老保险现行缴费率约为3.01％,根据城乡居民基础养老保险替代率调整路径,测算得到城乡居民基础养老保险收支平衡缴费率持续提高,在2035年达到12%以上。根据城乡居民基础养老保险替代率调整路径以及收支平衡缴费率发展趋势,本文设定城乡居民基础养老保险政策缴费率由2021年的3.01%提高至2035年的12.00%,达到一元化适度缴费水平,此后保持不变。

根据城乡居民基础养老保险政策缴费率与收支平均缴费率的比较关系,政策缴费率在2035年之后低于收支平衡缴费率,城乡居民基础养老保险需要再额外获得筹资。筹资来源有三个选择:第一,额外增加财政投入,这部分财政补贴可以视作前期对城乡居民基础养老保险财政补贴不足(收支平衡缴费率低于理论缴费率)的补偿,在城乡居民基础养老保险缴费率一元化调整后期增加财政补贴;第二,调整财政补贴结构,在保证财政补贴水平不变的情况下,提高基础养老金待遇水平,可以将财政补贴由"入口补贴"向"出口补贴"调整;第三,探索城乡居民基础养老保险从低水平缴费起步,适当提高缴费水平,现阶段城乡居民基础养老保险财政筹资是对计划经济时期农民经济福利的跨生命周期补偿,随着福利亏欠补偿结束以及城乡居民收入水平提高、二元经济结构弱化,可以适当增加城乡居民的基础养老保险缴费,或者将城乡居民个人账户缴费的一部分转移到基础养老保险。上述三种措施可以综合运用,以满足城乡居民基础养老保险筹资需求。

表5-6 城乡居民基础养老保险政策缴费率调整路径

年份	制度赡养比（%）	基础养老金适度替代率（%）	基础养老金现实替代率（%）	基础养老保险理论缴费率（%）	基础养老保险收支平衡缴费率（%）	基础养老保险政策缴费率（%）
2021	42.02	20.88	7.16	8.77	3.01	3.01
2022	39.48	20.89	7.72	8.25	3.05	3.32
2023	40.91	20.89	8.33	8.55	3.41	3.67
2024	42.74	20.88	8.98	8.92	3.84	4.05
2025	44.96	20.87	9.68	9.38	4.35	4.47
2026	46.90	20.86	10.44	9.78	4.90	4.93
2027	49.10	20.86	11.26	10.24	5.53	5.44
2028	51.44	20.86	12.14	10.73	6.25	6.01
2029	53.71	20.85	13.10	11.20	7.03	6.63
2030	55.72	20.84	14.12	11.61	7.87	7.32
2031	57.26	20.82	15.23	11.92	8.72	8.08
2032	58.80	20.79	16.43	12.23	9.66	8.92

（续表）

年份	制度 赡养比 （％）	基础养老金 适度替代率 （％）	基础养老金 现实替代率 （％）	基础养老保险 理论缴费率 （％）	基础养老 保险收支平衡 缴费率（％）	基础养老 保险政策 缴费率（％）
2033	60.32	20.75	17.71	12.52	10.69	9.85
2034	61.81	20.68	19.10	12.78	11.81	10.87
2035	63.29	20.60	20.60	13.04	13.04	12.00
2036	63.75	20.53	20.53	13.09	13.09	12.00
2037	64.08	20.46	20.46	13.11	13.11	12.00
2038	64.36	20.37	20.37	13.11	13.11	12.00
2039	64.73	20.29	20.29	13.13	13.13	12.00
2040	65.34	20.20	20.20	13.20	13.20	12.00
2041	65.30	20.12	20.12	13.14	13.14	12.00
2042	65.48	20.05	20.05	13.13	13.13	12.00
2043	65.97	19.98	19.98	13.18	13.18	12.00
2044	66.95	19.93	19.93	13.34	13.34	12.00
2045	68.54	19.91	19.91	13.65	13.65	12.00
2046	70.05	19.93	19.93	13.96	13.96	12.00
2047	72.42	19.97	19.97	14.46	14.46	12.00
2048	75.38	20.01	20.01	15.08	15.08	12.00
2049	78.38	20.04	20.04	15.71	15.71	12.00
2050	81.05	20.05	20.05	16.25	16.25	12.00

注：（1）基础养老保险理论缴费率＝制度赡养比×基础养老保险适度替代率，基础养老保险收支平衡缴费率＝制度赡养比×基础养老保险现实替代率；（2）城乡居民养老保险制度赡养比测算指标参数设定如下：城镇职工养老保险缴费人数占城镇就业人口比重由2021年的74.65％提高至2050年的100％，城镇就业人口占城镇劳动年龄人口比重保持90.00％不变，城镇职工养老保险退休人口占城镇老年人口比重由2021年的81.71％提高至2050年的90.00％，与城镇就业人口占比一致，城乡居民养老保险缴费人数占城镇非职工养老保险劳动人口与农村劳动人口之和的比重由2021年的73.24％提高至2050年的100％，城镇非职工养老保险劳动人口为城镇劳动年龄人口与城镇职工养老保险缴费人数之差，城乡居民养老保险退休人数＝城镇老年人口数－城镇职工养老保险退休人数＋农村老年人口数

三、城乡基础养老保险缴费率适度一元化财政补贴适度性检验

城乡基础养老保险缴费率一元化过程中，城镇企业职工基础养老保险政策缴费率由16％向12％动态下调，由于是降费率，一元化可行性不需要进行企业承受能力测算。个体工商户和灵活就业人员政策缴费率不变，一

元化也不需要进行个人缴费能力检验。因此,城乡基础养老保险缴费率一元化可行性检验重点在于财政补贴是否适度。本文对城乡基础养老保险缴费率一元化财政补贴需求进行测算,并进行适度性分析。

(一) 城乡基础养老保险缴费率一元化对财政补贴的需求

根据城乡基础养老保险缴费率一元化调整路径,测算缴费率一元化过程中的财政补贴需求。城镇职工基础养老金社会平均工资替代率由2021 年的 26.49% 平缓下降至 2050 年的 25.56%,基础养老保险政策缴费率由 16% 逐步调整至一元化适度缴费率 12%,在此过程中,城镇职工基础养老保险基金收入与基金支出之差,即财政补贴需求在 2031 年开始显现,由 2031 年的 6 856 亿元上升至 2050 年的 118 355 亿元。

表 5-7　城镇职工基础养老保险对财政补贴的需求

年份	城镇职工基础养老金社会平均工资适度替代率(%)	城镇职工基础养老保险政策缴费率(%)	城镇社会平均工资(元/年)	城镇职工基础养老保险基金收入(亿元/年)	城镇职工基础养老保险基金支出(亿元/年)	城镇职工基础养老保险财政补贴(亿元/年)
2021	26.49	16	105 538	58 961	36 789	—
2022	26.51	16	110 814	62 656	40 586	—
2023	26.51	15	116 355	62 235	44 925	—
2024	26.51	15	122 173	65 982	49 823	—
2025	26.48	15	128 282	70 056	55 306	—
2026	26.46	14	134 696	69 365	60 802	—
2027	26.43	14	141 430	73 690	66 803	—
2028	26.41	14	148 502	78 366	73 288	—
2029	26.39	14	155 927	83 388	80 188	—
2030	26.37	14	163 723	88 769	87 393	—
2031	26.34	13	171 910	87 609	94 465	6 856
2032	26.31	13	180 505	93 149	102 125	8 976
2033	26.27	13	189 530	99 063	110 433	11 370
2034	26.21	13	199 007	105 378	119 449	14 071
2035	26.14	13	208 957	112 132	129 251	17 119
2036	26.08	12	219 405	109 962	138 424	28 461
2037	26.02	12	230 375	116 851	148 119	31 268

（续表）

年份	城镇职工基础养老金社会平均工资适度替代率(%)	城镇职工基础养老保险政策缴费率(%)	城镇社会平均工资(元/年)	城镇职工基础养老保险基金收入(亿元/年)	城镇职工基础养老保险基金支出(亿元/年)	城镇职工基础养老保险财政补贴(亿元/年)
2038	25.95	12	241 894	124 136	158 477	34 340
2039	25.90	12	253 989	131 755	169 722	37 967
2040	25.85	12	266 688	139 677	182 026	42 349
2041	25.80	12	280 023	147 617	194 186	46 569
2042	25.76	12	294 024	155 838	207 810	51 971
2043	25.71	12	308 725	164 364	222 967	58 603
2044	25.68	12	324 161	173 261	239 690	66 429
2045	25.65	12	340 369	182 615	257 986	75 371
2046	25.63	12	357 388	192 183	275 085	82 902
2047	25.62	12	375 257	202 244	293 745	91 501
2048	25.61	12	394 020	212 953	313 710	100 757
2049	25.59	12	413 721	224 567	334 501	109 934
2050	25.56	12	434 407	237 331	355 686	118 355

注：（1）城乡人口结构以第七次人口普查数据为基础,利用人口预测软件预测得到；（2）城镇职工养老保险缴费人数占城镇就业人口比重由 2021 年的 74.65% 提高至 2050 年的 100%,城镇就业人口占城镇劳动年龄人口比重保持 90.00% 不变,城镇职工养老保险退休人口占城镇老年人口比重由 2021 年的 81.71% 提高至 2050 年的 90.00%,与城镇就业人口占比一致

根据城乡居民基础养老保险调整路径,政策缴费率由 2021 年的 3.01% 提高至 2035 年的 12.00%,此后保持不变。基础养老保险政策缴费率筹资由财政负担,缴费财政补贴由 2021 年的 2 209 亿元提高至 2050 年的 26 105 亿元。同时,在 2027 年以后由于政策缴费率低于收支平衡缴费率,需要通过其他的筹资来源补充,筹资来源可以包括三个部分：一是财政补贴结构向"补出口"倾斜,在保持财政支出不变的情况下,实现提高养老保险待遇的作用；二是在城乡居民收入水平提高的情况下,增加个人缴费,以实现提高保障待遇的目标；三是设定额外的财政补贴,可以视作对城乡居民基础养老保险前期保障不足的补偿性补贴。本文对城乡居民养老保险财政补贴的适度性进行测算,在此选择额外的财政补贴,以最大化财政补贴需求,验证是否符合适度性条件。城乡居民基础养老保险财政补偿补贴由 2027 年的 81.78 亿元提高至 2050 年的 9 245.63 亿元。

表 5-8 城乡居民基础养老保险对财政补贴的需求

年份	城乡居民基础养老保险缴费基数(元/年)	城乡居民基础养老保险收支平衡缴费率(%)	城乡居民基础养老保险政策缴费率(%)	城乡居民基础养老保险缴费财政补贴(亿元/年)	城乡居民基础养老保险财政补偿补贴(亿元/年)
2021	18 931	3.01	3.01	2 209	—
2022	20 067	3.05	3.32	2 556	—
2023	21 271	3.41	3.67	2 960	—
2024	22 547	3.84	4.05	3 424	—
2025	23 900	4.35	4.47	3 953	—
2026	25 334	4.90	4.93	4 550	—
2027	26 854	5.53	5.44	5 228	81.78
2028	28 465	6.25	6.01	6 000	236.83
2029	30 173	7.03	6.63	6 885	415.77
2030	31 984	7.87	7.32	7 905	590.08
2031	33 903	8.72	8.08	9 075	716.80
2032	35 937	9.66	8.92	10 424	860.36
2033	38 093	10.69	9.85	11 984	1 017.70
2034	40 378	11.81	10.87	13 787	1 186.79
2035	42 801	13.04	12.00	15 870	1 372.54
2036	45 369	13.09	12.00	16 551	1 499.63
2037	48 091	13.11	12.00	17 272	1 597.92
2038	50 977	13.11	12.00	18 030	1 666.65
2039	54 035	13.13	12.00	18 810	1 778.24
2040	57 278	13.20	12.00	19 595	1 958.56
2041	60 714	13.14	12.00	20 387	1 932.43
2042	64 357	13.13	12.00	21 192	1 992.54
2043	68 219	13.18	12.00	21 998	2 164.49
2044	72 312	13.34	12.00	22 772	2 548.19
2045	76 650	13.65	12.00	23 483	3 220.44
2046	81 249	13.96	12.00	24 107	3 937.60
2047	86 124	14.46	12.00	24 635	5 055.96

年份	城乡居民基础养老保险缴费基数(元/年)	城乡居民基础养老保险收支平衡缴费率(%)	城乡居民基础养老保险政策缴费率(%)	城乡居民基础养老保险缴费财政补贴(亿元/年)	城乡居民基础养老保险财政补偿补贴(亿元/年)
2048	91 292	15.08	12.00	25 101	6 449.56
2049	96 769	15.71	12.00	25 575	7 903.26
2050	102 576	16.25	12.00	26 105	9 245.63

注：(1)城乡人口结构以第七次人口普查数据为基础，利用人口预测软件预测得到；(2)城乡居民养老保险缴费人数占城镇非职工养老保险劳动人口与农村劳动人口之和的比重由2021年的73.24%提高至2050年的100%，城镇非职工养老保险劳动人口为城镇劳动年龄人口与城镇职工养老保险缴费人数之差，城乡居民养老保险退休人数＝城镇老年人口数－城镇职工养老保险退休人数＋农村老年人口数

（二）城乡基础养老保险缴费率一元化财政补贴适度性分析

养老保险财政补贴存在适度水平，财政补贴水平过高将会造成财政压力增大，挤占政府投资等支出，财政补贴水平过低将会导致"兜底"保障功能难以有效发挥。本文借鉴穆怀中(2020)的研究结论，从国民财富的人口结构分配视角，确定财政补贴适度水平受老年人口比重、养老保险替代率、养老保险支出占社会保障支出比重和财政支出占GDP比重等因素的影响。财政补贴适度水平模型为：

$$PF = GDP \times H_O \times (1-T) \times P \times f \tag{5-9}$$

其中，PF为养老保险财政补贴适度水平，H_O为老年人口比重，T为养老保险替代率，P为养老保险支出占社会保障支出比重，f为财政支出占GDP比重，GDP为国内生产总值。

2021年GDP为1 143 670万元，财政支出占GDP比重为21.48%，根据财政支出规模与经济发展阶段关联理论，随着经济发展水平逐渐提升，国家对经济社会干预程度提高，财政支出也随之增加，本文设定财政支出占GDP比重逐渐提高至2050年的30%。老年人口比重按照城镇职工养老保险和城乡居民养老保险待遇领取年龄标准设定为城镇男性60岁以上、城镇女性55岁以上、农村60岁以上人口占总人口的比例。养老保险平均替代率是城镇职工养老保险和城乡居民养老保险替代率的加权平均，城镇职工养老保险和城乡居民养老保险替代率包括基础养老金适度替代率与合意缴费年限对应的个人账户养老金替代率两部分。老年人口主要的社会保障项目为养老保险与医疗保险，根据养老保险与医疗保险缴费率

比例,养老保险缴费率占两者缴费率之和约 75%,因此养老保险支出占社会保障支出比重为 75%。在上述指标参数设定下,养老保险财政补贴适度水平由 2021 年的 21 122 亿元提高至 2050 年的 202 805 亿元。

表 5-9　养老保险财政补贴适度水平

年份	GDP (亿元/年)	财政支出占 GDP 比重 (%)	老年人口 比重(%)	养老保险 平均替代率 (%)	养老保险 支出占社会 保障支出 比重(%)	养老保险财政 补贴适度水平 (亿元/年)
2021	1 143 670	21.48	21.09	45.63	75	21 122
2022	1 200 853	21.73	20.76	45.96	75	21 959
2023	1 260 896	21.98	21.52	46.03	75	24 145
2024	1 323 941	22.24	22.40	46.09	75	26 659
2025	1 390 138	22.49	23.36	46.12	75	29 517
2026	1 459 645	22.75	24.22	46.16	75	32 481
2027	1 532 627	23.02	25.12	46.19	75	35 756
2028	1 609 258	23.28	26.02	46.23	75	39 322
2029	1 689 721	23.55	26.88	46.26	75	43 122
2030	1 774 207	23.83	27.65	46.30	75	47 080
2031	1 862 917	24.10	28.27	46.33	75	51 092
2032	1 956 063	24.38	28.89	46.36	75	55 432
2033	2 053 866	24.67	29.51	46.38	75	60 122
2034	2 156 560	24.95	30.13	46.38	75	65 189
2035	2 264 388	25.24	30.74	46.37	75	70 671
2036	2 377 607	25.53	31.08	46.39	75	75 859
2037	2 496 488	25.83	31.37	46.40	75	81 318
2038	2 621 312	26.13	31.65	46.41	75	87 114
2039	2 752 377	26.43	31.94	46.43	75	93 371
2040	2 889 996	26.74	32.29	46.44	75	100 203
2041	3 034 496	27.05	32.48	46.48	75	107 009
2042	3 186 221	27.36	32.75	46.52	75	114 521
2043	3 345 532	27.68	33.10	46.56	75	122 818
2044	3 512 809	28.00	33.52	46.61	75	132 010
2045	3 688 449	28.32	34.02	46.66	75	142 178

（续表）

年份	GDP （亿元/年）	财政支出占 GDP比重 （%）	老年人口 比重（%）	养老保险 平均替代率 （%）	养老保险 支出占社会 保障支出 比重（%）	养老保险财政 补贴适度水平 （亿元/年）
2046	3 872 872	28.65	34.37	46.72	75	152 410
2047	4 066 515	28.98	34.82	46.77	75	163 825
2048	4 269 841	29.32	35.31	46.82	75	176 257
2049	4 483 333	29.66	35.74	46.86	75	189 351
2050	4 707 500	30.00	36.05	46.89	75	202 805

注：（1）GDP增长率设定为5%；（2）老年人口以及城乡养老保险人口结构数据同表5-8
数据来源 国家统计局门户网站

通过城镇职工基础养老保险和城乡居民基础养老保险财政补贴需求测算，可以确定城乡基础养老保险缴费率一元化财政补贴需求由2021年的2 209亿元提高至2050年的153 706亿元，始终低于财政补贴适度水平，说明基础养老保险缴费率一元化具有财政补贴适度合理性。

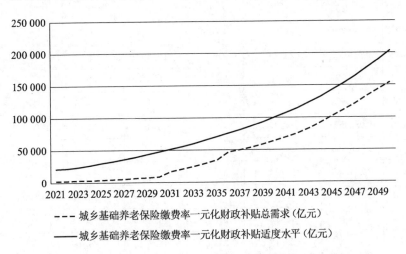

图5-4 城乡基础养老保险缴费率一元化财政补贴适度性

第六章　城乡基础养老保险缴费率
一元化推进机制

　　城乡基础养老保险缴费率一元化是养老保险城乡统筹发展的新内涵，有利于推动城乡共同富裕和实现养老保险全国"大统筹"。推进城乡基础养老保险缴费率一元化受到政策参数、参保者参保选择以及外部经济环境等因素的影响，准确判断诸多因素对缴费率一元化的影响程度，可以设定合理的缴费率一元化推进机制，实现缴费率一元化发展目标。

一、城乡基础养老保险缴费率一元化影响因素理论分析

　　城乡基础养老保险缴费率一元化是以适度水平为根本标准，逐步实现政策缴费率向一元化缴费率趋近的过程。可以从两个方面判断缴费率一元化是否实现：一是基础养老保险缴费与给付水平是否达到适度值，二是城乡基础养老保险政策缴费率是否向适度水平趋近。城乡基础养老保险缴费率一元化影响因素可以从这两个方面进行分析。

　　第一，根据基础养老保险适度缴费率模型，适度缴费率由老年人口比重、基础养老金适度替代率和劳动生产要素分配系数共同决定，相关指标的变化均会影响基础养老保险适度缴费率能否实现。一来，老年人口比重是人口发展的客观指标，但也会受到年龄划分标准等因素的影响，在有可能实施的延迟退休政策影响下，对城乡老年人口划分的年龄标准也会相应调整，因此老年人口比重有可能发生变化。二来，根据基础养老金适度替代率模型，基础养老金适度替代率受合意缴费年限、缴费基数和退休人口年龄结构等因素影响。首先缴费年限是否能够达到合意水平受政策参数影响，如最低缴费年限标准决定了参保者缴费年限选择的下限，最低缴费年限标准提高会提高参保者缴费年限的平均水平，同时缴费年限也是参保者主观选择的结果，参保者缴费积极性越高，选择的缴费年限越长会使得平均缴费年限更加趋近于合意缴费年限。其次，参保者缴费基数主要受参保者缴费意愿的影响。缴费激励政策会影响参保者的缴费档次选择，养老

保险制度强化"多缴多得"的激励导向,会促使参保者提高缴费档次,从而提高平均缴费基数。缴费基数也会受参保者家庭收入条件约束,家庭收入水平越高,家庭杠杆水平越低,参保者选择提高缴费档次的可能性越大,而经济环境因素也是影响养老保险平均缴费基数的关键条件,比如在数字经济规模不断提高的过程中,个体工商户和灵活就业人员就业占比不断提高,就业稳定性和就业结构等因素会影响参保者对缴费档次的选择。再次,退休人口中各年龄段人口比例以及个人退休期社会平均工资替代率等变量会导致养老保险制度平均替代率发生变化。

第二,城乡基础养老保险政策缴费率向一元化适度缴费率调整的主要制约条件为制度可持续性。城镇职工基础养老保险政策缴费率向一元化适度缴费率调整过程中,养老保险基金收支平衡是关键制约因素,政策缴费率下调要确保不会对养老保险基金收入造成过大冲击。较好的收支平衡水平会为政策缴费率调整提供有利条件,城镇职工养老保险基金收支平衡状况受养老保险人口结构、养老保险参保覆盖率及遵缴率、养老保险给付水平等因素的影响。养老保险人口结构的影响因素包括两个方面:一是劳动人口和老年人口的年龄划分标准,如延迟退休政策会影响劳动年龄人口和老年人口的数量,二是劳动人口和老年人口的养老保险覆盖率。养老保险覆盖率和遵缴率是参保者主观选择的指标体现,受到客观经济条件、主观意愿和参保者个体特征等因素的综合影响。

综合上述理论分析,本文从政策参数、参保主体的参保选择以及经济因素这三个维度分析城乡基础养老保险缴费率一元化的影响因素。

二、城乡基础养老保险缴费率一元化影响因素实证检验

本文选择退休年龄、最低缴费年限作为政策参数的核心指标,选择参保选择作为参保者主观意愿指标,选择家庭杠杆水平和数字经济作为外部经济环境的核心指标,实证检验城乡基础养老保险缴费率一元化的影响因素。

(一) 延迟退休对缴费率一元化的影响

1. 延迟退休对基础养老保险缴费率一元化的影响机理

在现阶段城镇职工养老保险制度规定下,领取养老金年龄与退休年龄相同,退休年龄是影响养老保险筹资与给付水平的关键指标,对城乡基础养老保险缴费率一元化也会产生直接影响。延迟退休对缴费率一元化的影响体现在以下两个方面。

第一，延迟退休会导致基础养老保险缴费适度水平发生变化。根据基础养老保险缴费适度水平模型，老年人口比重和现收现付适度替代率是关键指标，在实施延迟退休政策后，老年人口的年龄划分标准相应提高，在延迟退休之前，把男性 60 岁以上、女性 55 岁以上作为老年人口的年龄标准，随着延迟退休政策实施，退休年龄逐步提高，老年人口及其比例会相应下降。同时，在延迟退休后，劳动者缴费期延长，合意缴费年限提高使得基础养老金适度替代率相应提高，延迟退休对基础养老保险缴费适度水平的影响需要比较老年人口比重降低与给付适度水平提高之间的关系。

第二，延迟退休会缩减地区间基础养老保险缴费率差距。首先，延迟退休会缩小各地区之间老年人口比重的差距，现阶段各地区人口老龄化程度存在显著差异，不仅体现为老年人口比重差距明显，而且低龄老年人口数量及比重也有明显区别，人口老龄化程度高的地区，低龄老年人口占比也相应较高，实施延迟退休政策将释放低龄老年人口进入劳动年龄人口，人口老龄化程度越高的地区，释放的劳动人口数量越多，人口老龄化程度下降幅度越大，各地区老年人口比重呈收敛趋势，使得以老年人口比重为核心指标的基础养老保险缴费适度水平也呈收敛趋势，有利于实现各地区基础养老保险缴费率一元化。其次，延迟退休会缩减地区间老年抚养比差距，改善养老保险可持续性的地区不平衡状况，延迟退休使得高老年人口比重地区释放出更多的劳动人口，老年人口比重下降而劳动人口比重上升，老年抚养比显著降低。根据基础养老保险收支平衡缴费率公式，制度赡养比趋同会推动收支平衡缴费率趋同，有利于打破地区间基础养老保险缴费率一元化的可持续性约束。

2. 延迟退休对基础养老保险缴费适度水平的影响

现阶段城镇退休年龄规定概括为：男性 60 周岁、女职工 50 周岁、女干部 55 周岁退休。现行退休年龄规定基本沿用几十年前的政策，然而随着人口预期寿命逐渐延长、人力资本投资水平提高以及劳动初始年龄延后，延迟退休年龄成为提高人力资本利用效率、对冲人口数量红利衰减以及促进养老保险收支平衡的必然选择。党的二十大报告提出要实施渐进式延迟退休方案，虽然目前延迟退休的具体方案尚未确定，但延迟退休基本原则已经取得基本共识，即小步渐进、男女同龄。

本文检验延迟退休对基础养老保险缴费适度水平的影响。在第七次人口普查数据的基础上，模拟分析假定在 2020 年已经调整为 65 岁退休的情况下城镇职工基础养老保险缴费适度水平。

　　模拟测算发现,延迟退休导致老年人口比重下降,相比延迟退休之前,老年人口比重降低约8~10个百分点。同时,由于男性退休年龄延迟5年,女性退休年龄延迟10年,养老保险合意缴费年限也相应提高,男女均达到40年,退休人口中各年龄段人口的占比发生变化,根据合意缴费年限、社会平均工资替代率与退休人口年龄结构,确定城镇职工基础养老保险适度替代率由2021年的34.18%平稳降低至2050年的33.09%,相比延迟退休之前,基础养老保险适度替代率提高约8个百分点。

　　利用基础养老保险适度缴费率模型,延迟退休情景下的城镇职工基础养老保险适度缴费率由2021年的8.49%提高至2050年的10.20%,相比延迟退休之前,基础养老保险适度缴费率下降约2个百分点。

表6-1　延迟退休情况下城镇职工基础养老保险适度缴费率

年份	老年人口比重（%）	基础养老金适度替代率（%）	劳动生产要素分配系数（%）	基础养老保险缴费率适度水平（%）
2021	11.10	34.18	44.71	8.49
2022	11.36	34.15	45.51	8.53
2023	11.67	34.11	46.33	8.59
2024	12.07	34.06	47.17	8.72
2025	12.57	34.03	48.02	8.91
2026	13.05	33.99	48.88	9.08
2027	13.59	33.97	49.76	9.27
2028	14.16	33.96	50.66	9.49
2029	14.74	33.96	51.57	9.71
2030	15.30	33.97	52.50	9.90
2031	15.81	33.98	53.44	10.05
2032	16.36	33.98	54.40	10.22
2033	16.97	33.97	55.38	10.41
2034	17.64	33.94	56.38	10.62
2035	18.35	33.90	57.39	10.84
2036	18.89	33.87	58.43	10.95
2037	19.44	33.83	59.48	11.06
2038	19.96	33.80	60.55	11.14
2039	20.43	33.75	61.64	11.19

（续表）

年份	老年人口比重（%）	基础养老金适度替代率（%）	劳动生产要素分配系数（%）	基础养老保险缴费率适度水平（%）
2040	20.84	33.70	62.75	11.19
2041	21.08	33.62	63.88	11.10
2042	21.32	33.54	65.03	11.00
2043	21.56	33.46	66.20	10.90
2044	21.83	33.38	67.39	10.81
2045	22.13	33.30	68.60	10.74
2046	22.24	33.24	69.84	10.59
2047	22.38	33.18	71.09	10.44
2048	22.55	33.13	72.37	10.32
2049	22.80	33.10	73.67	10.24
2050	23.12	33.09	75.00	10.20

注：（1）假定从2021年开始城镇职工退休年龄已经达到65岁，男女合意缴费年限均提高至40年；（2）利用社会平均工资替代率可能性边界公式，测算得到城镇职工基础养老保险适度替代率，假定劳动生产要素分配系数不变，利用适度缴费率公式，测算得到城镇职工基础养老保险适度缴费率

3. 延迟退休对缴费率地区差距的影响

城乡基础养老保险缴费率一元化不仅是城镇职工和城乡居民基础养老保险缴费率逐步统一，而且要求地区间基础养老保险缴费率趋同。2019年城镇职工基础养老保险政策缴费率由20%下降至16%，多数地区政策缴费率已经基本相同，但广东、浙江等地区由于人口老龄化程度较低，劳动力代际赡养压力较小，其政策缴费率低于16%。在推进城乡基础养老保险缴费率一元化过程中，需要进一步实现地区间政策缴费率差距缩小，以达成缴费率一元化目标。而缩减地区间缴费率差距的关键在于制度赡养比的地区收敛，在给付替代率相同的情况下，制度赡养比收敛会推动收支平衡缴费率趋同，从而在制度可持续条件下，逐步实现地区间基础养老保险政策缴费率一元化。

本书在第七次人口普查数据的基础上，假定在2020年各地区已经实施延迟退休政策，城镇退休年龄调整至男女均65岁，模拟测算延迟退休前后各地区老年抚养比的变化，以及老年抚养比是否会出现地区间收敛的趋势。根据模拟测算发现，在实施延迟退休政策之后，各地区城镇老年抚养比均显著降低，其中辽宁省城镇老年抚养比下降程度最高，下降约16.0个

百分点,除西藏外,广东省城镇老年抚养比下降程度最低,下降约 7.6 个百分点。辽宁省作为传统东北老工业基地,人口老龄化程度最高,因延迟退休而减轻的养老代际赡养压力也最大,广东省作为人口流入主要地区,人口老龄化程度较低,延迟退休对其老年抚养比的降低作用也最小,因此延迟退休可以缩小地区间的老年抚养比差距,从而推动地区间基础养老保险缴费率趋同。测算发现,延迟退休之前各地区城镇老年抚养比的标准差为4.36%,延迟退休之后各地区城镇老年抚养比的标准差降低至 2.32%,延迟退休对缩小地区间老年抚养比和代际转移养老保险筹资水平差距的作用明显。

表 6-2　延迟退休对各地区城镇老年抚养比的影响(2020 年)

地　区	延迟退休前城镇老年抚养比(%)	延迟退休后城镇老年抚养比(%)
北　京	25.82	13.29
天　津	28.41	14.57
河　北	24.98	13.14
山　西	21.90	10.90
内蒙古	23.75	11.55
辽　宁	31.53	15.54
吉　林	28.53	14.18
黑龙江	29.72	14.60
上　海	29.54	15.90
江　苏	25.90	14.18
浙　江	21.35	10.98
安　徽	22.81	12.90
福　建	20.05	10.13
江　西	21.65	11.17
山　东	25.19	13.38
河　南	22.16	12.08
湖　北	25.00	12.85
湖　南	24.83	13.41
广　东	15.58	7.95
广　西	21.33	11.37
海　南	19.87	10.40

地　区	延迟退休前城镇老年抚养比（%）	延迟退休后城镇老年抚养比（%）
重　庆	25.15	14.29
四　川	24.89	14.25
贵　州	18.99	10.45
云　南	19.67	10.57
西　藏	11.43	5.45
陕　西	22.86	11.91
甘　肃	21.40	11.41
青　海	18.68	9.56
宁　夏	18.26	9.65
新　疆	18.26	9.34

注：（1）本文以 2020 年为例，利用第七次人口普查数据，加总城市和镇的人口数据，获得城镇总人口、劳动年龄人口和老年人口数据；（2）老年抚养比＝老年人口数÷劳动年龄人口数

4. 基于延迟退休的城乡基础养老保险缴费率一元化标准选择

梳理延迟退休政策对城乡基础养老保险缴费率一元化的影响可以发现：①延迟退休政策通过降低老年人口比重降低了基础养老保险适度缴费率；②延迟退休会有效降低老年抚养比，并且缩小地区间老年抚养比的差距，从而推动各地区基础养老保险收支平衡缴费率趋同，为地区间基础养老保险缴费率一元化创造有利条件。

在实施延迟退休政策的情况下，基础养老保险适度缴费率发生变化，是否需要对城乡基础养老保险缴费率一元化适度标准进行调整是需要讨论的问题。在此，本文选择未延迟退休情况下的适度缴费率作为一元化标准，即保持原一元化适度标准不变，主要有以下几个方面的考虑：一是延迟退休具体方案尚未确定，虽然延迟退休已经成为必然趋势，但如何实施、什么时点开始实施等关键问题尚未明晰；二是延迟退休对养老保险制度赡养比、缴费年限与筹资水平等方面的影响程度会受到劳动年龄人口主观意愿的制约，虽然延迟退休会导致领取养老金年龄延后，但个体工商户和灵活就业人员等参保主体具有参保选择自主权，有可能会选择放弃延长缴费年限直至达到领取养老金年龄，随着个体工商户和灵活就业人员在就业体系中的比例越来越高，延迟退休对基础养老保险缴费与给付的影响程度也会变得更加不确定。综合以上两方面原因，本文仍选择延迟退休之前的城乡基础养老保险适度缴费率作为一元化标准。

（二）政策参数设定对养老保障水平的影响

最低缴费年限标准是养老保险核心政策参数，最低缴费年限标准变化不仅会影响参保者退休期养老保险待遇水平，影响养老金替代率能否达到适度替代水平，也会影响养老保险遵缴率，直接影响养老保险基金收入。合理提高养老保险最低缴费年限标准是推动城乡基础养老保险缴费率一元化的重要手段。

1. 最低缴费年限的历史演进与功能定位

（1）历史演进

现行"统账结合"养老保险是缴费关联型制度模式，参保者根据劳动期缴费贡献确定退休期养老金给付水平。其中，依据劳动期现收现付养老保险缴费贡献，获取退休期代际转移收入再分配资格，按照劳动期个人账户缴费积累确定个人账户养老金给付水平。缴费年限是衡量参保者缴费贡献的直接关联指标，养老保险制度对最低缴费年限标准以及缴费年限与给付水平的关联作出了明确规定。

然而在计划经济时期，养老保障采用企业保障形式，养老保障资金由企业负担，企业职工不需要缴费。为了建立养老金领取权益与贡献之间的关联，采用"工龄"作为确定企业职工养老金领取资格及水平的参照指标，将"工龄"对应的劳动贡献视为参保贡献。1958 年《国务院关于工人、职员退休处理的暂行规定》提到，连续工龄满 5 年，一般工龄（包括连续工龄）满 20 年可以退休。连续工龄在 5 年以上不满 10 年，退休金为本人工资的 50%；连续工龄在 10 年以上不满 15 年，退休金为本人工资的 60%；连续工龄在 15 年以上，为本人工资的 70%[①]。在确定养老金待遇过程中，"连续工龄"实质上等同于缴费年限，而"连续工龄"最低标准为 5 年。1978 年《国务院关于工人退休、退职的暂行办法》对养老金最低标准的"连续工龄"要求有所提高，"连续工龄"为 10～15 年，退休金为本人工资的 60%。

在市场经济体制改革过程中，社会保障制度作为经济体制改革配套机制开始同步改革。为了减轻企业负担，开始探索由企业保障向社会保障转变，养老保险待遇领取关联指标也开始由工龄转变为缴费年限。国务院在1995 年《国务院关于深化企业职工养老保险制度改革的通知》中提出两种

---

① 按照《中华人民共和国劳动保险条例实施细则修正草案》规定，工龄分为一般工龄和连续工龄。一般工龄指工人职员以工资收入为生活资料之全部或主要来源的工作时间。连续工龄应以工人职员在本单位或若干个单位工作，按规定前后可以连续或合并计算的工作时间。

"统账结合"养老保险试点方案,方案一的最低缴费年限标准为15年,方案二的最低缴费年限标准为10年。通过总结各地区养老保险试点经验,1997年《国务院关于建立统一的企业职工基本养老保险制度的决定》将领取养老金的最低缴费年限标准确定为15年。2005年《国务院关于完善企业职工基本养老保险制度的决定》对个人账户筹资比例和给付模式等方面进行了调整,但最低缴费年限标准仍保持15年,且一直沿用至今。然而随着人口预期寿命逐渐延长,参保者缴费期与退休期的结构性失衡问题开始逐渐显现,需要对最低缴费年限标准进行相应的调整,以应对人口老龄化对养老保险制度的冲击。

(2)功能定位

养老保险是满足退休老年人口基本生活需求,保障其生存权利的合理制度安排。养老保险给付水平存在适度区间,养老金上限是对劳动报酬的合理替代,既能够满足老年保障需求,也不会降低劳动力市场效率。养老金下限对应制度底线中的生存公平原则,养老保险给付至少要能够满足老年群体基本生存需求,即参保者选择参加养老保险,至少要保证其退休期内养老金给付水平高于基本生存需求,养老保险制度的保障层级要在最低生活保障制度之上。养老金下限"保基本"的具体标准为:养老保险参加者选择最低缴费年限、最低缴费档次,在最低退休年龄等条件下,退休期内养老金社会平均工资替代率至少要高于基本生存保障需求替代率。养老金下限"保基本"是养老保险兜底保障功能的体现。因此,养老保险最低缴费年限标准的基本功能定位是实现养老金下限"保基本"的作用。

习近平总书记在中共中央政治局第二十八次集体学习时提出"要加快发展多层次、多支柱养老保险体系",第一支柱主要发挥保障基本生活的作用,第二支柱和第三支柱承担提高退休人员收入的功能。第一支柱社会养老保险的基本生活保障功能要求养老金保持在适度水平区间。养老金给付水平下限要满足参保者基本生存需求,体现生存公平,养老金给付水平上限反映多缴多得的劳动公平原则,满足参保者合理生活需求,实现与经济发展相协调。保障基本生存需求是养老保险给付水平的低梯度标准,也是首先要解决且必须要实现的最低要求,在低梯度标准之上才能够追求提高保障水平的高梯度标准。

在人口预期寿命逐渐延长过程中,养老保险给付水平的低梯度标准有"失守"的潜在风险,养老金满足低梯度保障需求的"保基本"功能弱化,甚至最低缴费标准对应的养老金可能无法满足退休人口基本生存所需,退休人口生存公平权利难以得到保障。习近平总书记在中共中央政治局第二十八次集体学习时强调："要增强风险意识，研判未来我国人口老龄化、人均预期寿命提升等发展趋势，提高工作预见性和主动性。"预判人口预期寿命延长对养老金给付水平的影响是完善养老保险体系的重要前提，特别是参保者退休期内养老金给付水平低于基本生存需求的潜在风险更加需要关注。

人口预期寿命延长导致养老金给付水平低于基本生存需求的潜在风险源自两个因素，一是最低缴费年限对应的养老金给付水平下限标准，二是退休期在生命周期中的比重（穆怀中等，2021）。1997年《国务院关于建立统一的企业职工基本养老保险制度的决定》标志着"统账结合"养老保险制度正式建立，确定城镇职工养老保险制度最低缴费年限标准为15年，这是在人口预期寿命偏低、制度以"扩面"为主要目标等因素影响下的合理参数设定。但是随着人口预期寿命延长，退休期在生命周期中的比重提高，由于养老金调整指数低于社会平均工资增长率，养老金相对保障水平呈下降趋势。最低缴费年限标准过低，将会导致养老金保障基本生存需求的能力下降。

《人力资源和社会保障事业发展"十四五"规划》提出"逐步提高领取基本养老金最低缴费年限"，养老金最低缴费年限标准调整是人口老龄化趋势下养老保险制度参数改革的重要举措，也是积极应对人口老龄化和切实保障参保者基本生存权利的有效方式。随着退休期占整个生命周期比重提高，最低缴费年限标准相应调整具有重要意义，也是必然趋势。但最低缴费年限如何调整？调整标准是什么？尚无定论。

针对养老保险缴费年限调整及其影响的研究主要从两个维度展开，一是缴费年限变动与养老保险收入再分配之间的关系。彭浩然、申曙光（2007）利用精算模型分析并指出，缴费年限与给付水平挂钩等制度改革减弱了代内收入再分配水平。何立新（2007）利用城市住户调查数据分别对1997年和2005年养老保险制度的收入再分配效应进行检验。缴费年限变化对养老保险缴费与给付水平产生直接影响，随之改变收入再分配状况，个体参保缴费年限选择会影响横向代际收入再分配和生命周期收入再分配水平（王延中等，2016；张翔等，2019；王晓军、康博威，2009）。二是缴费年限与基金收支平衡的直接关联性。杨一心、何文炯（2016）构建代际赡养和同代自养的缴费年限测算模型，评估缴费年限政策调整对基金收支平衡的影响，认为要维持基金横向平衡，参保人员平均缴费年限不得低于20年，而提高最低缴费年限或者延迟退休也难以实现改善基金收支平衡的目标。唐莉霞、李红艳（2019）利用精算模型，分析缴费年限变化对职工养老保险缴费现值与给付现值的影响，进而确定缴费年限与养老金待遇之间的平衡关系。更多学者是将缴费年限作为模型变量隐含在养老保险基金收支平衡研究中(路和平、杜志农,2000;刘学良,2014)。上述研究为确定缴费年限调整及其影响提供了重要的理论借鉴,但关注点主要集中在养老保险收支平衡,忽视了缴费年限对养老金保障功能的影响,特别是最低缴费年限的"兜底"保障功能定位。

2. 最低缴费年限对养老保险替代率的影响

养老保险缴费年限是确定给付水平的关键因素,最低缴费年限是参保者选择缴费年限的最低标准,最低缴费年限变化会导致养老给付水平相应变化,从而影响养老保险给付是否可以达到适度替代率。

(1) 最低缴费年限变化对参保者个人养老保障水平的影响

参保者个人的退休期养老金社会平均工资替代率模型为:

$$S_t = \left\{ \frac{\theta \times (1+r)^{n+1} \times \left[1 - \left(\frac{1+g}{1+r}\right)^n\right] \times 12}{\lambda \times (r-g) \times (1+g)^{n-1}} + \frac{n\% \times 0.5 \times (1+\alpha)}{\alpha} \right\} \times$$

$$\frac{(1+h)^{t-1} \times \alpha}{(1+g)^t} \tag{6-1}$$

其中,S_t 为退休期养老金社会平均工资替代率,θ 为养老保险个人账户缴费率,r 为个人账户投资收益率,n 为养老保险缴费年限,g 为工资增长率,λ 为个人账户计发系数,α 为缴费基数占社会平均工资比重,h 为养老金调整指数。等式右侧第一个分式是退休初期个人账户养老金社会平均工资替代率,根据个人账户缴费积累终值、计发月数和社会平均工资确定。第二个分式为退休初期基础养老金社会平均工资替代率,根据基础养老金给付模式,给付替代率与缴费年限挂钩,因此个人收入替代率为 $n\%$,再根据缴费基数与社会平均工资的比例关系,转化为社会平均工资替代率。第三个分式为退休期内社会平均工资替代率变动系数,受养老金调整指数与社会平均工资增长率的影响。

根据最低缴费年限的"保基本"功能定位,本文在"保基本"的参数条件下分析最低缴费年限变化对养老保障水平的影响。"保基本"功能核心理念在于参保者选择最低缴费年限以及最低缴费档次对应的养老金给付下限至少能够满足基本生存需求,这里包含两个方面的含义。第一,最低养老金群体选择最低缴费年限和档次,退休之后的养老金能够满足基本生存需求。女性参保者由于退休较早且退休期较长,精算平衡对应的个人账户计发系数较高,在相同的缴费年限与缴费基数条件下,女性参保者的养老金替代率低于男性,且与是否按灵活就业人员身份参保无关,因此本文选择女性参保者按最低缴费年限和最低缴费档次作为判断养老金下限"保基本"功能的核心缴费模式标准。第二,养老金下限至少能够满足基本生存需求体现养老保险的"兜底"保障功能,而随着缴费年限延长和缴费基数提高,养老保险向满足更高层次保障需求的功能转变。

本文在设定指标参数过程中,根据养老保险缴费最低标准设定参数。根据城镇职工养老保险缴费模式规定,最低缴费年限为 15 年,最低缴费基数为社会平均工资 60%。本文分析女性参保者在缴费基数为社会平均工资 60%情况下,不同缴费年限对应的退休期养老金社会平均工资替代率。

在相关指标参数设定下,参保者缴费 15 年对应的退休时点社会平均工资替代率为 15.24%。在退休期内,由于养老金调整指数低于社会平均工资增长率,随着参保者退休年限的提高,养老金社会平均工资替代率逐渐下降,如果平均预期余命为 30 年,参保者在退休第 30 年的社会平均工资替代率下降为 7.58%(见表 6-3 第 2 列)。

在预期余命延长至 35 年的情况下,参保者退休年限也相应增加,在参保者退休第 35 年,社会平均工资替代率下降为 6.72%。预期余命延长至 40 年,在退休期末端的社会平均工资替代率下降为 5.95%(见表 6-3 第 2 列)。

参保者最低缴费年限提高,养老保险社会平均工资替代率也相应提高,能够缓解预期余命延长对养老金相对保障能力的影响。以最低缴费年限 17 年为例,参保者退休第 35 年的养老金替代率与缴费年限 15 年情况下退休第 30 年的养老金替代率相同,说明最低缴费年限延长 2 年,可以抵消预期余命提高 5 年对养老金"保基本"能力的减弱影响(见表 6-3 第 2 列和第 4 列)。

表 6-3　参保者不同缴费年限对应的退休期养老金社会平均工资替代率

退休年限	缴费 15 年(%)	缴费 16 年(%)	缴费 17 年(%)	缴费 18 年(%)	缴费 19 年(%)	缴费 20 年(%)
1	15.24	16.22	17.19	18.17	19.13	20.10
2	14.88	15.83	16.79	17.73	18.68	19.62
3	14.52	15.46	16.39	17.31	18.23	19.15
4	14.18	15.09	16.00	16.90	17.80	18.69
5	13.84	14.73	15.61	16.50	17.37	18.25

(续表)

退休年限	缴费 15 年（%）	缴费 16 年（%）	缴费 17 年（%）	缴费 18 年（%）	缴费 19 年（%）	缴费 20 年（%）
6	13.51	14.38	15.24	16.10	16.96	17.81
7	13.19	14.04	14.88	15.72	16.56	17.39
8	12.87	13.70	14.53	15.35	16.16	16.98
9	12.57	13.38	14.18	14.98	15.78	16.57
10	12.27	13.06	13.84	14.62	15.40	16.18
11	11.98	12.75	13.51	14.28	15.04	15.79
12	11.69	12.44	13.19	13.94	14.68	15.42
13	11.41	12.15	12.88	13.60	14.33	15.05
14	11.14	11.86	12.57	13.28	13.99	14.69
15	10.88	11.58	12.27	12.96	13.65	14.34
16	10.62	11.30	11.98	12.66	13.33	14.00
17	10.36	11.03	11.69	12.35	13.01	13.67
18	10.12	10.77	11.42	12.06	12.70	13.34
19	9.88	10.51	11.14	11.77	12.40	13.02
20	9.64	10.26	10.88	11.49	12.10	12.71
21	9.41	10.02	10.62	11.22	11.82	12.41
22	9.19	9.78	10.37	10.95	11.53	12.11
23	8.97	9.55	10.12	10.69	11.26	11.83
24	8.76	9.32	9.88	10.44	10.99	11.54
25	8.55	9.10	9.64	10.19	10.73	11.27
26	8.34	8.88	9.41	9.95	10.47	11.00
27	8.15	8.67	9.19	9.71	10.23	10.74
28	7.95	8.46	8.97	9.48	9.98	10.48
29	7.76	8.26	8.76	9.25	9.74	10.23
30	7.58	8.06	8.55	9.03	9.51	9.99
31	7.40	7.87	8.35	8.82	9.29	9.75

（续表）

退休年限	缴费 15 年（%）	缴费 16 年（%）	缴费 17 年（%）	缴费 18 年（%）	缴费 19 年（%）	缴费 20 年（%）
32	7.22	7.68	8.15	8.61	9.06	9.52
33	7.05	7.50	7.95	8.40	8.85	9.29
34	6.88	7.32	7.76	8.20	8.64	9.07
35	6.72	7.15	7.58	8.01	8.43	8.86
36	6.56	6.98	7.40	7.82	8.23	8.65
37	6.40	6.81	7.22	7.63	8.04	8.44
38	6.25	6.65	7.05	7.45	7.84	8.24
39	6.10	6.49	6.88	7.27	7.66	8.04
40	5.95	6.34	6.72	7.10	7.48	7.85

注：（1）根据养老保险制度规定，个人账户缴费率为8%；（2）借鉴陈曦（2017）的研究，参考固定存款利率等因素，个人账户投资收益率设定为3%，工资增长率设定为5%，与现阶段实际工资增长率接近，借鉴近年来养老金调整指数与工资增长率比例关系，养老金调整指数设定为社会平均工资增长率的50%；（3）本文分析女性参保者最低缴费标准对应的养老金给付水平，女性50岁退休对应的个人账户计发系数最高，在最低缴费年限下个人账户养老金最低，设定女工人50岁退休时个人账户计发系数195，缴费基数为社会平均工资的60%

（2）最低缴费年限对养老保险制度社会平均工资替代率的影响

最低缴费年限变化对参保者个人退休期社会平均工资替代率产生影响，同时也使养老保险制度整体的社会平均工资替代率发生变化，使养老金替代率向适度替代率趋近。

根据第四章社会平均工资替代率模型，本文测算不同最低缴费年限对应的养老保险制度社会平均工资替代率。在参保者均选择最低缴费年限15年时，养老保险社会平均工资替代率由2021年的12.41%下降至2050年的11.90%。在参保者均选择最低缴费年限16年时，养老保险社会平均工资替代率由2021年的13.23%下降至2050年的12.69%。在参保者均选择最低缴费年限17年时，养老保险社会平均工资替代率由2021年的14.06%下降至2050年的13.49%。在参保者均选择最低缴费年限18年时，养老保险社会平均工资替代率由2021年的14.89%下降至2050年的14.28%。在参保者均选择最低缴费年限19年时，养老保险社会平均工资替代率由2021年的15.72%下降至2050年的15.07%。在参保者均选择最低缴费年限20年时，养老保险社会平均工资替代率由2021年的16.54%下降至2050年的15.87%。

表6-4 最低缴费年限对养老保险社会平均工资替代率的影响

年份	最低缴费年限15年（%）	最低缴费年限16年（%）	最低缴费年限17年（%）	最低缴费年限18年（%）	最低缴费年限19年（%）	最低缴费年限20年（%）
2021	12.41	13.23	14.06	14.89	15.72	16.54
2022	12.41	13.24	14.07	14.89	15.72	16.55
2023	12.41	13.24	14.07	14.89	15.72	16.55
2024	12.40	13.23	14.06	14.88	15.71	16.54
2025	12.39	13.21	14.04	14.87	15.69	16.52
2026	12.37	13.20	14.02	14.85	15.67	16.50
2027	12.36	13.18	14.01	14.83	15.65	16.48
2028	12.34	13.17	13.99	14.81	15.63	16.46
2029	12.33	13.15	13.97	14.79	15.61	16.43
2030	12.31	13.13	13.95	14.77	15.59	16.41
2031	12.29	13.11	13.93	14.75	15.57	16.39
2032	12.27	13.09	13.91	14.73	15.55	16.36
2033	12.25	13.06	13.88	14.70	15.51	16.33
2034	12.22	13.03	13.84	14.66	15.47	16.29
2035	12.18	12.99	13.80	14.61	15.43	16.24
2036	12.15	12.96	13.77	14.58	15.39	16.20
2037	12.12	12.93	13.73	14.54	15.35	16.16
2038	12.09	12.89	13.70	14.51	15.31	16.12
2039	12.06	12.87	13.67	14.48	15.28	16.08
2040	12.04	12.85	13.65	14.45	15.25	16.06
2041	12.03	12.83	13.63	14.43	15.23	16.03
2042	12.01	12.81	13.61	14.41	15.21	16.02
2043	12.00	12.80	13.60	14.40	15.20	16.00
2044	11.98	12.78	13.58	14.38	15.18	15.98
2045	11.97	12.77	13.56	14.36	15.16	15.96
2046	11.96	12.75	13.55	14.35	15.15	15.94
2047	11.95	12.74	13.54	14.34	15.13	15.93

（续表）

年份	最低缴费年限15年（%）	最低缴费年限16年（%）	最低缴费年限17年（%）	最低缴费年限18年（%）	最低缴费年限19年（%）	最低缴费年限20年（%）
2048	11.94	12.73	13.53	14.32	15.12	15.91
2049	11.92	12.71	13.51	14.30	15.10	15.89
2050	11.90	12.69	13.49	14.28	15.07	15.87

3. 最低缴费年限的调整需求与趋势

（1）最低缴费年限调整的核心依据

参保者在退休期内养老金给付水平主要取决于退休时点的养老金待遇，以及退休之后的养老金调整指数。参保者在退休年龄依据缴费贡献确定养老金给付水平，在退休期内按照养老金调整指数逐年增加养老金。由于养老金调整指数高于社会平均工资增长率会影响劳动供给积极性，因此养老金调整指数通常会低于社会平均工资增长率，这就会导致养老金的社会平均工资替代率逐年下降，使得养老金相对保障能力开始下降。

随着人口预期寿命提高，参保者退休预期余命也在延长，在养老金调整指数低于社会平均工资增长率的情况下，退休期内养老金相对保障能力持续下降。在退休期养老金给付水平相对较低的情况下，这可能导致退休期养老金收入无法满足基本生存保障需求的潜在风险。这种潜在风险在未来参保者预期余命逐渐延长趋势下具有显化的可能性。

保障参保者基本生存需求是养老保险制度的底线，也是国民财富收入分配的合理逻辑。在创造国民财富的过程中，同时包含当代劳动力与上一代劳动力（老年人）的价值贡献，两代劳动力的价值贡献在时间上延续，在空间上并存。在价值分配过程中，应当包括对上一代劳动力的价值分配，采用代际收入再分配的形式确保养老收入，收入再分配的下限标准应该是满足基本生存需求，即参保者按照缴费贡献确定的养老金给付水平下限要高于基本生存消费支出。养老金下限应该承担"保基本"的功能，养老金下限是最低缴费年限标准对应的养老给付水平，保证养老金下限水平处在合理区间需要以调整最低缴费年限等参数为核心手段。随着养老金相对保障能力下降，最低缴费年限也需要进行合理调整，确保养老金下限水平高于参保者基本生存保障需求。

（2）最低缴费年限调整与预期寿命联动

本文进一步模拟分析参保者退休期基本生存保障需求对应的养老金

替代率①。考虑基本生存所需,本文将基本生存需求界定为食品支出、衣着和居住支出,同时鉴于老年群体消费水平低于其他群体,借鉴穆怀中、沈毅(2012)的研究结论,将食品支出、衣着支出与居住支出之和的 60% 作为基本生存保障需求的指标。

利用 2014—2020 年城镇基本生存保障需求与社会平均工资之间比例关系的发展趋势,测算发现基本生存保障需求替代率逐渐降低。假定参保者在 2021 年开始退休,基本生存保障需求替代率呈下降趋势,随着退休时间的延长,基本生存保障需求替代率由 9.78% 下降至 2060 年的 7.70%(见图 6-1)。

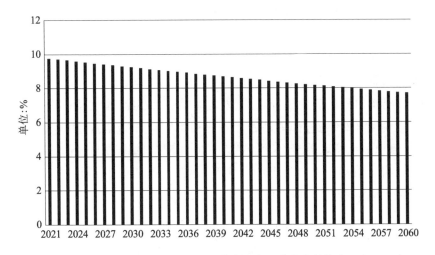

图 6-1　城镇职工退休期基本生存保障需求替代率

注:(1)基本生存保障需求替代率=基本生存支出÷社会平均工资;(2)以 2020 年为基期,依据 2014—2020 年食品支出、衣着与居住支出平均增长率,本文将食品支出增长率设定为 4.7%,衣着和居住支出增长率设定为 4.0%;(3)根据《中国统计年鉴 2021》,城镇社会平均工资实际增长率约为 5%,本文假定工资增长率为 5.0%

通过比较不同缴费年限养老金替代率与基本生存保障需求替代率之间的关系,发现典型参保者选择最低缴费基数档次且在 2021 年开始退休的情况下,随着预期余命延长,最低缴费年限需要相应提高才能够满足基本生存保障需求。预期余命为 30 年,最低缴费年限提高至 17 年才能够满足退休期基本保障需求。预期余命延长至 35 年,最低缴费年限需要提高

---

① 基本生存保障需求替代率是指退休期基本生存需求与社会平均工资之间的比例关系。基本生存保障需求替代率是基本消费支出与社会平均工资之比,与恩格尔系数不同,恩格尔系数是食品消费支出与总消费支出之比。由于社会平均工资显著高于总消费支出,因此指标为 9.78%,低于恩格尔系数。

至 18 年,才能够实现在退休期内养老金社会平均工资替代率始终高于基本生存保障需求替代率。预期余命延长至 40 年,最低缴费年限标准需要提高至 20 年。

本文进一步分析相关指标参数变化情况下,最低缴费年限调整需求的变动,检验最低缴费年限标准调整的敏感性。①在工资增长率提高至 6％情况下,养老金社会平均工资替代率和基本保障需求替代率同时下降,最低缴费年限标准调整需求未产生变化。②在养老金调整指数提高的情况下,养老金社会平均工资替代率相应提高,最低缴费年限在现行 15 年标准基础上也需要提高,提高 1～2 年可以满足基本保障需求,但提高养老金指数会增加养老保险基金收支平衡压力,特别是外部经济环境冲击情况下,提高养老金指数须慎重。③养老金投资收益率提高至 3.5％,最低缴费年限调整需求同样未产生变化。敏感性检验说明根据养老金下限"保基本"确定的最低缴费年限标准具有相对稳定性。④本文在基准情景中假设劳动者于劳动阶段的后期缴费,即退休之前缴费。在此,本文将假设劳动者在就业初期开始缴费,如劳动者在就业初始年龄开始缴费,缴满 15 年之后,等到退休期领取养老金,缴费 15～20 年对应的缴费与退休间隔期为 10～15 年。在劳动初期缴费的情况下,参保者退休期内养老金社会平均工资替代率略有下降,相比基准情景,最低缴费年限标准需要提高 1 年。

表 6-5　最低缴费年限标准调整的敏感性检验

	缴费年限	预期余命 30 年	预期余命 35 年	预期余命 40 年
工资增长率 提高至 6％	15	5.67％	4.79％	4.05％
	16	6.03％	5.10％	4.31％
	17	6.39％	5.40％	4.56％
	18	6.74％	5.70％	4.82％
	19	7.09％	6.00％	5.07％
	20	7.44％	6.29％	5.32％
	基本保障 需求替代率	6.15％	5.69％	5.27％
	最低缴费 年限标准	17	18	20
养老金调整 指数提高至 社会平均 工资增长率 的 55％	缴费年限	预期余命 30 年	预期余命 35 年	预期余命 40 年
	15	8.13％	7.30％	7.14％
	16	8.65％	7.77％	7.60％
	17	9.17％	8.23％	8.06％

（续表）

	缴费年限	预期余命 30 年	预期余命 35 年	预期余命 40 年
养老金调整指数提高至社会平均工资增长率的 55%	18	9.69%	8.70%	8.51%
	19	10.21%	9.16%	8.96%
	20	10.72%	9.62%	9.42%
	基本保障需求替代率	8.17%	7.93%	7.70%
	最低缴费年限标准	16	17	17
养老保险基金投资收益率提高至 3.5%	缴费年限	预期余命 30 年	预期余命 35 年	预期余命 40 年
	15	7.65%	6.78%	6.01%
	16	8.14%	7.22%	6.40%
	17	8.64%	7.66%	6.79%
	18	9.13%	8.09%	7.18%
	19	9.62%	8.53%	7.56%
	20	10.11%	8.96%	7.94%
	基本保障需求替代率	8.17%	7.93%	7.70%
	最低缴费年限标准	17	18	20
劳动初期缴费	缴费年限	预期余命 30 年	预期余命 35 年	预期余命 40 年
	15	7.10%	6.30%	5.58%
	16	7.59%	6.73%	5.97%
	17	8.08%	7.16%	6.35%
	18	8.58%	7.60%	6.74%
	19	9.07%	8.04%	7.13%
	20	9.57%	8.48%	7.52%
	基本保障需求替代率	8.17%	7.93%	7.70%
	最低缴费年限标准	18	19	21

（3）最低缴费年限调整的经济合理性

提高最低缴费年限标准是应对人口预期寿命延长冲击的政策回应，是保障参保者基本生存需求的必然要求。虽然最低缴费年限提升可以提高参保者养老金给付水平,但是缴费年限提高对参保者而言也需要付出更多的缴费成本,通过比较最低缴费年限提升之后给付水平提升幅度与缴费成本增加幅度之间的关系,可以确定提高最低缴费年限是否符合参保者经济理性。如果最低缴费年限提升之后,给付水平提高幅度超过缴费成本增加幅度,说明提高最低缴费年限不仅能够实现保障水平提升,而且能够实现参保净收益,即给付现值与缴费现值之差的提高,参保者选择提高最低缴费年限符合经济理性,从参保者视角出发,提高最低缴费年限具有合理性。

本文构建养老保险缴费与给付现值模型,分析最低缴费年限调整前后参保者缴费净收益的变化,从而定量检验提高最低缴费年限是否符合经济理性。在年初缴费的假设条件下,本文将养老保险缴费折现到参保时点,参保者劳动期内的养老保险缴费现值模型为:

$$PVFC = \frac{\theta_T \times W \times (1+r)^{n+1} \times \left[1 - \left(\frac{1+g}{1+r}\right)^n\right]}{(r-g) \times (1+\beta)^n} \tag{6-2}$$

其中,$PVFC$ 表示养老保险缴费现值,θ_T 为养老保险总缴费率,包括基础养老保险缴费率和个人账户缴费率,W 表示社会平均工资,r 为投资收益率,g 为工资增长率,n 为缴费年限,β 为贴现率。

养老保险给付现值模型为:

$$PVFB = \frac{S \times W \times (1+\beta) \times \left(\frac{1+g}{1+\beta}\right)^n \times \left[1 - \left(\frac{1+h}{1+\beta}\right)^t\right]}{r-h} +$$

$$\frac{12 \times \theta \times W \times (1+r)^{n+1} \times \left[1 - \left(\frac{1+g}{1+r}\right)^n\right] \times \left[1 - \left(\frac{1+h}{1+\beta}\right)^t\right]}{\lambda(r-g)(\beta-h)}$$

$$\tag{6-3}$$

其中,$PVFB$ 表示养老金给付现值,包括基础养老金给付现值和个人账户给付现值,S 表示基础养老金替代率,h 表示养老金调整指数,t 表示平均预期余命。

利用参保者退休期内养老保险缴费与给付现值模型测算发现,现阶段城镇职工养老保险最低缴费年限标准为 15 年,养老保险给付现值与缴费现值之差为 2.68。最低缴费年限提高至 16 年,给付现值与缴费现值之差提高至 2.84,说明提高最低缴费年限可以提高参保者缴费净收益,符合参保者的经济理性。随着参保者缴费年限延长,参保者生命周期内给付现值与缴费现值之差会逐渐增大,即参保者缴费年限越长,养老保险参保净收益越高。从参保者经济理性角度来看,提高最低缴费年限具有经济可行性。

表 6-6　不同缴费年限对应的参保者缴费与给付现值

缴费年限	缴费现值	给付现值	给付与缴费现值之差
15	3.31	5.99	2.68
16	3.57	6.41	2.84
17	3.83	6.83	3.00
18	4.09	7.25	3.16
19	4.36	7.68	3.32
20	4.64	8.10	3.46

注:(1)2019 年降费率之后,城镇职工养老保险企业缴费率为 16%,个人账户缴费率为 8%,养老保险总缴费率为 24%;(2)由于缴费基数只影响缴费与给付绝对值,其大小不影响不同缴费年限参保净收益的排序,为简化计算,此处设定缴费基数为社会平均工资,且设定为 1;(3)贴现率参照银行固定存款利率设定为 3%;(4)工资增长率与养老金调整指数同表 6-3

《人力资源和社会保障事业发展"十四五"规划》提出"逐步提高领取基本养老金最低缴费年限",最低缴费年限标准调整是适应人口预期寿命提高的政策参数合理调整,也是推进城乡基础养老保险缴费率一元化的有效举措。最低缴费年限调整对参保者个人和养老保险制度的社会平均工资替代率会产生直接影响,从而影响养老保险给付水平是否能够达到适度水平。养老保险最低缴费年限具有承担"保基本"功能的定位,随着预期余命延长,参保者退休期养老金的保障功能呈减弱趋势,特别是最低缴费年限标准对应的养老金给付水平下限,存在无法满足基本保障需求的风险。本文提出最低缴费年限标准的"保基本"功能定位,依据最低缴费年限标准与退休期养老金保障水平之间的对应关系,确定预期寿命延长趋势下最低缴费年限标准调整需求,从客观经济理性视角分析最低缴费年限调整的可行性。总结上述研究:第一,养老金下限水平"保基本"的功能定位是保障参保者生存公平权利和实现国民财富合理分配的必然选择,人口预期寿命延长导致参保者生命周期结构失衡,养老金下限"保基本"能力减弱,存在养老金无法满足基本生存需求的潜在风险;第二,最低缴费年限是养老金下限的直接关联指标,最低缴费年限调整是对预期余命延长导致养老金下限"保基本"能力减弱的政策回应;第三,预期余命为 30 年,最低缴费年限需要提高至 17 年才能够满足退休期基本保障需求,预期余命延长至 35～40 年,最低缴费年限需要提高 3～5 年,才能够实现在退休期内养老金社会平均工资替代率始终高于基本生存保障需求替代率,最低缴费年限提高也能够增加参保净收益,符合参保者的经济理性。

(三) 参保者个体特征对参保选择的影响

缴费年限既是推动现实缴费率向政策缴费率趋近的关键指标,也是影响养老保险待遇给付水平的核心因素,还是参保者进行参保决策的主要内容。合理提高缴费年限可以增加当期养老保险基金收入,有利于在人口老龄化高峰前推进城乡基础养老保险缴费率一元化。

缴费年限是准确测算和科学决策的重要基础,而已有研究大多对缴费年限进行经验性设定,或者对参保主体缴费年限选择的可能性进行讨论(陈曦,2017),缺少对参保者缴费年限选择意愿的具体研究,难以得到对参保者缴费年限选择的准确判断,不利于精准预测养老保险基金收支平衡发展趋势和推动城乡基础养老保险缴费率一元化。本书利用全国 21 个典型城市的调研数据,从个体特征视角对城镇职工养老保险缴费年限选择意愿水平进行统计分析,并利用 logit 模型对其影响因素进行研究,有助于合理判断城镇职工养老保险缴费年限选择的总体情况和变化规律,为推进城乡基础养老保险缴费率一元化提供科学基础。

1. 参保者个体特征对缴费年限选择影响的模型构建与指标参数设定
(1) 模型构建

为了确定城镇职工养老保险参保人口缴费年限选择意愿的影响因素,本文构建 logit 模型进行实证检验。模型具体为:

$$Logit(p) = \text{Log}\left[\frac{p(dc=1)}{1-p(dc=1)}\right] = \alpha + \sum X_i + \gamma \qquad (6\text{-}4)$$

其中,p 表示延长缴费年限的概率,X_i 表示相关自变量,主要包括:年龄、受教育程度等个体特征变量,制度信任程度、认知程度等养老保险制度特征变量以及收入水平等经济变量。

(2) 数据来源

养老保险缴费年限选择意愿的指标数据较难以获得,本文采用辽宁大学人口研究所"新三支柱'橄榄型'可持续发展养老制度优化与设计"课题组调研获取的相关数据进行实证检验。"新三支柱'橄榄型'可持续发展养老制度优化与设计"社会调查主要包括养老制度中的家庭代际养老、社会养老保险、职业年金、个人养老储蓄和社会捐赠等方面,同时,调查是全国范围内的全面抽样调查,在调查城市选取上,按照"划分区域—确定数量—

综合权衡出结果"顺序进行,在全国范围内细化区域划分,将其分为华北、东北、华东、华中、华南、西北及西南七大地区,共计抽样选取了 21 个城市。主要调查对象是上有老人需要赡养且下有孩子需要抚养的中年人,采用拦截访问与网络调查相结合方式,共计形成 3 700 个有效样本。在剔除城乡居民养老保险制度对象和存在遗漏变量的样本后,该调查涉及样本共1 942 个。

(3) 指标参数设定

① 养老保险缴费年限选择意愿。本文采用调研数据中"缴费满 15 年的最低标准后,是否愿意继续缴费"作为缴费年限选择意愿的指标参数,具体设定为:完全不愿意=1,比较不愿意=2,一般=3,比较愿意=4,完全愿意=5。本文在 logit 模型影响因素研究过程中,将缴费年限选择意愿转换为二元数据,将"完全不愿意""比较不愿意"和"一般"设定为 0,"比较愿意"和"完全愿意"设定为 1。

② 个体特征变量。为了确定个体特征对参保者缴费年限选择意愿的影响,本文采用参保者年龄、婚姻状况(未婚=1,已婚=2)、性别(男性=1,女性=2)、受教育程度(小学及以下=1,初中=2,高中、职高、中专及技校=3,大专=4,本科=5,硕士及以上=6)、健康自评状况(非常不健康=1,比较不健康=2,一般=3,比较健康=4,非常健康=5)和父母是否参加社会养老保险(父母均未参加=1,父母任意一人参加=0)作为个体特征指标参数。

③ 现阶段已经发生的缴费年限。养老保险缴费年限选择有可能存在"缴费刚性",现阶段已经缴费年限越长,意味着放弃缴费的成本越高,越有可能选择缴费超过 15 年最低标准。

④ 养老保险制度信任程度。参保者对养老保险制度的信任程度会影响其缴费年限选择,信任程度越高,延长缴费年限的可能性越大。养老保险制度信任程度的参数设定为:非常信任=5,比较信任=4,一般=3,不信任=2,非常不信任=1。

⑤ 养老保险制度了解程度。参保者对养老保险制度的熟悉程度会影响其参保缴费年限选择,参保者对制度有较好的了解就会对缴费与给付模式、收入再分配等方面有更加准确的认知,有利于其根据自身特征合理选择缴费年限。参数具体设定为:非常了解=5,比较了解=4,一般=3,不了解=2,非常不了解=1。

⑥ 养老保险制度风险评估。本文选择调查问卷中"60 岁退休时,担心退休金不能正常提取"作为参保者对养老保险制度风险评估的指标参数,参

保者对制度风险的评估会影响其参保缴费年限选择。指标参数具体设定为：非常担心＝5,比较担心＝4,一般＝3,不担心＝2,非常不担心＝1。

⑦ 相关经济变量。本文选择参保者收入水平作为主要经济变量,反映收入变化对参保者缴费年限选择的影响,检验在养老保险参保缴费时是否存在经济理性,缴费年限选择意愿随着收入增加而提高说明经济条件对参保行为具有制约作用。同时,为了检验是否存在不同收入水平下的缴费年限选择意愿与收入变化关系的差异性,本文在模型中加入收入的平方项。同时,本文在模型中加入参保者养老保险生命周期收入偏好,即参保者更倾向于减少当期工资收入而增加缴费,还是更加倾向于相对增加当期工资收入而减少缴费,前者会使工作期可支配收入减少而退休期养老金收入增加,后者会使工作期可支配收入增加而退休期养老金收入减少。参保者生命周期收入偏好指标选择调查问卷中"如果社会保险个人缴费比例下降,现在拿到手的工资增加而未来养老金收入减少,您认为下调多少比例合适?"这一问题的取值范围(3%～7%)作为参数设定。

2. 参保者个体特征对缴费年限选择影响的实证检验

(1) 变量描述性统计

本文将缴费年限选择意愿转换为二元变量,根据相关变量描述性统计分析发现,城镇职工养老保险参保人口的延长缴费年限意愿相对较强,更多参保人口愿意缴费超过最低年限标准,但也有一部分参保人口倾向于缴费年限满足 15 年最低标准之后中止缴费。确定缴费年限影响因素,从而激励参保者提高缴费年限具有重要现实意义。

表 6-7　相关变量描述性统计

变量	样本量	均值	标准差	最小值	最大值
因变量					
缴费年限选择意愿	1 942	0.795	0.404	0	1
个体特征自变量					
年龄	1 942	37.592	11.211	19	70
婚姻状况	1 942	1.769	0.421	1	2
性别	1 942	1.432	0.495	1	2
受教育程度	1 942	4.511	1.015	1	6
健康自评情况	1 942	4.333	0.73	1	5
父母参加社会保险情况	1 917	0.23	0.421	0	1

（续表）

变量	样本量	均值	标准差	最小值	最大值
养老保险制度特征自变量					
现已缴费年限	1 942	6.405	3.787	0	14
政策信任程度	1 942	4.246	0.929	1	5
政策认知程度	1 942	3.916	0.92	1	5
政策风险评估	1 942	2.611	0.91	1	5
经济特征自变量					
养老保险生命周期收入偏好	1 942	5.108	1.103	3	7
个人收入水平	1 942	20.989	29.795	1.5	280

为了反映不同特征参保人口的缴费年限选择意愿差异,本文将城镇职工养老保险参保人口按参保身份和就业性质进行划分,分析不同群体的缴费年限选择意愿。在所有样本中,按职工身份参保的人数为1 360人,占总样本比重约为70%,按个体户和灵活就业人员身份参保的人数为582人,占总样本比重约为30%。按职工身份参保的人口缴费不愿超过15年的比重为19.78%,按个体户和灵活就业人员身份参保的人口缴费不愿超过15年的比重为22.16%,高于按职工身份参保人口,这可能与收入、就业稳定性的差异有关。

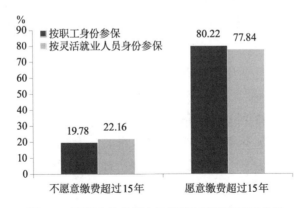

图6-2 不同身份参保人口缴费年限选择意愿差异

考虑参保人口就业性质差别对参保缴费年限选择意愿的影响,本文将总样本划分为国有企业及事业单位就业参保人口和民营企业及非正规就业参保人口。国有企业及事业单位就业的参保人口为801人,占总样本比重为41.25%。民营企业及非正规就业的参保人口为1 141人,占总样本比重为 58.75%。根据统计分析,国有企业及事业单位就业的参保人口延长缴费年限的意愿相对更强(见图 6-3)。

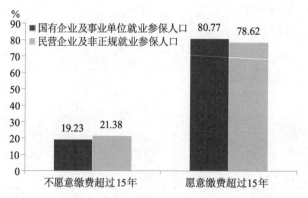

图 6-3   不同就业性质参保人口缴费年限选择意愿差异

(2) 基准计量检验

本文利用辽宁大学人口研究所"新三支柱'橄榄型'可持续发展养老制度优化与设计"课题组的全国 21 个典型城市调研数据,对城镇职工养老保险缴费年限选择意愿影响因素进行 logit 回归检验,获得以下发现。①在个体特征变量方面,年龄与缴费年限选择意愿负相关,随着年龄提高,延长缴费年限的意愿下降;婚姻状况、健康状况、受教育程度与缴费年限选择意愿正相关,已婚和健康状况良好的参保者更倾向于缴费超过最低年限标准,受教育程度越高,延长缴费年限意愿越强;父母参加社会养老保险情况与缴费年限选择意愿负相关,参保者(包括配偶)的父母均未参加社会养老保险,指标参数为 1,否则为 0,在父母未参加养老保险的情况下,参保者受赡养压力因素影响而更倾向于选择不延长缴费年限。②在养老保险制度变量方面,现已缴费年限、政策信任程度、政策认知程度与缴费年限选择意愿显著正相关,参加养老保险时间越长,政策信任程度、政策认知程度越高,参保者越倾向于选择缴费超过最低年限标准,政策风险评估对缴费年限选择意愿影响为负,说明提高参保者对政策的信任和认知程度,有助于提高其延长缴费年限意愿。③在经济特征变量方面,在基准模型中收入水平和参保者养老保险生命周期收入偏好对缴费年限选择意愿影响均不显著,说明经济因素并不是参保者选择养老保险缴费年限的主要考虑因素。④本文继续探讨经济因素对缴费年限选择意愿产生影响的两种可能性。一是考虑收入水平和生命周期收入偏好可能会共同作用于缴费年限选择意愿,因此本文加入收入水平与生命周期收入偏好的交互项,生命周期收入偏好指标参数的具体含义为"希望个人缴费比例降低至多少",数值越大说明参保者希望降低个人缴费的比例越低,也就说明越偏好未来养老金收入,参保者更有可能延长缴费年限而在未来获取更多养老金收入。模型2回归结果显示,收入水平与生命周期收入偏好的交互项系数为正且显著,说明收入水平越低,参保者生命周期收入偏好对缴费年限选择的影响越小,可以理解为在现实收入水平制约下,参保者对未来养老金收入的偏好会受到抑制,从而降低延长缴费年限的可能性。二是考虑不同收入水平下,是否存在参保者缴费年限选择意愿的差异,本文在模型中加入收入的平方项,模型3回归结果显示,收入的平方项系数显著为正,说明收入与缴费年限选择意愿之间可能存在U形关系,在收入达到一定水平之前,随着收入水平增加,提高缴费年限的意愿降低,收入达到拐点之后,随着收入增加,延长缴费年限意愿提升。

表 6-8　城镇职工养老保险参保缴费年限选择意愿影响因素检验

变量	模型 1	模型 2	模型 3
年龄	−0.0116*	−0.0112*	−0.0109*
性别	0.0914	0.0902	0.0908
婚姻状况	0.3794**	0.3760**	0.4149**
受教育程度	0.1612**	0.1658**	0.1592**
父母参加社会养老保险情况	−0.3113**	−0.3141**	−0.2823*
健康自评状况	0.2162**	0.2139**	0.2042**
现已缴费年限	0.0596***	0.0594***	0.0578***
政策信任程度	0.3210***	0.3186***	0.3136***
政策认知程度	0.5375***	0.5403***	0.5309***
政策风险评估	−0.2121**	−0.2117**	−0.2134**
收入水平	0.0006	−0.0130	−0.0192**
养老生命周期收入偏好	0.0773	0.1365**	0.1291**
收入水平与生命周期 收入偏好交互项		0.0670*	0.0603*
收入平方项			0.0461*

注：＊＊＊表示在1％水平下显著,＊＊表示在5％水平下显著,＊表示在10％水平下显著,后表同

（3）异质性检验

城镇职工养老保险参保人口存在参保身份、就业性质等特征差异,不

同特征人群的参保缴费年限选择意愿影响因素可能存在差异。为了进一步验证不同特征参保主体的缴费年限选择影响因素,本文将参保主体进行职工身份参保与灵活就业人员身份参保、国有企业及事业单位就业参保与民营企业及非正规就业参保的特征划分。

分别对按职工身份参保和按灵活就业人员身份参保的群体进行 logit 回归分析,获得以下发现。①个体特征在不同身份参保人口中对缴费年限选择意愿的影响存在显著差异,相比按职工身份参保的群体,灵活就业人员身份参保者受性别、婚姻状况的影响较为显著,而受教育程度对其影响不大,父母参加社会养老保险情况对其缴费年限选择影响比较显著,说明父母赡养压力仍是影响其进行决策的重要因素,灵活就业人员选择缴费年限受健康状况影响,身体状况越好,越倾向于增加缴费年限。而职工身份参保群体的受教育程度对其缴费年限选择意愿影响为正,其他个体特征影响并不显著。②养老保险制度因素对职工身份参保群体的缴费年限选择意愿影响较大,现已缴费年限、政策信任程度、政策认知程度和政策风险评估对其具有显著影响,而灵活就业人员参保者主要受政策认知程度的影响。③按职工身份参保群体受经济变量影响的结论与总样本基本相同,而经济变量对灵活就业人员参保群体的影响不显著。综合来看,提高政策认知程度是激励灵活就业参保人员延长缴费年限的有效途径。

表 6-9　不同参保身份参保者的缴费年限选择意愿影响因素检验

变量	按职工身份参保			按灵活就业人员身份参保		
	模型 4	模型 5	模型 6	模型 7	模型 8	模型 9
年龄	−0.013	−0.012	−0.011	−0.007	−0.008	−0.008
性别	−0.086	−0.090	−0.092	0.566**	0.573**	0.568**
婚姻状况	0.187	0.168	0.190	0.947***	0.964***	1.038***
受教育程度	0.266***	0.276***	0.276***	−0.103	−0.102	−0.112
父母参加社会养老保险情况	0.059	0.053	0.065	−0.776***	−0.778***	−0.702***
健康自评状况	0.112	0.111	0.105	0.430**	0.423**	0.410**
现已缴费年限	0.106***	0.104***	0.104***	−0.040	−0.040	−0.043
政策信任程度	0.397***	0.393***	0.388***	0.281	0.281	0.273
政策认知程度	0.475***	0.478***	0.474***	0.716***	0.724***	0.712***
政策风险评估	−0.229**	−0.227**	−0.228**	−0.137	−0.137	−0.142
收入水平	−0.00004	−0.014*	−0.018**	0.004	−0.011	−0.022

（续表）

变量	按职工身份参保			按灵活就业人员身份参保		
	模型 4	模型 5	模型 6	模型 7	模型 8	模型 9
养老生命周期收入偏好	0.058	0.134	0.129	0.077	0.127	0.113
收入水平与生命周期收入偏好交互项		0.070*	0.067*		0.079	0.051
收入平方项			0.027			0.0901

分别对国有企业及事业单位就业参保和民营企业及非正规就业参保的群体进行 logit 回归分析，获得以下发现。①个体特征对缴费年限选择意愿的影响在民营企业及非正规就业中更为显著，婚姻状况、父母参加社会养老保险情况和健康状况均对民营企业及非正规就业参保人口的缴费年限选择意愿影响显著，而国有企业及事业单位就业参保人口缴费年限选择的个体特征影响因素仅包括受教育程度。②养老保险制度变量对二者缴费年限选择的影响大体相同，民营企业及非正规就业参保人员受政策风险评估影响不显著。③经济变量对二者缴费年限选择的影响也大体相同，均不是十分显著。

表 6-10　不同就业性质参保者的缴费年限选择意愿影响因素检验

变量	国有企业及事业单位就业参保			民营企业及非正规就业参保		
	模型 10	模型 11	模型 12	模型 13	模型 14	模型 15
年龄	−0.008	−0.008	−0.007	−0.014*	−0.014	−0.014
性别	−0.059	−0.064	−0.074	0.203	0.205	0.207
婚姻状况	0.273	0.263	0.326	0.439**	0.437**	0.458**
受教育程度	0.195*	0.200*	0.196*	0.115	0.119	0.115
父母参加社会养老保险情况	−0.023	−0.022	0.177	−0.368**	−0.375**	−0.358*
健康自评状况	0.213*	0.210	0.191	0.234*	0.230*	0.225*
现已缴费年限	0.064**	0.062**	0.059**	0.063**	0.064**	0.064**
政策信任程度	0.393**	0.366**	0.355**	0.312***	0.313***	0.311***
政策认知程度	0.470***	0.475***	0.464***	0.583***	0.585***	0.579***
政策风险评估	−0.241*	−0.241*	−0.245*	−0.172	−0.172	−0.173
收入水平	−0.003	−0.016	−0.024*	0.003	−0.009	−0.013

（续表）

变量	国有企业及事业单位就业参保			民营企业及非正规就业参保		
	模型 10	模型 11	模型 12	模型 13	模型 14	模型 15
养老生命周期收入偏好	0.027	0.090	0.071	0.106	0.159 *	0.156 *
收入水平与生命周期收入偏好交互项		0.063	0.056		0.065	0.060
收入平方项			0.067			0.026

缴费年限是提高养老保险遵缴率,推动基础养老金现实替代率向适度替代率趋近的关键指标,准确判断参保者的缴费年限选择意愿对推动城乡基础养老保险缴费率一元化具有重要现实意义。而目前关于养老保险缴费年限影响因素的针对性研究较少,本文构建城镇职工养老保险缴费年限选择意愿影响因素 logit 模型,利用全国 21 个典型城市调研数据进行实证检验,获得以下发现。①健康状况与受教育程度对缴费年限选择影响显著为正,父代参加社会养老保险减轻参保者当期赡养负担,有利于激励参保者延长缴费年限。②现已缴费年限、政策信任程度、政策认知程度对延长参保者缴费年限具有正向激励作用,而政策风险评估对缴费年限延长意愿具有抑制作用。③收入水平与生命周期收入偏好共同作用于缴费年限选择,收入水平越低,参保者生命周期收入偏好对缴费年限选择的影响越小,可以理解为在现实收入水平条件制约下,参保者对未来养老金收入的偏好会受到抑制,从而降低延长缴费年限的可能性。同时,收入水平与缴费年限选择意愿之间可能存在 U 形关系。④不同特征参保群体的缴费年限选择意愿影响因素存在显著差异,个体特征变量对灵活就业参保人口和民营企业及非正规就业参保人口的影响更为显著,而政策认知和风险评估等养老保险制度变量对职工身份参保人口和国有企业及事业单位就业参保人口的影响更为显著。收入水平和生命周期收入偏好对职工身份参保人口的影响与总样本基本相同,其他群体受经济因素影响不显著。根据缴费年限的参保者个体特征影响因素,可以制定合理的缴费年限激励政策,从而为城乡基础养老保险缴费率一元化创造条件。

(四) 缴费激励政策导向对参保选择的影响

城乡基础养老保险缴费率一元化过程中面临的关键问题是如何在保障适度给付水平的情况下,尽量保持基金收支平衡,为城镇职工基础养老保险政策缴费率下调创造空间。在养老金社会平均工资替代率可能性边界区间内,探索同时实现合理提高养老保障水平与养老保险制度收支平衡,需要立足于养老保险给付与缴费对应的微观机理,即参保者缴费行为决定养老金给付水平,也影响养老保险基金征缴收入。参保者缴费行为是参保者在政策框架下依据个人经济状况、社会特征进行的参保决策,同时也是养老保险缴费激励政策的最终落脚点。判断提高保障水平与养老制度可持续性的帕累托改进可能性,需要分析哪种参保者缴费行为具有提高给付水平与改进收支平衡的效果。针对宏观政策问题,寻找微观破解逻辑,提供养老保险制度优化的新视角。

随着人口老龄化程度逐渐加深,养老保险制度可持续性越发受到学者关注。学者们通过构建养老保险基金收支平衡模型,测算人口老龄化过程中养老保险收支平衡发展趋势,实证检验缴费年限变化、征收体制改革、延迟退休等政策内部要素对养老保险制度可持续性的影响(杨一心、何文炯,2016;曾益等,2019;邓大松、仙蜜花,2015),以及零工经济、疫情冲击等政策外部要素对养老保险制度可持续性的冲击(张国英等,2022;赵亮、李灯强,2020)。特别是在养老保险降费率政策下,如何促进养老保险制度可持续发展成为学者们重点关注的问题(陈曦,2017;郑秉文,2016)。部分学者从微观参保决策视角出发,分析养老保险收支平衡对策。曾益等(2022)研究降低缴费率对遵缴率的影响,进而分析养老保险收支平衡变化。张川川、朱涵宇(2021)研究发现同村居民参与新农保的比例每增加 10 个百分点,个体参保概率显著增加 4.24 个百分点,有针对性地提高特定群体的参保率是提高社会保障项目整体参与率的有效手段。在积极应对人口老龄化过程中,养老金保障水平与制度可持续性之间的矛盾开始显现。齐红倩、杨燕(2020)研究认为平均替代率对养老保险基金累计结余率有负向非线性影响。如何在保持养老金给付水平不下降的情况下,促进养老保险收支平衡可持续成为学者们关注的焦点,学者们利用代际交叠模型等工具从国有资本划转等视角分析养老给付水平约束下的收支平衡改进可能性(景鹏等,2020)。上述研究多是从宏观视角研究养老金保障水平与制度可持续性之间的关系,缺少从微观参保主体选择视角破解二者矛盾的研究思路。

1. 参保行为选择对养老金社会平均工资替代率的影响

根据养老金社会平均工资替代率可能性边界模型,缴费年限、缴费基数占社会平均工资比重等指标是影响替代率的关键因素。缴费年限与缴费基数是微观个体参保行为的指标体现,在最低缴费年限标准之上,参保者可以根据缴费能力、政策预期等因素主观选择缴费年限与缴费档次,特别是个体工商户和灵活就业人员拥有更多的参保自主权。参保行为不同将会导致养老金给付水平发生显著变化。

本文设定养老保险参保基准情景,在此基础上分析参保行为变化导致的养老金社会平均工资替代率变动[1]。考虑参保人口在劳动期的就业转换、就业起始年龄等因素,设定基准情景下男性参保者平均缴费年限为30年、女性参保者平均缴费年限为25年。在现实生活中,参保者多数选择接近退休年龄时进行缴费,因此本文设定基准情景下参保者选择劳动期后期缴费。由于灵活就业人员最低缴费档次为社会平均工资60%,综合考虑灵活就业人员参保缴费档次选择等因素,设定基准情景下缴费基数占社会平均工资比重为80%。

在基准情景基础上,本文分析参保缴费行为与养老金社会平均工资替代率之间的关系。情景Ⅰ:在基准情景下,养老金社会平均工资替代率区间为34.88%~35.60%,人口老龄化导致养老金给付平均水平下降约0.8个百分点。情景Ⅱ:在参保缴费年限提高10年的情况下,养老金社会平均工资替代率提高至40.64%,可能性边界为39.78%~40.64%。情景Ⅲ:在保持缴费年限与参保起始年龄不变情况下,平均缴费基数由社会平均工资80%提高至社会平均工资100%,养老金社会平均工资替代率提高至41.04%,可能性边界为40.21%~41.04%。参保行为变化会对养老金给付水平产生显著影响,参保缴费年限越长、缴费基数越高、参保起始年龄越低,养老金社会平均工资替代率就越高,可以抵消人口老龄化对养老金给付水平的影响。

表6-11　参保行为选择对养老金社会平均工资替代率的影响

年份	基准情景 替代率(%)	延长缴费年限 替代率(%)	提高缴费基数 替代率(%)
2021	35.60	40.64	41.04
2025	35.61	40.65	41.05
2030	35.55	40.56	40.98
2035	35.39	40.37	40.80

[1]　基准情景是对参保指标参数平均水平的综合判断,也是分析参保行为与养老金社会平均工资替代率之间关系的比较标准,基准情景参数水平变动不会改变比较结果。

（续表）

年份	基准情景 替代率（%）	延长缴费年限 替代率（%）	提高缴费基数 替代率（%）
2040	35.12	40.07	40.49
2045	34.91	39.83	40.24
2050	34.88	39.78	40.21

注：基准情景，男性缴费 30 年，女性缴费 25 年，后期缴费，缴费基数＝社会平均工资 80%，养老金调整指数＝社会平均工资增长率 80%；延长缴费年限情景，男性缴费 40 年，女性缴费 35 年，后期缴费，缴费基数＝社会平均工资 80%，养老金调整指数＝社会平均工资增长率 80%；提高缴费基数情景，男性缴费 30 年，女性缴费 25 年，后期缴费，缴费基数＝社会平均工资，养老金调整指数＝社会平均工资增长率 80%

2. 参保行为选择对养老保险基金收支平衡的影响

激励参保者延长缴费年限、提高缴费基数会提高养老金社会平均工资替代率，相应增加养老保险基金支出。同时，参保行为变化也会对养老保险基金收入相关参数产生影响，参保行为变化之后若养老保险基金收入增幅大于基金支出增幅，则参保行为变化既能够提高养老金给付水平，也能够促进养老保险收支平衡。本文进一步检验参保行为变化是否具有同时实现养老金给付水平提升和制度可持续性优化的帕累托改进可能性。

参保者选择延长缴费年限，缴费年限占劳动期的比重提高，养老保险遵缴率提升，养老保险基金收入增加，缴费年限提高对应养老金社会平均工资替代率提高，养老保险基金支出增加。以缴费年限延长 10 年为例，通过比较基金收入与支出增加幅度，发现延长缴费年限导致养老保险基金支出增加幅度会高于基金收入增加幅度，使得养老保险基金收支缺口增大，即延长缴费年限虽然能够提高保障水平，但会减弱养老保险制度可持续性。

参保者选择提高缴费基数会直接增加当期养老保险基金征缴收入，根据养老保险多缴多得原则，养老金社会平均工资替代率也会提高，养老保险基金支出增加。在缴费基数由社会平均工资 80% 提高至社会平均工资 100% 的情况下，提高缴费基数显著增加养老保险基金收入，在抵消基金支出增加的情况下仍有剩余，养老保险收支缺口缩小。提高缴费基数不仅可以提升养老保障水平，也可以促进养老保险制度可持续发展。

通过比较参保者参保行为变化，发现延长缴费年限能够提高养老金保障水平，但是不利于改善养老保险制度收支平衡状况。提高缴费基数既可以提高保障水平，又可以促进养老保险制度可持续发展，激励参保者提高缴费基数可以实现提高保障水平与缩小养老保险收支缺口的帕累托改进。

表 6-12 不同参保行为对养老保险收支缺口的影响

年份	基准情景收支 平衡（亿元）	延长缴费年限 收支平衡（亿元）	提高缴费基数 收支平衡（亿元）
2021	5 105	3 893	9 811
2025	−3 343	−5 825	1 026
2030	−19 820	−24 399	−16 481
2035	−45 573	−50 585	−44 267
2040	−80 210	−89 195	−81 219
2045	−125 274	−140 999	−129 187
2050	−183 965	−209 085	−191 670

注：（1）本文以 2020 年数据为基础，假定养老保险劳动人口覆盖率和老年人口覆盖率逐步提高，到 2050 年达到 100%；（2）社会平均工资增长率为 5%，养老保险总缴费率为 24%，养老保险替代率为不同情景下养老金社会平均工资替代率，缴费基数与遵缴率按照不同情景缴费模式进行设定和测算

3. 政策激励导向与参保行为现实选择的一致性

激励参保者提高缴费基数是合理提高养老保障水平与促进养老保险制度可持续发展的重要途径。本文首先测算养老保险政策对参保行为的激励导向，判断在现有政策框架下多缴多得与长缴多得哪种缴费选择更为有利。

本文比较在相同缴费预算条件下，参保者选择多缴多得与长缴多得对应的养老金给付水平及缴费激励系数，分析参保者经济理性假设下的参保行为选择倾向。为了方便进行对比分析，本文假定在有限预算约束下参保者面临两种模式选择：选择最低缴费年限 15 年，提高养老保险缴费基数；尽可能延长缴费年限，选择最低缴费档次。在选择最低缴费年限 15 年条件下，首先确定参保者缴费档次，进而明确养老金给付水平和缴费激励系数。缴费档次模型为：

$$w = \frac{PVFC \times (r - g)}{\theta \times (1 + r) \times \left[1 - \left(\frac{1 + g}{1 + r}\right)^n\right]} \tag{6-5}$$

其中，w 为缴费档次，$PVFC$ 为参保者缴费现值，r 为贴现率，g 为社会平均工资增长率，n 为缴费年限，θ 为养老保险总缴费率。

在选择最低缴费档次情况下，首先确定缴费预算对应的缴费年限，进而明确养老金给付水平和缴费激励系数。缴费年限模型为：

$$n = \log_{\frac{1+g}{1+r}} \left[1 - \frac{PVFC \times (r-g)}{\theta \times w \times (1+r)} \right] \qquad (6\text{-}6)$$

本文对相同缴费预算条件下多缴多得与长缴多得对应的给付水平及缴费激励系数进行测算,相关参数设定如下。第一,社会平均工资设定为1,工资增长率为5%,贴现率为3%。第二,相比企业职工参保者,灵活就业人员参保选择自主权更大,本文重点分析灵活就业人员参保行为选择,因此养老保险总缴费率设定为20%。第三,在上述参数条件下,缴费预算即缴费现值大于3,才能够符合养老保险最低缴费年限15年等政策规定,本文分析缴费现值分别为4和5的情况下,养老保险缴费激励系数。

在缴费现值为4的情况下,参保者若选择最低缴费年限15年,缴费基数可以提高至社会平均工资的1.16倍,养老金给付现值为5,缴费激励系数为1[①]。参保者若选择最低缴费档次,缴费年限可以延长至26年,养老金给付现值为9.54,缴费激励系数为5.54。在缴费现值为5的情况下,参保者若选择最低缴费年限15年,缴费基数可以提高至社会平均工资的1.45倍,养老金给付现值为5.67,缴费激励系数为0.67。参保者选择最低缴费档次,缴费年限可以延长至31年,养老金给付现值为12.26,缴费激励系数为7.26。

通过测算发现,在相同缴费预算条件下,参保者选择长缴、低缴的参保模式更加有利,可以获得更高的养老金给付水平,缴费激励政策对延长缴费年限的激励更强。

养老保险参保行为选择是参保者在收入预算既定情况下进行的长缴多得与多缴多得比较决策,参保者在长缴多得与多缴多得之间进行选择。在预算约束下,或者选择长缴费年限、低缴费基数的参保模式,或者选择短缴费年限、高缴费基数的参保模式[②]。本文通过分析养老保险参保行为调查数据[③],发现灵活就业参保人口中选择最低缴费档次(缴费基数为社会

---

① 缴费激励系数=给付现值−缴费现值,反映参保者养老保险净收益,可以有效体现缴费激励程度。缴费激励系数是参保者经济理性情况下进行参保决策的核心依据。

② 参保行为选择还存在两种情形:低收入参保者,选择最低缴费年限与最低缴费基数,政策激励难以改变预算约束对参保行为的影响;高收入参保者,既选择长缴费年限,又选择高缴费基数,参保决策不受预算制约,政策激励效果不明显。本文重点研究政策激励对参保者缴费决策的影响,因此主要比较"长缴、少缴"与"短缴、多缴"之间的差别。

③ 养老保险参保行为调查数据是国家自然科学基金重点项目"新三支柱'橄榄型'可持续发展养老制度优化与设计"课题组选择全国21个典型地区进行养老保险参保状况调研而得。

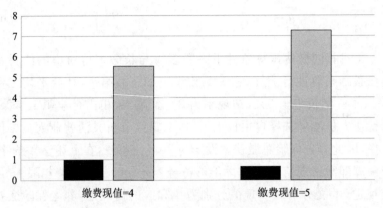

图 6-4 多缴多得与长缴多得的缴费激励效应比较

平均工资 60％)的比例达到 25％,缴费基数超过社会平均工资的比例仅为
12％。在灵活就业人员参保样本中,倾向于在最低缴费年限标准基础上继
续缴费的比例达到 78％,而缴费满 15 年之后不再继续缴费的比例约为
22％。通过数据可以发现,灵活就业人员参保缴费优先选择长缴多得,尽
可能选择低缴费基数并延长缴费年限。

养老保险参保者的缴费行为现实选择与政策缴费激励导向具有一致
性,政策激励更加向长缴多得倾斜,而参保者也更倾向于优先选择延长缴
费年限。但通过参保行为选择、养老金给付水平与基金收支平衡的联动测
算,参保缴费年限延长虽然能够提高养老金给付水平,但不利于实现养老
金收支平衡,而提高缴费基数可以实现养老金给付水平提升与基金收支缺
口缩小相联动的帕累托改进,需要重点激励参保者不断提高缴费基数,增
强参保缴费积极性。

(五)农村家庭杠杆对参保选择影响检验

人口老龄化与城乡人口迁移的共同作用使得城乡人口老龄化倒置问
题越发突出,农村老年人口成为民生保障、共同富裕等政策的关键目标群
体。适度提升农村养老保险待遇给付水平是保障老年人口养老福利和促
进城乡共同富裕的根本要求,也是城乡基础养老保险缴费率一元化的核心
要求。合理提高农村养老保险待遇水平既需要增强国家财政转移支付力
度,同时也需要激发农民参加养老保险的内生动力。在经济增长压力的制
约下,财政转移支付能力受限,提高农民参保缴费积极性,利用制度内驱力
提高参保者跨生命周期的养老给付水平显得尤为关键。

根据城乡居民养老保险制度待遇给付模式,在规定年龄范围之内提早参保且提高缴费档次有利于提升老年期养老待遇水平。在新农保制度试点以及城乡居民养老保险并轨实施以来,农村居民养老保险在一定程度上存在内生动力不足问题:一是参保积极性不高(苏东海、周庆,2010),受养老保险缴费与给付的跨期性以及参保缴费能力制约等因素影响,部分农村劳动力选择延迟参保,不利于提高养老待遇水平,也会限制覆盖率的提升;二是参保缴费档次偏低,多数农民选择最低缴费档次,意味着老年期个人账户养老金给付水平有限,难以发挥养老保障功能。

为了激发农村居民养老保险参保内生动力,2018年人力资源社会保障部、财政部联合颁布《关于建立城乡居民基本养老保险待遇确定和基础养老金正常调整机制的指导意见》,提出年限基础养老金和高龄养老金等措施激励农民参保,从现阶段城乡居民养老保险制度运行情况来看,仍有部分农村劳动力选择延迟参保,且多数参保人员仍选择最低缴费标准。

如何有效提高农村居民参保积极性成为政策制定者面临的重要问题,现阶段收入和资产等经济要素对参保选择影响的解释力不足,经济理性与参保选择之间的关系尚不明晰。家庭杠杆为研究农民参保选择提供了新的视角,在收入和资产等传统经济要素的基础上,加入负债变量,可以更好地解释农民参保逆向选择等行为。本书重点研究家庭杠杆对农民参保选择的影响,从杠杆存在性、杠杆率和杠杆持续性这三个维度,分析家庭杠杆影响参保选择的内生机理,检验家庭杠杆对农民参保意愿和参保缴费档次的影响,为合理制定城乡居民养老保险参保激励政策和配套辅助机制提供理论基础。

1. 农村家庭杠杆对养老保险参保选择影响的理论假设

农村养老保险制度对于提高农村老年人口养老福利、降低代际赡养压力以及提振农村消费发挥了重要的作用(陈华帅、曾毅,2013;张川川等,2014;程令国等,2013;马光荣、周广肃,2014)。随着新型农村社会养老保险制度建立,如何提高新农保劳动力参保覆盖率成为学者们关注的焦点问题之一。在制度建立之初,从制度优化及制度实施的视角出发,寻找制约农民参保的影响因素成为普遍的研究方法,穆怀中、闫琳琳(2012)研究认为新农保试点政策存在制度缺位,更加偏向于吸引中低收入水平、中低学历、健康水平低、参保回报时间短的人群。胡芳肖等(2014)研究发现养老金待遇水平、地方政府经办服务能力对参保农民满意度有直接正向影响,提高待遇水平和经办能力有助于促进参保。常芳等(2014)认为政府与农民在新农保政策和实施规则等方面的信息不对称导致农民参保率偏低。聂建亮、钟涨宝(2014)通过分析调研数据,发现绝大多数农民选择最低缴费档次,农民对新农保政策的认知及新农保基金筹资机制是制约农民缴费档次提升的主要原因。赵建国、海龙(2013)认为财政补贴机制是导致农民参保逆向选择的重要原因。

在政策本身之外,从经济学角度出发,养老保险参保的经济理性是否存在也越发受到学者们的关注。高文书(2012)研究发现,家庭人均收入和人均财产等经济因素对农村居民参加养老保险的影响并不显著。钟涨宝、李飞(2012)认为农民参保行为的经济理性受到信息对称程度的制约,在信息不充分情况下,农民参保行为表现为有限理性。林本喜、王永礼(2012)研究发现家庭收入对农民参保意愿影响显著,但对实际参保行为影响不显著。从经济因素中难以找到农民参保缴费积极性不足的内在原因,学者们开始从非经济方向探寻参保意愿不强和参保缴费档次偏低的原因。张川川、朱涵宇(2021)认为农民参加养老保险受到同群效应的影响,即个体的参保行为会受到周边邻里的参保行为影响,这种影响在男性中表现得更加明显。贾立、李铮(2021)研究发现农民参保还受金融素养的影响,金融素养越高的农户越有可能制订养老计划、参与社会养老保险并提高参保程度。吴玉锋等(2017)采用结构方程模型等研究工具,发现主观预期是影响农民参保的重要原因。雷咸胜、胡宏伟(2020)基于中国综合社会调查数据实证研究,发现社会规范和熟人信任会显著影响农村居民对城乡居民基本养老保险的参保选择。王晓洁、王丽(2015)从宏观视角提出城镇化是提高城乡居民养老保险覆盖率的有效推动因素。

非经济因素是影响农民参保选择的重要原因,为农民参保逆向选择等问题提供了有效解释。然而现阶段农民参保选择的经济非理性并不能说明经济因素对参保决策不会产生影响,而是在考察经济因素与农民参保选择之间关系时,经济因素考量的维度缺失,导致难以全面反映影响参保决策的经济变量。现阶段大多数学者是从家庭收入、资产等层面分析经济因素对农民参保的影响,而农民进行参保决策不仅要考量收入水平,还要对收入、负债等因素进行综合考量。

家庭杠杆率是家庭负债占资产的比重,可以综合反映家庭整体经济状况,利用家庭杠杆率可以有效判断经济因素对农民参保选择的影响,避免只使用收入或资产等正向经济指标而遗漏负向经济指标的选择性偏差。

家庭杠杆对农民参保意愿和参保缴费档次选择的影响体现在以下两个维度。

第一,农民参保决策基于其对当前家庭经济条件的主观感知。结合现阶段农民养老保险参保行为影响因素的研究,可以发现难以单纯从经济层面或者非经济层面对农民参保选择进行解释,经济因素与非经济因素相互作用,对农民参保行为产生综合性影响。存在家庭杠杆说明家庭存在负债需要偿还,有可能降低农民对跨期消费的主观偏好,使得农民更加注重当期消费,从而放弃参保或者降低缴费档次。是否存在家庭杠杆会以主观预期为中介变量,影响农民参保行为。

理论假设 1a:存在家庭杠杆会降低农民参保意愿和参保缴费档次,家庭杠杆与参保意愿、缴费档次之间呈负相关。

家庭杠杆通过农民主观预期制约参保决策,而家庭杠杆持续性越强,对主观预期的影响力越大,不利于农民参加养老保险和提高缴费档次。

理论假设 1b:家庭杠杆持续性越强,家庭杠杆对农民参保的负向影响越大。

第二,家庭杠杆率是反映家庭负债与偿还能力之间关系的核心指标,家庭杠杆率越高,负债偿还压力越大。在有限经济收入的预算约束下,农民可能减少当期支出,用于偿还负债。家庭杠杆率越高,预算约束效应越强,农民参保或者选择高缴费档次的概率越低。

理论假设 2:家庭杠杆率越高,农民参保或者选择高缴费档次的可能性越小,家庭杠杆率与农民参保意愿、参保缴费档次之间呈负相关。

家庭杠杆率以预算约束效应为中介变量影响农民参保行为,这种预算约束效应受到外部环境的影响,随着杠杆率持续提高以及养老金待遇水平、健康状况等因素变化,预算约束效应也会相应变化。

其一,在家庭杠杆率持续提高的情况下,高杠杆率意味着当期难以完全偿还,可能需要跨期偿还,为了满足退休期基本生活需求以及提高跨期偿还负债的能力,农民可能会选择参保,以增加未来的收入水平。

理论假设 2a:在家庭杠杆率达到特定水平前,家庭杠杆率提高会降低农民参保及选择高缴费档次的概率;在家庭杠杆率达到特定水平后,家庭杠杆率越高,农民更倾向于选择参加养老保险或提高缴费档次。

其二,养老保险参保缴费与给付具有跨期性金融行为的特征,养老金待遇水平越高,参保者在制度内的净获益越大,可能会激励参保者在存在家庭杠杆的情况下选择参加养老保险和提高缴费档次,从而增加未来收入,增强整个生命周期内的总体偿还能力。

理论假设 2b:家庭杠杆率对农民参保决策的影响受养老金待遇水平的调节,养老金待遇水平提高会激励农民在家庭杠杆率提高的情况下选择参保和提高缴费档次。

其三,家庭杠杆率对农民参保选择的影响程度受制于其对健康状况的主观预期,如果农民自我感知的健康状况越好,预期未来领取养老金的时间越长,就有可能在一定程度上抵消家庭杠杆率对农民参保选择的负向影响。

理论假设 2c:家庭杠杆率对农民参保决策的影响受健康状况主观预期的调节,主观预期的健康状况越好,越能够抵消家庭杠杆率对农民参保选择的负向影响。

2. 农村家庭杠杆对养老保险参保选择影响的模型构建及数据来源

(1) 模型构建

根据家庭杠杆对农民参保选择影响的理论假设,本文构建家庭杠杆对农民参保意愿和参保缴费档次的影响模型。

$$insurance\_intention = \alpha_1 + \beta_1 lev_i + \gamma_1 X_i + \varepsilon_1 \qquad (6\text{-}7)$$

$$insurance\_level = \alpha_2 + \beta_2 lev_i + \gamma_2 X_i + \varepsilon_2 \qquad (6\text{-}8)$$

其中,lev_i 包含农村家庭杠杆的三个维度,即是否存在家庭杠杆($i=1$)、家庭杠杆率($i=2$)以及家庭杠杆持续性($i=3$);X_i 表示控制变量,包括性别、受教育程度、婚姻状况、就业状况、家庭人口规模以及家庭收入水平等指标,ε_i 表示随机干扰项。

(2) 数据来源及指标说明

本书使用的家庭数据来自西南财经大学中国家庭金融调查与研究中心的中国家庭金融调查研究(CHFS)2017 年和 2019 年的调查数据。由于农村居民是城乡居民养老保险的主要制度对象,同时城乡居民养老保险参保门槛低,考虑到农民参保能力有限,本文主要研究农村人口参加城乡居民养老保险的参保行为具有合理性。本文的研究对象是年龄超过 16 周岁且参加城乡居民养老保险(含新农保)或未参加任何社会养老保险的农村人口,同时考虑到数据要从 2017 年追踪到 2019 年,经过数据筛选和整理,最终得到 3 962 个有效样本,其中未参保的农村人口没有参保档次的选择,有关参保档次的有效样本为 2 934 个。变量的描述性统计如表 6-13 所示。

表 6-13 相关变量描述性统计

	变量	说明	有效样本数	平均值	标准差	最小值	最大值
控制变量	个人特征 性别	1＝男,2＝女	3 962	1.453	0.498	1	2
	受教育程度	1＝没上过学,2＝小学, 3＝初中,4＝高中, 5＝中专/职高,6＝大专/高职, 7＝大学本科,8＝硕士研究生, 9＝博士研究生	3 962	2.424	0.993	1	7
	婚姻状况	1＝未婚,2＝已婚,3＝同居, 4＝分居,5＝离婚,6＝丧偶	3 962	2.436	1.282	1	6
	就业状况	0＝无工作,1＝务农, 2＝其他工作	3 958	0.92	0.653	0	2
	家庭特征 家庭人口规模	家庭人口数量(人)	3 962	3.116	1.586	1	11
	家庭收入对数	家庭收入对数值	3 813	10.055	1.340	2.351	14.727
被解释变量	Y_1 参保意愿	0＝未参保,1＝参保	3 962	0.741	0.4384	0	1
	Y_2 参保档次	1＝"年缴费≤200", 2＝"200＜年缴费≤500", 3＝"500＜年缴费≤1 000", 4＝"年缴费＞1 000", F＝不参保	2 934	1.68	1.064	1	4
解释变量	X_1 是否存在家庭杠杆	0＝"2019 年无杠杆", 1＝"2019 年有杠杆"	3 960	0.32	0.468	0	1
	X_2 家庭杠杆率大小	2019 年家庭负债÷ 2019 年家庭资产	3 960	0.42	13.566	0	850
	X_3 家庭杠杆率持续性	0＝"2017 年无杠杆, 2019 年无杠杆", 1＝"2017 年有杠杆, 2019 年无杠杆", 2＝"2017 年无杠杆, 2019 年有杠杆", 3＝"2017 年有杠杆, 2019 年有杠杆"	3 959	1.05	1.203	0	3

3. 农村家庭杠杆对养老保险参保选择影响的计量检验

（1）基准回归分析

本书利用中国家庭金融调查研究数据对家庭杠杆与农民参保行为之间的关系进行实证检验，获得以下发现。①家庭杠杆对农民参加城乡居民养老保险的意愿有显著抑制作用，家庭杠杆通过改变农民跨期消费偏好而对参保产生挤出效应。家庭杠杆持续性对农民参加城乡居民养老保险同样有挤出效应，家庭杠杆持续性越强，农民放弃参保的可能性越大，家庭杠杆率对农民参保意愿的影响不显著。②家庭杠杆对农民选择城乡居民养老保险缴费档次有显著的负向影响，存在家庭杠杆的农民更加倾向于选择低缴费档次，家庭杠杆持续性对农民选择城乡居民养老保险缴费档次的影响显著为负，家庭杠杆持续性越强，农民越倾向于选择低缴费档次，家庭杠杆率对农民选择缴费档次的影响并不显著。

家庭杠杆既包含正向经济因素（资产），也包含负向经济指标（负债），可以更加全面地反映经济因素对农民参加养老保险的影响。整体来看，家庭杠杆会通过心理预期等因素改变农民跨期消费偏好，影响参保决策。家庭杠杆的存在及持续性是限制农民参加养老保险及提高缴费档次的重要因素，"去杠杆"可以有效促进农民参保，激励其提高缴费档次，提高农民养老福利水平。

表 6-14　家庭杠杆对农民养老保险参保选择的影响

指标	参保意愿			参保缴费档次		
	模型(1)	模型(2)	模型(3)	模型(4)	模型(5)	模型(6)
是否存在家庭杠杆	−0.031** (−2.02)			−0.242*** (−5.59)		
家庭杠杆率		0.001 (0.47)			−0.001 (−0.48)	
家庭杠杆持续性			−0.01** (−2.37)			−0.111*** (−6.58)
家庭杠杆率平方项						
性别	−0.003 (−0.27)	−0.026 (−0.97)	−0.004 (−0.26)	0.020 (0.49)	−0.019 (−0.30)	0.021 (0.51)
受教育程度	−0.014* (−1.85)	−0.015 (−1.15)	−0.014* (−1.88)	0.029 (1.31)	−0.015*** (−1.15)	0.028 (1.26)

(续表)

指标	参保意愿			参保缴费档次		
	模型(1)	模型(2)	模型(3)	模型(4)	模型(5)	模型(6)
婚姻状况	0.002 (0.40)	−0.004 (−0.30)	0.002 (0.38)	0.042** (2.54)	0.060** (2.11)	0.040** (2.50)
就业状况	0.035*** (3.17)	0.047** (2.27)	0.036*** (3.20)	−0.106*** (−3.27)	0.084 (−1.61)	−0.101*** (−3.15)
家庭人口规模	−0.004 (−0.95)	0.001 (0.10)	−0.004 (−0.82)	−0.106*** (−7.51)	−0.095*** (−4.51)	−0.100*** (−7.10)
家庭收入对数	0.015*** (2.59)	0.005 (0.50)	0.015*** (2.59)	0.158*** (9.18)	0.097*** (3.75)	0.157*** (9.14)
常数项	0.613*** (9.78)	0.703*** (6.15)	0.617*** (9.83)	0.398** (2.22)	0.585** (2.09)	0.429** (2.39)
观测值	3 806	1 210	3 806	2 828	874	2 828

（2）平方效应与交互效应检验

根据理论假设 2a，随着家庭杠杆率持续提高，家庭负债高使得农民需要利用跨期收入才能完全偿还，在此情况下，农民为了满足老年期基本生活需求以及提高跨期偿还负债的能力，有可能会选择参保，以增加未来的收入水平。因此，虽然家庭杠杆率对农民参保行为的影响不显著，但家庭杠杆率与农民参保意愿、缴费档次之间有可能存在非线性关系，本文进一步在模型中加入平方项，检验家庭杠杆率对农民参保意愿与参保缴费档次的影响是否具有平方效应。实证检验发现，在加入平方项之后，家庭杠杆率对农民参保选择的影响显著为负，平方项对农民参保选择的影响显著为正，家庭杠杆率与农民参保选择之间存在 U 形关系，在家庭杠杆率低于一定标准时，随着家庭杠杆率提升，农民参保意愿下降，更倾向于选择低缴费档次，在家庭杠杆率超过一定标准时，家庭杠杆率上升会激励农民增加老年期收入以提高负债偿还能力并满足基本生活需求，因此家庭杠杆率越高，农民参加养老保险的意愿越强烈，选择的缴费档次越高，验证了理论假设 2a。

同时，本书进一步检验家庭杠杆率对农民参保选择的影响是否具有调节效应，根据理论假设 2b，本文加入家庭杠杆率与基础养老金待遇水平的交互项。在农民进行养老保险参保及跨期消费决策过程中，现行养老金待遇水平具有明显的信号效应，在家庭杠杆率提升的情况下，农民更加倾向于参加养老保险以期未来获得更高的养老金给付,提高整个生命周期的福利水平,家庭杠杆率对农民参加养老保险意愿的影响显著为正,家庭杠杆率与基础养老金待遇水平的交互项为负,基础养老金待遇水平提高会减弱家庭杠杆率对农民参保意愿的提升效应。基础养老金水平对家庭杠杆率与农民参保缴费档次之间关系的调节作用不显著。

家庭杠杆对农民参保选择的影响可能受到自身健康状况的调节,因此本书加入家庭杠杆率与健康状况的交互项。通过实证检验发现,家庭杠杆率对农民参保意愿、缴费档次的影响为负,家庭杠杆率与健康状况的交互项系数为正,说明良好的健康状况会减弱家庭杠杆率对农民参保意愿与参保缴费档次的挤出效应,健康状况越好,家庭杠杆率阻碍农民参保决策和缴费档次提升的作用越小。健康状况越好的农民具有更高的跨期消费偏好,激励其参加养老保险并提高缴费档次。

表6-15　家庭杠杆对农村养老保险参保选择影响的平方效应与交互效应

指标	参保意愿			参保缴费档次		
	模型(1)	模型(2)	模型(3)	模型(4)	模型(5)	模型(6)
家庭杠杆率	-0.015^{***} (-2.59)	0.032^{**} (2.27)	-0.038^{**} (-2.02)	-0.036^{*} (-1.85)	-0.011 (-0.26)	-0.114^{**} (-1.97)
家庭杠杆率 平方项	0.001^{***} (2.64)			0.001^{*} (1.81)		
基础养老金 待遇水平		0.001^{**} (2.26)			0.003^{***} (19.81)	
家庭杠杆率与 基础养老金 待遇水平 交互项		-0.001^{**} (-2.26)			0.001 (0.24)	
健康状况			-0.011 (-1.59)			-0.069^{***} (-3.54)
家庭杠杆率 与健康状况 交互项			0.008^{**} (2.04)			0.023^{*} (1.95)
性别	-0.005 (-0.32)	-0.006 (-0.43)	-0.004 (-0.27)	0.012 (0.29)	-0.027 (-0.70)	0.022 (0.54)
受教育程度	-0.015^{**} (-1.93)	-0.015^{**} (-2.06)	-0.016^{**} (-2.06)	0.025 (1.12)	-0.003 (-0.15)	0.016 (0.73)

（续表）

指标	参保意愿			参保缴费档次		
	模型（1）	模型（2）	模型（3）	模型（4）	模型（5）	模型（6）
婚姻状况	0.002 (0.42)	0.002 (0.40)	0.002 (0.37)	0.042** (2.55)	0.049*** (3.23)	0.042*** (2.56)
就业状况	0.035*** (3.06)	0.036*** (3.17)	0.033*** (2.84)	−0.115*** (−3.56)	−0.073** (−2.39)	−0.130*** (−4.00)
家庭人口规模	−0.006 (−1.26)	−0.005 (−1.02)	−0.007 (−1.36)	−0.118*** (−8.50)	−0.090*** (−6.82)	−0.122*** (−8.74)
家庭收入对数	0.015** (2.49)	0.014** (2.39)	0.014** (2.33)	0.158*** (9.13)	0.120*** (7.39)	0.150*** (8.62)
常数项	0.620*** (9.87)	0.607*** (9.68)	0.071*** (9.46)	0.398** (2.20)	0.361** (2.14)	0.713*** (3.55)
观测值	3 806	3 806	3 807	2 828	2 828	2 828

（3）异质性检验

本书进一步对家庭杠杆影响参保意愿的地区异质性进行检验，获得以下发现。①东部地区家庭杠杆存在性对农民参保意愿的影响显著为负，中部地区、东北地区二者之间关系并不显著，而西部地区家庭杠杆存在性对农民参保意愿的影响显著为正，说明西部地区农民更加偏向于老年期收入水平的提升。②家庭杠杆率对农民参保意愿的影响存在显著地区差异，西部地区家庭杠杆率对农民参保意愿具有正向促进作用，东北地区家庭杠杆率对农民参保意愿的影响为负，中部地区和东部地区的影响不显著。③家庭杠杆持续性对农民参保意愿的影响同样存在地区差异，西部地区家庭杠杆持续性对农民参保意愿具有正向促进作用，东北地区家庭杠杆持续性对农民参保意愿的影响为负，中部地区和东部地区的影响不显著。

家庭杠杆对农民参保意愿的影响存在显著性别差异，是否存在家庭杠杆以及家庭杠杆率对农村女性参保的影响显著为负，而家庭杠杆对农村男性的影响不显著。这与农村居民养老保险参保选择情况较为契合，部分农村家庭会更加注重男性收入对家庭基本生活的保障功能，在选择参加养老保险的决策过程中，往往会优先选择让男性参保，男性参保较少受到家庭杠杆的影响，而存在家庭杠杆的情况下，通常会放弃女性参保，家庭杠杆对农村女性参保意愿的影响显著为负。

表 6-16 家庭杠杆对农民参保意愿影响的地区异质性

家庭杠杆对农民参保意愿的影响

指标	西部地区			中部地区			东北地区			东部地区		
是否存在家庭杠杆	0.198** (2.36)			-0.017 (-0.79)			-0.050 (-1.26)			-0.045* (-1.73)		
家庭杠杆率		0.074** (2.26)			-0.007 (-0.88)			-0.026* (-1.70)			-0.016 (-1.55)	
家庭杠杆持续性			0.114* (1.90)			0.001 (0.30)			-0.027* (-1.69)			-0.005 (-0.43)
控制变量	Y	Y	Y	Y	Y	Y	Y	Y	Y	Y	Y	Y
常数项	0.517 (1.41)	0.480 (1.31)	0.454 (1.23)	0.783*** (8.98)	0.785*** (9.00)	0.782*** (8.96)	0.174 (0.99)	0.188 (1.06)	0.177 (1.01)	0.652*** (6.48)	0.651*** (6.47)	0.656*** (6.51)

表 6-17　家庭杠杆对农民参保意愿影响的性别异质性

指标	家庭杠杆对农民参保意愿的影响					
	男性			女性		
是否存在家庭杠杆	−0.017 (−0.78)			−0.048** (−2.11)		
家庭杠杆率		−0.009 (−1.07)			−0.021** (−2.33)	
家庭杠杆持续性			0.001 (0.49)			−0.010 (−1.21)
控制变量	Y	Y	Y	Y	Y	Y
常数项	0.644*** (8.02)	0.646*** (8.04)	0.643*** (8.00)	0.563*** (6.39)	0.569*** (6.44)	0.560*** (6.34)

本书进一步对家庭杠杆影响参保缴费档次的地区异质性进行检验,获得以下发现。①东部地区和东北地区家庭杠杆存在性对农民参保缴费档次的影响显著为负,中部地区、西部地区二者之间关系并不显著。②各个地区家庭杠杆率对农民参保缴费档次的影响均显著为负。③家庭杠杆持续性对农民参保缴费档次的影响同样均为负,不存在地区差异。

家庭杠杆对农民参保缴费档次影响的性别差异并不明显,家庭杠杆存在性、杠杆持续性对农村男性和女性参保缴费档次的影响均显著为负,而家庭杠杆率对农村男性参保缴费档次影响显著为负,对女性参保缴费档次的影响不显著。整体来看,家庭杠杆对参保缴费档次影响较为显著,这种影响的性别差异较小,说明家庭杠杆对农民参保选择的影响主要体现在是否参保的家庭决策性别分化。

通过实证检验可以获得以下发现。①是否存在家庭杠杆对农民参加城乡居民养老保险的意愿以及缴费档次选择具有显著负向作用,存在家庭杠杆的农民倾向于选择不参保或者降低缴费档次。②家庭杠杆持续性对农民参加城乡居民养老保险同样具有挤出效应,家庭杠杆持续性越强,农民放弃参保的可能性越大,越倾向于选择低缴费档次。③家庭杠杆率与农民参保选择呈 U 形关系,在家庭杠杆率低于一定水平时,家庭杠杆率提升会抑制农民参保和提高缴费档次,家庭杠杆率超过一定水平时,家庭杠杆率提升会增强农民跨期消费偏好,从而促进其参保和提高缴费档次。④家庭杠杆对农民参保选择的影响受自身健康状况、养老金待遇水平的调节,自身健康水平提高会减弱家庭杠杆对参保选择的负向影响,养老金待遇水

表6-18　家庭杠杆对农民参保缴费档次影响的地区异质性

家庭杠杆对农民参保缴费档次的影响

指标	西部地区			中部地区			东北地区			东部地区		
是否存在家庭杠杆	-0.483 (-1.65)			-0.073 (-1.44)			-0.178* (-1.93)			-0.349*** (-4.45)		
家庭杠杆率		-0.292*** (-2.65)			-0.001*** (-4.57)			-0.103*** (-5.04)			-0.028** (-2.24)	
家庭杠杆持续性			-0.248** (-2.31)			-0.037* (-1.91)			-0.078** (-2.16)			-0.147*** (-4.64)
控制变量	Y	Y	Y	Y	Y	Y	Y	Y	Y	Y	Y	Y
常数项	1.311 (1.17)	1.645 (1.43)	1.531 (1.40)	0.538** (2.39)	0.545** (2.40)	0.548** (2.44)	1.416*** (2.99)	1.405*** (2.97)	1.466*** (3.11)	0.254 (0.80)	0.232 (0.72)	0.248 (0.78)

表 6-19　家庭杠杆对农民参保缴费档次影响的性别异质性

指标	家庭杠杆对农民参保缴费档次的影响					
	男性			女性		
是否存在家庭杠杆	−0.206*** (−3.74)			−0.282*** (−4.60)		
家庭杠杆率		−0.001*** (−6.86)			−0.021 (−1.34)	
家庭杠杆持续性			−0.098*** (−4.62)			−0.125*** (−5.11)
控制变量	Y	Y	Y	Y	Y	Y
常数项	0.524** (2.27)	0.520** (2.23)	0.548** (2.38)	0.328 (1.35)	0.279 (1.13)	0.367 (1.51)

平较高时,跨期消费偏好提升使得家庭杠杆率对参保选择影响由负变正。⑤家庭杠杆对参保选择的影响存在地区异质性和性别异质性,农村女性参保意愿更容易受到家庭杠杆的影响。为了尽可能降低家庭杠杆对参保选择的不利影响,应从以下几个方面进行调整:第一,通过增加转移支付、提高农村家庭财产性收入以及完善农村宅基地"三权分置"等制度建设,有效降低农村家庭杠杆率,降低家庭杠杆对参保意愿和缴费档次的抑制作用;第二,明确城乡居民基础养老保险动态调整机制,充分发挥其对参保缴费的激励作用,增强农民跨期消费偏好,激发农民参保的内生动力;第三,增强城乡居民养老保险政策的宣传力度,提升农民参保决策的经济理性。

(六) 数字经济对养老保险筹资水平影响检验

根据联合国《世界人口展望 2022》预测数据,中国 60 岁以上老年人口比重增长速度在 2035 年左右达到高峰,老年人口比重将达到约 30%,此后人口老龄化增速虽然放缓,但在 2060 年之前老年人口规模及比重仍处于增长趋势。老年人口养老保障成为需要全社会共同持续关注的问题,养老保险是满足老年人口基本生活需求的核心制度设计。党的二十大报告提出"健全社会保障体系""健全覆盖全民、统筹城乡、公平统一、安全规范、可持续的多层次社会保障体系"。筹资是养老保险制度运行的关键环节,养老保险筹资是否充足直接关系养老金保障水平适度性和养老保险制度的可持续性,也是推进城乡基础养老保险缴费率一元化的关键环节。

而且养老保险筹资以企业人力成本变化为传导路径,直接影响企业投资和劳动力需求,对稳定经济和稳定就业都会产生重要作用,是在人口老龄化和外部经济波动冲击双重压力下需要迫切关注和解决的问题,也是为城乡基础养老保险缴费率一元化创造良好经济环境的重要政策工具。

根据城镇职工养老保险制度设计,统账结合养老保险分为现收现付和缴费积累两部分,现收现付是当代劳动力人口缴费满足退休老年人口基本生活所需,缴费积累是参保者劳动期缴费积累至退休期发放养老金。养老保险筹资的主要对象是劳动力市场中的就业人口,劳动力市场的就业结构、人力资本水平和分割程度等因素会反映到参保人口结构和缴费基数等指标,进而影响养老保险筹资水平。

随着数字信息技术快速进步以及与经济发展的深度融合,数字经济成为经济发展的重要形式。《中国数字经济发展报告(2022年)》数据显示,2021年中国数字经济占GDP比重已经达到39.8%,数字经济对国民经济的支撑作用越发明显。数字经济不仅带动经济持续增长,也推动社会的深刻变革。近年来,劳动力市场在数字经济发展驱动下发生了显著变化,衍生出以平台经济等为典型的新兴就业形态,就业形式更加灵活,劳动力市场对高技能人才的需求更加突出,高低技能部门之间的就业分化逐渐显现。数字经济通过影响劳动力市场来发挥其对养老保险筹资的重要调节作用。

当数字经济遇上人口老龄化,在此背景下的养老保险制度筹资水平变化及其是否能够趋近一元化适度缴费水平,值得持续关注和重点研究。本书利用省际面板数据实证检验数字经济对养老保险筹资水平的影响,并构建调节效应模型,重点分析劳动力市场就业结构、人力资本水平和劳动力市场分割对数字经济与养老保险筹资之间关系的调节作用,从劳动力市场角度为保障养老保险制度筹资水平提出合理对策建议。

1. 数字经济影响养老保险筹资水平的理论基础

(1) 理论背景

随着人口老龄化程度不断加深,保障老年人口养老金替代率在40%～45%,将会使得养老保险筹资面临较大压力(彭浩然、程春丽,2021)。筹资是确保养老保险制度可持续的关键环节(曾益、姚金,2022)。同时,养老保险筹资水平也会对经济社会发展产生深刻影响。养老保险筹资是企业主要的人力成本之一,制约企业投资行为(杜素珍等,2022)和劳动力需求(邱志刚等,2022),进而影响经济持续增长,因此需要处理好养老保险筹资与经济发展的关系。筹资水平也会导致收入差距变化,产生收入再分配效应(纪园园等,2022)。

近年来,养老保险筹资水平受到学术界广泛关注。在政策缴费率变动的背景下,部分学者开始关注政策缴费率变动产生的经济社会影响。景鹏等(2020)研究认为降低养老保险缴费率会促进经济增长,但是会降低养老保险替代率。金刚等(2021)通过定量检验发现,养老保险政策缴费率变动对企业缴费损失程度产生直接影响。养老保险降费率对养老保险基金可持续性也会产生外部冲击(曾益等,2019)。养老保险筹资水平受到管理体制、人口等诸多因素影响。万春林等(2021)研究认为在外生生育率的情况下,基础养老保险适度缴费率保持在12%左右,在内生生育率的条件下,基础养老保险适度缴费率保持在6%左右。养老保险统筹层次也是制约企业提高现实缴费率的重要因素(赵仁杰、范子英,2020)。

养老保险筹资适度水平是在国民财富收入合理分配框架下确定的合理缴费负担(穆怀中、陈曦,2019),也是在代际交叠经济体系框架下的最优缴费率(康传坤、楚天舒,2014)。经济发展模式及要素结构变化对养老保险筹资会产生直接影响。近年来,数字经济在国民经济体系中的重要地位逐渐凸显,对国民经济增长的贡献率持续提高(许宪春、张美慧,2020),深刻影响企业管理变革、创业活跃程度(戚聿东、肖旭,2020;赵涛等,2020)。

在数字经济不断发展过程中,适应经济发展模式变化,劳动力市场的结构特征等方面也受到影响。数字经济以产业结构升级和促进技术偏向型行业发展等为主要方式,直接影响第三产业与第二产业就业比值、高技能与低技能劳动者就业比值,促进劳动力市场人力资本水平提升(杨伟国、吴邦正,2022),提升高学历劳动力就业占比(郭东杰等,2022)。劳动力市场是养老保险筹资的主要来源,劳动力市场中新就业形态增加、就业结构调整等方面的变化导致平台企业筹资责任界定困难和灵活就业人员参保比例提高(郭瑜,2021),直接影响养老保险筹资水平。目前,关于数字经济与养老保险筹资的定量检验研究较少,本书利用省际面板数据对数字经济与养老保险筹资水平之间的关系进行定量分析,以劳动力市场为调节变量,研究劳动力市场对数字经济与养老保险筹资水平之间关系的调节作用。

(2)影响机理

① 数字经济对养老保险筹资的影响

数字经济是将数字技术应用到传统行业,通过产业数字化和数字产业化的途径,实现数字信息技术与各个行业的深度融合。数字经济不断推动产业转型升级,促进生产方式向集约型和技术密集型转换,利用大数据、区块链和人工智能等技术不断降低企业搜寻成本,提高资源配置效率,催生新业态的产生和发展。数字经济对经济社会发展的深刻影响在收入再分配领域延伸至养老保险筹资。

养老保险筹资是养老保险制度可持续性的关键指标,也是在人口老龄化高峰时期满足老年人口养老保障需求的核心资金来源。为了消除养老保险参保职工规模对筹资水平的影响,本文选择养老保险平均缴费率和人均缴费额作为反映筹资水平的指标参数,养老保险平均缴费率反映筹资相对水平,人均缴费额反映筹资绝对水平。数字经济会促进产业结构升级,不断提高技术密集型和高附加值行业的比重,推动劳动力在行业间流动,同时也伴随着平台经济等新业态的出现,使得养老保险参保主体的结构划分、缴费能力、缴费意愿等因素发生改变,对养老保险平均缴费率和人均缴费额产生影响。

Ⅰ. 数字经济影响养老保险平均缴费率的机理

数字经济促进资本要素向高发展水平地区集聚,劳动力人口迁入导致高发展水平地区的老年抚养比下降,高发展水平地区的养老保险政策缴费率具有下调空间,降低养老保险平均缴费率。同时,数字经济会推动产业结构升级,劳动力向第三产业转移,而相比第二产业,第三产业在就业稳定性等方面有所不足,导致养老保险参保遵缴率下降(穆怀中、范璐璐,2017),使得养老保险现实缴费率偏离政策缴费率,现实缴费率呈下降趋势。

Ⅱ. 数字经济影响养老保险人均缴费额的机理

数字经济通过降低搜寻成本、提高人工智能使用等方式,显著提高了资源配置效率,推动经济发展和劳动报酬提升,养老保险缴费基数快速提高。从养老保险政策实践来看,养老保险政策缴费率较为固定,或缓慢降低,在政策缴费率固定或平稳下降的情况下,养老保险缴费基数快速增长使得养老保险人均缴费额显著提高。

② 劳动力市场对数字经济与养老保险筹资之间关系的调节作用

Ⅰ. 数字经济、就业结构与养老保险筹资

数字经济在推动产业结构升级过程中,对劳动力市场造成两个方面的影响,一是提高技术偏向型和高技能劳动力就业比重,二是演化出一系列新生业态,创造更多的就业岗位,吸纳包括低技能劳动力在内的众多人口就业。

新业态就业岗位通常呈现较强的灵活性。以平台经济为例,平台经济为低技能劳动力提供了灵活的就业岗位,为解决低技能劳动力就业问题发挥了重要作用。同时,网络主播、外卖骑手等平台经济就业岗位多属于灵活就业类型,难以落实平台的养老保险缴费责任,就业人员只能以灵活就业人员身份参加养老保险。根据城镇职工养老保险制度规定,灵活就业人员养老保险缴费率为20%,低于企业职工身份参保缴费率,灵活就业人员在就业总人口中的比例提高,导致养老保险平均缴费率下降。劳动力市场就业结构变化会强化数字经济对养老保险平均缴费率的降低效应。同时,灵活就业人员等非正规就业劳动报酬低于正规就业,劳动力市场中灵活就业占比提高会抑制养老保险缴费基数的进一步提高,从而弱化数字经济对养老保险人均缴费额的提升作用。

Ⅱ. 数字经济、就业人力资本与养老保险筹资

数字经济会增加高技能劳动力就业比例,提升劳动力市场的人力资本水平。而高人力资本劳动力更多集中在正规就业部门,正规就业部门养老保险政策缴费率高于个体工商户、灵活就业等非正规就业部门,从而提高养老保险平均缴费率,缓解数字经济对养老保险现实缴费率的降低作用。

同时,数字经济提高就业人力资本水平,使得就业劳动力对养老保险政策认知能力提升,养老保险筹资属于收入再分配范畴,实现国民收入从高缴费基数参保者向低缴费基数参保者转移,提高缴费基数会增加养老保险收入再分配支出的可能性,因此灵活就业人员在自愿选择缴费档次时,更加倾向于以低缴费基数参保,从而抑制数字经济对养老保险人均缴费额的提升作用。数字经济也会导致普通劳动者与高级管理者之间劳动报酬分化(丛屹、陈琦,2022),以高人力资本为典型特征的高级管理者劳动报酬提高有可能使其收入水平超过缴费基数上限,从而使得缴费基数上升受限,在一定程度上抑制人均缴费额的提高。

Ⅲ. 数字经济、劳动力市场分割与养老保险筹资

数字经济对不同行业的发展产生差异化影响,有可能会导致劳动力市场分割,部分行业的劳动力就业技术壁垒使得劳动力就业出现分化,不同部门就业人口的技能差异、人力资本水平差异,使得劳动报酬也出现分化,低技术部门劳动报酬水平和稳定性不足有可能会导致养老保险遵缴率下降,不利于提高养老保险现实缴费率,从而强化数字经济对养老保险缴费率的降低作用。

2. 模型构建与变量选择

(1)模型构建

养老保险筹资水平主要体现在相对水平和绝对水平两个方面,本文构

建数字经济对养老保险筹资水平影响的基准回归模型,检验数字经济与养老保险筹资水平之间的关系。基准回归模型为:

$$PensionC = \alpha + \beta DigE + \lambda \sum X_i + \delta \qquad (6-9)$$

其中,$PensionC$ 表示养老保险筹资水平,$DigE$ 表示数字经济发展水平,X 表示系列控制变量。为了进一步检验劳动力市场对数字经济与养老保险筹资水平之间关系的调节效应,本文构建数字经济、劳动力市场与养老保险筹资水平的调节效应模型。模型具体为:

$$PensionC = \alpha + \beta DigE + \eta Labor + \phi(DigE \times Labor) + \lambda \sum X_i + \delta$$
$$(6-10)$$

其中,$Labor$ 表示劳动力市场指标,包括劳动力市场就业结构、劳动力市场人力资本和劳动力市场分割等指标。$DigE \times Labor$ 表示数字经济与劳动力市场指标的交互项。

(2) 变量选取

① 被解释变量

本文将养老保险筹资水平分为相对水平和绝对水平,为了避免参保人口规模对养老保险筹资水平的干扰,养老保险筹资相对水平以平均缴费率为指标,绝对水平以人均缴费额为指标。人均缴费额等于城镇职工养老保险基金收入除以参保职工人数,平均缴费率是人均缴费额与社会平均工资的比值。

② 解释变量

目前学术界对于数字经济发展水平尚未形成统一的测度指标体系。本文借鉴郭东杰等(2022)的方法测算各省份数字经济发展水平。一是从互联网发展与数字普惠金融 2 个维度 5 个指标构建数字经济发展水平测度指标体系。互联网发展主要包含 4 个指标,分别为互联网普及率、互联网从业人员占比、互联网产出、移动互联网普及率。互联网普及率为每百人互联网宽带接入用户数,互联网从业人员占比为信息传输、软件和信息技术服务业城镇单位就业人员与城镇单位总就业人员的比值,互联网产出为电信业务总量除以年末常住人口,移动互联网普及率为每百名常住人口中移动互联网用户数。数字普惠金融测度指标为北京大学数字金融研究中心与蚂蚁金服集团共同编制的中国数字普惠金融指数。二是利用熵权法对数字经济发展水平进行测度。具体步骤如下。

第一步,对 5 个指标数据进行标准化处理,采用公式为:

$$x'_{ij} = \frac{x_{ij} - \text{Min}(x_{ij})}{\text{Max}(x_{ij}) - \text{Min}(x_{ij})} \tag{6-11}$$

其中,x_{ij} 表示第 i 个地区第 j 个指标的数据,$i=1,\cdots,31,j=1,\cdots,5$。

第二步,计算第 i 个地区的第 j 个指标的数值占全国的比重:

$$P_{ij} = \frac{x'_{ij}}{\sum\limits_{i=1}^{n} x'_{ij}} \tag{6-12}$$

第三步,计算第 j 个指标的信息熵,具体公式为:

$$e_j = -\frac{1}{\ln(n \times m)} \sum_{i=1}^{n} p_{ij} \times \ln(p_{ij}) \tag{6-13}$$

第四步,计算差异系数,具体公式为:

$$d_j = 1 - e_j \tag{6-14}$$

第五步,对差异系数进行归一化处理,计算各指标权重。具体公式为:

$$w_j = -\frac{d_j}{\sum\limits_{j=1}^{m} d_j} \tag{6-15}$$

第六步,根据权重,分别计算 31 个省份数字经济发展水平数值:

$$z_{ij} = \sum_{j=1}^{m} w_j x'_{ij} \tag{6-16}$$

利用熵值法计算得出,互联网普及率权重为 0.0945,互联网从业人员占比权重为 0.3432,互联网产出权重为 0.3838,移动互联网普及率权重为 0.0901,数字普惠金融权重为 0.0885。

③ 调节变量

本文从 3 个维度描述劳动力市场情况,分别为:劳动力市场就业结构、就业人力资本水平和劳动力市场分割。劳动力市场就业结构主要体现非正规就业与正规就业对比关系,采用城镇个体工商户占就业总人口比重作为指标参数。就业人力资本水平采用城镇就业人口平均受教育年限作为指标参数,平均受教育年限由就业比例与受教育年限的乘积加权平均得到。劳动力市场分割采用私人部门平均工资与非私人部门平均工资的比值作为指标参数。

④ 控制变量

本文主要选择人均 GDP、财政支出、老年人口比重、产业结构升级、原保险保费收入、住宅商品房平均价格和人口出生率等指标作为控制变量。人均 GDP 反映经济发展水平,产业结构升级反映经济结构,对养老保险筹资会产生影响。财政支出反映财政对养老保险筹资的补贴能力,老年人口比重反映养老代际赡养压力,人口出生率主要反映少儿抚养压力对劳动力参保的影响,住宅商品房平均价格反映就业劳动力的生活成本,原保险保费收入反映地区社会成员风险偏好。

（3）数据来源与描述性统计

本文选择中国各省份 2013—2020 年面板数据,相关指标参数来源于《中国统计年鉴》《中国人口和就业统计年鉴》和各地区统计年鉴。

表 6-20　相关变量描述性统计

指标	均值	最大值	最小值	指标方向
数字经济	0.22	0.93	0.021	＋
平均缴费率	21.11	38.00	7.88	＋
人均缴费额	14 734	28 331	4 719	＋
就业结构	0.25	0.55	0.02	＋
就业人力资本	10.15	13.84	8.12	＋
劳动力市场分割	0.60	0.77	0.36	－
人均 GDP	57 226	164 158	10 287	＋
财政支出	2 934	12 923	223	＋
老年人口比重	0.10	0.17	0.06	＋
产业结构升级	0.50	0.83	0.34	＋
原保险保费收入	996	4 199	39	＋
住宅商品房平均价格	8 286	42 684	3 629	＋
人口出生率	11.16	17.89	3.75	＋
电子商务销售总额	4 068	30 543	35	＋

3. 数字经济影响养老保险筹资的实证分析

（1）基准回归及稳定性检验

本文利用公式(6-9)对数字经济与养老保险筹资水平之间的关系进行检验,通过最小二乘法实证检验获得以下发现。①数字经济对养老保险缴费率会产生负向影响。随着数字经济快速发展,灵活就业人员等非正规就业比例逐渐提高,根据城镇职工养老保险制度规定,以城镇企业职工身份参保的养老保险总缴费率为 24%,灵活就业人员养老保险总缴费率为 20%,数字经济使得灵活就业人员参保比例提高,从而降低养老保险平均缴费率。②数字经济对养老保险人均缴费额具有显著的正向影响,数字经济会促进产业结构升级,提升劳动力就业人力资本水平和劳动报酬,使养老保险缴费基数提高,从而提高养老保险人均缴费额。

为了验证数字经济对养老保险筹资影响的稳定性,本文采用电子商务销售总额作为数字经济的替代变量,进行数字经济与养老保险筹资水平之间关系的稳定性检验。通过实证检验获得以下发现。①以电子商务销售总额为核心解释变量,对养老保险平均缴费率的影响显著为负,说明数字经济对养老保险平均缴费率的负向影响具有稳定性。②电子商务销售总额对养老保险人均缴费额的影响显著为正,说明数字经济以促进经济发展、产业结构升级和劳动报酬提升等方式提高养老保险人均缴费额,而且这种关系具有稳定性,数字经济会提高养老保险基金收入。

为了进一步检验数字经济与养老保险筹资水平之间的关系是否受到外部经济冲击的影响,本文去除 2020 年疫情背景下的数据,采用 2013—2019 年数据检验数字经济对养老保险筹资的影响。检验发现数字经济对养老保险平均缴费率的影响显著为负,对人均缴费额的影响显著为正,数字经济与养老保险筹资水平之间的关系具有稳定性。

表 6-21　数字经济对养老保险筹资的影响及稳定性检验

解释变量	基准回归		稳定性检验 I		稳定性检验 II	
	平均缴费率	人均缴费额	平均缴费率	人均缴费额	平均缴费率	人均缴费额
数字经济	−11.223*** (−3.93)	0.693*** (3.77)			−7.160** (−2.50)	1.424*** (8.77)
电子商务销售总额			−0.0002* (−1.74)	0.00001** (2.07)		
控制变量	Y	Y	Y	Y	Y	Y
常数项	48.772*** (3.88)	9.494*** (97.06)	71.229*** (6.40)	9.604*** (92.40)	19.521*** (6.95)	8.727*** (54.75)
拟合优度	0.418	0.303	0.387	0.274	0.385	0.408

（2）劳动力市场调节效应检验

城镇职工养老保险是以就业人口为主要对象的收入再分配制度,养老保险筹资主要来源于就业劳动力的缴费。数字经济改变了正规就业与非正规就业结构,强化了技术偏向型的人力资本要求以及不同部门之间的劳动力市场分割,数字经济对劳动力市场的影响将使养老保险筹资发生变化。

① 就业结构调节效应

本文首先对数字经济与就业结构之间的关系进行检验,发现数字经济对就业结构的影响显著为正,即数字经济提高了灵活就业人员在总就业人口中的比重,以平台经济为典型,灵活就业人口数量和比重显著提高。本文进一步分析数字经济、就业结构与养老保险筹资水平之间的关系,在公式(6-9)的基础上,加入就业结构、数字经济与就业结构交互项,利用最小二乘法进行检验后获得以下发现。首先,数字经济对平均缴费率的影响为负,数字经济通过提高灵活就业人员就业比重,进一步降低了养老保险缴费率,数字经济以就业结构为中介变量对养老保险缴费率产生负向影响。其次,数字经济对养老保险人均缴费额的影响为正,数字经济与就业结构的交互项系数显著为负,说明数字经济虽然通过提升劳动报酬的方式有效提高了养老保险人均缴费额,但从就业结构视角出发,由于灵活就业人员可以自愿选择养老保险缴费档次,缴费基数上限为社会平均工资300%,下限为社会平均工资60%,现实中灵活就业人员大多选择最低档次,灵活就业人员参保比重提高使得人均筹资额的增长受到抑制。

表6-22　数字经济、就业结构与养老保险筹资水平之间的关系

解释变量	就业结构	平均缴费率	人均缴费额
数字经济	0.424*** (9.59)	−10.044* (−1.75)	1.199*** (4.45)
就业结构		35.238*** (5.27)	0.958** (2.43)
数字经济×就业结构		−35.056* (−1.94)	−2.399** (−2.46)
控制变量	Y	Y	Y
常数项	1.562*** (9.73)	53.813*** (4.24)	9.244*** (12.37)
拟合优度	0.572	0.386	0.353

② 就业人力资本调节效应

数字经济不仅对劳动力市场的正规就业与非正规就业结构产生影响,而且会对劳动力市场的人力资本产生作用。数字信息技术与行业发展深度融合是数字经济的典型特征之一,融合发展要求提高劳动力市场的人力资本标准,就业人力资本水平变化进一步影响养老保险筹资。

本书实证检验数字经济对就业人力资本的影响,发现数字经济显著提高就业人力资本水平,在数字经济发展背景下,技术偏向型和高人力资本的劳动力就业占比提高。就业人力资本水平提升对养老保险筹资相对水平和绝对水平也产生了显著影响。本书对就业人力资本的养老保险筹资中介效应进行分析,在基准回归模型中加入就业人力资本及数字经济与就业人力资本交互项,测算得到以下结论。第一,数字经济会降低养老保险平均缴费率,但数字经济会通过就业人力资本水平提升减缓对缴费率的负向影响,说明数字经济以提升就业人力资本为途径提高的缴费率难以抵消就业结构等因素对缴费率的拉低作用。数字经济以就业人力资本为中介变量对养老保险筹资产生正向作用可能存在两个方面的原因:首先,高人力资本就业劳动力更多集中在正规就业部门,正规就业部门养老保险政策缴费率高于非正规就业部门,从而提高养老保险平均缴费率;其次,就业人力资本水平提高会降低企业对养老保险缴费成本的转嫁能力,使得现实缴费率提高。第二,数字经济会通过提高劳动报酬等途径显著提高养老保险人均缴费额,但数字经济会通过就业人力资本提升而抑制养老保险人均缴费额的增加,主要是由于随着人力资本水平提高,就业劳动力对养老保险政策认知程度提高,养老保险筹资具有收入再分配属性,从高缴费基数参保者向低缴费基数参保者转移,提高缴费基数会增加养老保险收入再分配支出的可能性,因此灵活就业人员在自愿选择缴费档次时,更加倾向于以低缴费基数参保。

总体来看,数字经济以就业人力资本为中介变量对养老保险筹资造成显著影响,就业人力资本反向调节数字经济与养老保险筹资水平之间的关系,会缓解数字经济发展对平均缴费率的降低作用,也会制约数字经济对人均缴费额的提升。

表 6-23　数字经济、就业人力资本与养老保险筹资水平之间的关系

解释变量	就业人力资本	平均缴费率	人均缴费额
数字经济	1.106*** (2.77)	−45.831*** (−2.68)	1.909*** (2.33)

（续表）

解释变量	就业人力资本	平均缴费率	人均缴费额
就业人力资本		1.341** (2.22)	0.127*** (3.56)
数字经济×就业人力资本		3.366** (2.01)	−0.125* (−1.69)
控制变量	Y	Y	Y
常数项	−7.034*** (−3.88)	20.646*** (2.80)	9.913*** (14.22)
拟合优度	0.536	0.422	0.353

③ 劳动力市场分割调节效应

数字经济通过产业数字化和数字产业化将数字技术应用到传统行业，推动传统行业智能化、集约化发展，在此过程中会导致技术密集型、高附加值行业快速发展，从而形成行业之间的发展差距。受行业发展结构影响，数字经济可能导致劳动力市场分割，部分行业的劳动力就业技术壁垒使得劳动力就业出现分化，不同部门就业人口的技能差异、人力资本水平差异，使得劳动报酬也出现分化。

养老保险筹资受劳动力市场就业结构的影响，劳动力市场分割将导致养老保险筹资发生变化。本书在基准回归模型基础上，加入劳动力市场分割以及数字经济与劳动力市场分割交互项，检验数字经济通过劳动力市场分割对养老保险筹资造成的影响。通过定量分析发现，数字经济发展会导致劳动力市场分割①，部门之间收入差距显著提高。实证结果显示，数字经济与劳动力市场分割交互项对平均缴费率影响为正，由于本书采用的劳动力市场分割为反向指标，说明劳动力市场分割程度越低，平均缴费率越高，而数字经济会提高劳动力市场分割程度，由此导致养老保险平均缴费率下降。数字经济与劳动力市场分割交互项对人均缴费额的影响并不显著，数字经济对养老保险人均缴费额的影响不存在劳动力市场分割的中介效应。

---

① 劳动力市场分割是反向指标，是私人部门就业工资与非私人部门就业工资的比值，指标数值越大，说明部门之间收入差距越小，劳动力市场分割程度越低。数字经济对劳动力市场分割指标影响为负，说明数字经济发展水平越高，私人部门就业工资与非私人部门就业工资的比值越小，劳动力市场分割越严重。

表6-24 数字经济、劳动力市场分割与养老保险筹资水平之间的关系

解释变量	劳动力市场分割	平均缴费率	人均缴费额
数字经济	−0.149*** (−3.90)	−45.031** (−2.58)	−0.844 (−0.89)
劳动力市场分割		−37.276** (−4.49)	−3.020*** (−6.67)
数字经济×劳动力市场分割		50.444* (1.16)	1.760 (1.09)
控制变量	Y	Y	Y
常数项	0.196 (1.42)	83.206*** (7.41)	11.755*** (19.95)
拟合优度	0.536	0.442	0.412

（3）异质性检验

本书进一步分析数字经济对养老保险筹资影响的异质性，分别按照东部、中部、西部划分，对不同地区数字经济与养老保险筹资水平之间的关系进行检验。首先，数字经济对养老保险平均缴费率的影响不存在明显的地区差异，在东部、中部、西部，数字经济对养老保险平均缴费率的影响均显著为负，说明数字经济发展过程中，受就业结构、劳动力市场分割等因素影响，养老保险平均缴费率有下降的倾向，需要通过激励灵活就业人员参保缴费和提高缴费档次，这样既能够提高养老保险筹资水平和促进养老保险收支平衡，同时也能够提高其退休期养老金待遇水平，避免出现养老保险制度不可持续问题。

表6-25 数字经济对养老保险平均缴费率影响的异质性检验

解释变量	东部地区	中部地区	西部地区
数字经济	−16.233*** (−4.45)	−19.634** (−2.00)	−23.411*** (−4.57)
控制变量	Y	Y	Y
常数项	33.431** (2.45)	−88.327* (−1.71)	−31.519 (−1.07)
拟合优度	0.472	0.331	0.235

其次，在中部和西部地区，数字经济对养老保险人均缴费额的影响较为显著，数字经济通过提高劳动报酬，提高养老保险缴费基数，从而提高养

老保险人均缴费额。劳动力市场对数字经济与养老保险人均缴费额之间的关系具有调节作用,总体来看,劳动力市场会抑制数字经济发展过程中养老保险人均缴费额的进一步提高。在东部地区,数字经济对养老保险人均缴费额的影响并不显著,数字经济对养老保险人均缴费额的影响存在一定的地区异质性。

表6-26 数字经济对养老保险人均缴费额影响的异质性检验

解释变量	东部地区	中部地区	西部地区
数字经济	0.392 (1.52)	0.730* (1.81)	0.619*** (2.84)
控制变量	Y	Y	Y
常数项	8.430*** (57.11)	9.110*** (40.81)	9.626*** (77.59)
拟合优度	0.483	0.529	0.412

数字经济是推动经济增长的重要引擎,人口老龄化是经济发展的主要背景。数字经济与人口老龄化不期而遇,数字经济是否对养老保险筹资环节提出了新挑战,是需要持续关注和重点研究的问题。本书对数字经济与养老保险筹资水平之间关系进行定量检验,进一步以劳动力市场为调节变量,分析劳动力市场特征变化对数字经济与养老保险筹资水平之间关系的调节作用。数字经济对养老保险筹资水平的影响主要体现在以下方面。第一,数字经济降低养老保险平均缴费率,显著提高养老保险人均缴费额。第二,数字经济对劳动力市场会产生显著影响,数字经济显著提高非正规就业比重,促进就业人力资本提升,强化劳动力市场分割。第三,劳动力市场非正规就业比例提高强化了数字经济对养老保险平均缴费率的降低作用,弱化数字经济对养老保险人均缴费额的提升作用。第四,就业人力资本提高呈现反向调节特征,分别在一定程度上反向抵消了数字经济对养老保险筹资水平的影响。第五,劳动力市场分割强化了数字经济对养老保险平均缴费率的降低作用,对数字经济与养老保险人均缴费额之间关系不存在调节效应。第六,数字经济对养老保险平均缴费率的影响不存在地区异质性,对养老保险人均缴费额的提升作用在东部地区不显著。

三、城乡基础养老保险缴费率一元化推进机制

根据城乡基础养老保险缴费率一元化的影响因素实证检验,不断调整和优化养老保险政策参数,强化对参保者的缴费激励,提高缴费积极性,以

及有效降低家庭杠杆,建立数字经济与社会发展平衡机制等方式有利于推动缴费率一元化目标的实现。

(一) 推动养老保险政策参数的调整与优化

现阶段养老保险政策参数是在设定时点的经济社会背景下确定的,随着经济、社会与人口等方面的发展,养老保险政策参数也需要相应调整,政策参数与经济社会发展相联动也有利于城乡基础养老保险缴费率一元化的推进。

养老保险政策参数改革主要体现在以下几个方面。第一,建立退休年龄与人口预期寿命的联动调整机制,退休年龄直接影响参保者缴费期和养老金领取期的结构比例,退休年龄也是影响养老保险精算平衡的关键指标。现阶段退休年龄是在人口预期寿命偏低的情况下设定的政策参数,随着人口预期寿命逐渐延长,需要对退休年龄进行调整。延迟退休需要设计合理的方案,采用渐进式弹性退休的方式尽可能减少实施阻力,避免延迟退休政策对就业产生影响。第二,逐步提高最低缴费年限标准,现行缴费15年的最低标准符合参保劳动力的缴费负担能力,同时也符合养老保险缴费期和退休期的比例关系,然而随着退休年龄逐渐延后,以及参保者缴费能力提升和保障需求逐渐提高,最低缴费年限也需要上调,最低缴费年限提高会提升参保者平均缴费年限,有利于养老保险达到合意缴费年限。第三,完善个人账户计发系数等指标参数,个人账户计发系数会对个人账户养老金产生直接影响,从而影响养老保险精算平衡状况,个人账户计发系数也是与退休人口预期余命相关联的指标,预期寿命延长的情况下,如果个人账户计发系数不进行动态调整,将会导致个人账户养老金给付水平偏高,使得个人账户养老金精算失衡。

(二) 强化对养老保险参保主体的缴费激励

参保主体的主观选择是影响养老保险缴费与给付水平等关键指标的微观因素,也是政策的最终落脚点。参保主体对养老保险缴费年限、缴费档次的选择是影响城乡基础养老保险缴费率一元化的重要因素。现阶段养老保险政策强调对参保者"多缴多得、长缴多得"的缴费激励,一方面建立基础养老金替代率与缴费年限的关联机制,缴费年限越长,基础养老金替代率越高,另一方面缴费基数越高,退休期养老金给付水平越高。在城乡基础养老保险缴费率一元化过程中,需要进一步强化缴费激励机制,特别是"多缴多得"的缴费激励,对提高养老保险基金收入与改进收支平衡具有帕累托改进效应。同时,参保者缴费激励不仅需要在政策层面实施,也需要从参保者个体特征和经济条件等外部环境出发，实现政策与外部环境的双驱动。

（三）创造有利于缴费率一元化的经济环境

经济环境是城乡基础养老保险缴费率一元化的最根本影响因素，创造良好的经济环境有利于实现缴费率一元化目标。经济环境可以进一步分为微观环境和宏观环境。微观经济环境以家庭杠杆水平等要素为主要指标，家庭经济状况是参保主体进行参保选择的关键约束条件，家庭杠杆水平高，参保者会倾向于放弃参保或者选择低缴费档次，降低家庭杠杆水平则有利于促进参保者做出参加养老保险和提高缴费档次的决策。家庭经济状况的改善一方面需要提高家庭收入水平，如增强农村家庭的财产性收入和转移性收入等，另一方面需要降低家庭债务，比如可以采用增加廉租房等低价住房供给的方式。宏观经济环境以数字经济发展为典型代表，数字经济发展过程中，数字信息技术与传统行业深度融合，成为促进经济增长的重要引擎，随着数字经济发展，就业结构和收入稳定性等方面也产生了明显变化，对养老保险筹资水平产生明显冲击，个体工商户和灵活就业占比提高降低了劳动者参保意愿，限制参保缴费档次的提升。数字经济是未来发展的主要趋势，为了降低数字经济对养老保险筹资水平以及基础养老保险缴费率一元化的影响，需强化数字平台的养老保险筹资责任，创造有利于个体工商户和灵活就业人员参保的政策条件，对冲就业结构等因素变化带来的影响。

第七章 城乡基础养老保险缴费率 一元化效应分析

一、城乡养老保险差距、人力资本投资与经济增长

经济增长是核心发展目标,人力资本投资是支撑创新驱动型经济增长的关键因素,城乡基础养老保险缴费率一元化过程中给付水平呈收敛趋势,在微观层面影响参保家庭的投资决策,从而影响经济增长。

(一) 经济增长效应理论基础

改革开放以来,中国经济快速发展,取得了举世瞩目的成就。然而,在经济持续高速增长过程中,也积累了一些结构性矛盾。在"人口红利"衰减、资源环境约束等条件制约下,中国经济进入结构性减速期(中国经济增长前沿课题组,2015),如何实现结构性减速期内经济持续增长成为人们最关心的问题。在投资拉动经济增长功能弱化条件下,以完善城乡收入再分配体系促进人力资本投资,进而推动创新驱动型经济发展具有重要意义。

社会保障对经济增长的影响受到国内外学者普遍关注并持续研究,诸多学者开始以新古典增长理论为视角研究社会保障与经济增长的关系。Feldstein(1974)认为社会保障对储蓄有正向挤入效应和反向挤出效应,一方面社会保障给付水平提高会激励提前退休行为,而为了保障退休生活会增加劳动期储蓄,另一方面社会保障具有资产替代效应,从而降低储蓄,对实证数据进行测算发现,社会保障储蓄挤出效应大于挤入效应,从而确定社会保障不利于储蓄。Barro(1974)利用代际交叠模型,引入父母利他主义代际转移机制,研究认为社会保障不会改变家庭预算约束条件,从而表现出储蓄中性。中国社会保障制度改革是作为经济体制转轨配套机制而逐步推进的,随着社会保障制度改革和发展,社会保障经济效应成为人们关注的重点(何立新等,2008;郑伟、孙祁祥,2003;袁志刚,2001)。

近年来,社会保障与经济增长关系研究转向以内生增长理论为主要视角(Glomm 和 Kaganovich,2003;邵宜航等,2010),社会保障对人力资本与经济增长的影响越发受人关注。一部分学者认为社会保障制度有利于人力资本投资和经济增长。赖德胜、田永坡(2004)分析社会保障对人力资本投资的影响,认为社会保障能够促进人力资本投资,应该完善社会保障体系,特别是农村社会保障制度。Kemnitz 和 Wigger(2000)引入父母利己动机,认为现收现付制社会保障模式使得父母养老保障收入与子女收入相联系,从而有利于人力资本投资和经济增长。沈燕(2012)运用协整理论检验社会保障、人力资本与经济增长之间的关系,研究发现社会保障水平提高有利于人力资本积累。

另一部分学者认为社会保障制度会抑制人力资本投资,从而不利于经济增长。郭庆旺等(2011)在内生增长模型中引入中国传统文化信念,认为传统文化信念将后代人力资本积累和父代养老保障联系起来,建立良好的家庭保障和人力资本内生积累机制,而社会保障制度不利于人力资本积累和经济增长。Ehrlich 和 Kim(2005)利用多国面板数据进行实证检验,发现社会保障对人力资本投资具有抑制效应。

通过上述研究可以看出,关于社会保障对人力资本投资的影响尚无定论,而且较少学者以城乡社会保障差距为视角进行有关人力资本投资和经济增长的研究。养老保险是社会保障制度的核心,城乡养老保险待遇水平差距是城乡社会保障差距的主要表现。城乡基础养老保险缴费率一元化过程中,城镇职工基础养老金和城乡居民基础养老金逐步向适度替代率调整,城乡基础养老金给付水平差距逐渐缩小。城乡基础养老金给付差距缩小对人力资本投资和经济增长的影响需要接受检验。

1. 二元经济跨期模型

本文根据中国二元经济结构的现实,构建规模报酬不变的现代部门和规模报酬递减的传统部门并存的二元经济跨期模型,重点阐述城乡养老保险给付差距通过改变人力资本投资对经济增长的影响。

在二元经济结构下,传统部门采用非熟练劳动力进行生产和价值创造,现代部门采用熟练劳动力进行价值创造,劳动力质量主要取决于人力资本投资。假定劳动力进行人力资本投资会由非熟练劳动力转换为熟练劳动力,从而进入现代部门获取高劳动报酬。设定现代部门劳动报酬为 W_U,传统部门劳动报酬为 W_R,由于现代部门劳动生产率高于传统部门,因此 $W_U > W_R$。

现代部门经济价值创造主要取决于技术、资本和劳动,采用柯布-道格拉斯函数形式,设定现代部门产出模型:

$$Y_U = AK^\alpha L_U^{1-\alpha} \tag{7-1}$$

由于规模报酬不变是完全竞争市场的充要条件,规模报酬递增将最终导致垄断,因此本文假定现代部门产出模型的规模报酬不变。其中,Y_U 为现代部门产出,A 为技术水平,假定为外生变量,K 表示资本,L_U 为现代部门劳动供给。劳动供给由两方面构成,一是劳动力人数,二是凝聚于劳动力的人力资本水平,即劳动力质量,现代部门产出模型演变为:

$$Y_U = AK^\alpha (l \cdot h)_U^{1-\alpha} \tag{7-2}$$

其中,l 为劳动力人数,h 为人力资本投资水平。

传统部门产出主要由技术、土地和劳动供给决定,由于土地具有固定性,在不具备人力资本投资条件下,传统部门产出表现为规模报酬递减,传统部门产出模型为:

$$Y_R = \bar{A}N^\alpha L_R^\beta , \ \alpha + \beta < 1 \tag{7-3}$$

其中,Y_R 为传统部门产出,$\bar{A}$ 为传统部门技术水平,假定为外生变量,N 为固定不变的土地数量,L_R 为传统部门劳动供给,由于缺少人力资本投资,劳动供给主要由劳动力数量决定。

2. 城乡养老保险给付差距与人力资本投资

根据生命周期跨期消费模型,假定存在劳动期和退休期这两个生命周期阶段,在劳动期获得劳动收入并进行消费、储蓄和子女人力资本投资决策,在退休期依据储蓄、家庭子女养老支持和养老保险收入再分配等满足消费支出。因此,设定典型劳动力简化效用模型为:

$$U = C_t + \frac{C_{t+1}}{1+r} \tag{7-4}$$

其中,U 为跨期消费总效用,C_t 为 t 期消费支出,C_{t+1} 为 $t+1$ 期消费支出,r 为贴现率。假定人口增长率为零,只存在父母和孩子。父母依据效用最大化决定是否对子女进行人力资本投资。在进行人力资本投资情况下,人力资本投资支出为 h,而子女将会进入现代部门,获取高劳动报酬 W_U。此时,跨期消费函数为:

$$C_t = w - S_t - h \quad\quad (7-5)$$

其中，w 为劳动期收入，S_t 为 t 期储蓄，h 为子女人力资本投资。在对子女进行人力资本投资条件下，子女将会进入现代部门并获得高劳动报酬，从而为父母提供更高家庭养老支持，其退休期消费支出为：

$$C_{t+1} = S_t(1+r) + P_U \quad\quad (7-6)$$

其中，P_U 为退休收入支持，其中包括两部分，一部分为子女进入现代部门后提供的高家庭养老支持，另一部分为养老金待遇给付，两个部分既相互补充，又相互替代。相互补充体现为两者共同构成退休收入支持，相互替代体现为在退休收入支持既定情况下，社会保障收入再分配水平越高，所需要的家庭子女养老支持越少。为了体现两者相互补充和相互替代的关系，本文设定退休收入支持为两者的柯布-道格拉斯函数形式：

$$P_U = (\rho W_U)^\lambda G^{1-\lambda} \quad\quad (7-7)$$

其中，ρ 为家庭子女养老支持系数，即现代部门劳动报酬收入的特定比例，G 为养老金待遇水平。在进行人力资本投资条件下，典型劳动力效用函数为：

$$U_1 = w - S_t - h + \frac{S_t(1+r) + (\rho W_U)^\lambda G^{1-\lambda}}{1+r} \quad\quad (7-8)$$

在不对子女进行人力资本投资情况下，跨生命周期消费效用模型为：

$$C_t = w - S_t' \quad\quad (7-9)$$

其中，S_t' 为不进行人力资本投资条件下的储蓄水平。退休期消费模型为：

$$C_{t+1} = S_t'(1+r) + P_R \quad\quad (7-10)$$

其中，P_R 为不进行人力资本投资条件下的退休收入支持，由于缺少向现代部门转换的人力资本投资条件，子女劳动报酬收入少直接导致家庭养老支持水平低，退休收入支持函数为：

$$P_R = (\rho W_R)^\lambda G^{1-\lambda} \quad\quad (7-11)$$

进一步推导出不进行人力资本投资条件下的典型劳动力效用函数：

$$U_0 = w - S_t' + \frac{S_t'(1+r) + (\rho W_R)^\lambda G^{1-\lambda}}{1+r} \quad (7\text{-}12)$$

父母是否对子女进行人力资本投资取决于两种状态下效用水平比较结果。如果 $U_1 > U_0$,说明进行人力资本投资获得效用更大,更容易做出人力资本投资决策;如果 $U_1 = U_0$,说明是否进行人力资本投资不显著影响效用水平,是否投资不确定;如果 $U_1 < U_0$,说明人力资本投资效用提高难以补偿人力资本投资成本支出,更倾向于不进行投资。两种状态之间比较分析模型为:

$$\Delta U = U_1 - U_0 = w - S_t - h + \frac{S_t(1+r) + (\rho W_U)^\lambda G^{1-\lambda}}{1+r} -$$
$$(w - S_t') - \frac{S_t'(1+r) + (\rho W_R)^\lambda G^{1-\lambda}}{1+r} \quad (7\text{-}13)$$

进一步整理得到:

$$\Delta U = U_1 - U_0 = \frac{(\rho W_U)^\lambda G^{1-\lambda} - (\rho W_R)^\lambda G^{1-\lambda}}{1+r} - h \quad (7\text{-}14)$$

在 $\Delta U > 0$ 时,父母会选择对子女进行人力资本投资,模型转化为:

$$G^{1-\lambda} > \frac{h(1+r)}{\rho^\lambda (W_U^\lambda - W_R^\lambda)} \quad (7\text{-}15)$$

由公式(7-15)可知,养老金待遇水平越高,越容易满足人力资本投资条件。本文进一步假设只存在城镇家庭和农村家庭作为两个典型家庭,劳动力总量为 $L = l_U + L_R$。

如果城乡养老保险给付水平相同且达到人力资本投资条件,两个家庭均会进行人力资本投资,全社会人力资本投资总量为 $H_1 = Lh$,如果农村养老保险给付水平显著低于城镇且未达到人力资本投资条件,全社会人力资本投资总量为 $H_2 = l_U h + L_R$。比较两种情况下的人力资本投资总量能够发现,由于人力资本投资 h 通常要大于1,因此城乡养老保险给付水平一致情况下人力资本投资总量更高,城乡养老保险给付差距导致人力资本投资总量偏低,具体差距为:

$$H_1 - H_2 = (l_U + L_R)h - (l_U h + L_R) = L_R(h-1) > 0 \quad (7\text{-}16)$$

理论假设1:城乡养老保险给付差距抑制人力资本投资,随着城乡养老保险给付差距缩小,人力资本投资将会上升。

3. 城乡养老保险给付差距、人力资本投资与经济增长

经济总产出为现代部门产出和传统部门产出之和,经济总产出公式为:

$$Y = Y_U + Y_R = AK^a (l \cdot h)_U^{1-a} + \bar{A} N^a L_R^\beta \qquad (7\text{-}17)$$

通过公式(7-17)可知,经济总产出受现代部门人力资本和传统部门非熟练劳动力数量的影响。在高养老保险给付水平条件下,更多家庭选择进行人力资本投资,从而为现代部门提供充足、高质量的劳动供给,在规模报酬不变情况下,现代部门产出也随之增加。相比规模报酬递减的传统部门,现代部门边际劳动贡献率更高,现代部门产出增加将会提高总产出。

以城乡二元经济社会结构为视角进行分析,在城乡养老保险给付水平差距较大情况下,农村养老保险给付水平偏低限制农村家庭达到人力资本投资条件,农村劳动力难以向现代生产部门转移,现代生产部门人力资本总量不足,会降低经济产出。

理论假设2:城乡养老保险给付水平差距大导致现代部门劳动人口数量低且人力资本投资不足,从而制约经济增长。

(二) 经济增长效应模型构建

根据城乡养老保险给付差距、人力资本投资与经济增长"三维"联动理论内涵,本书进一步构建计量模型,以实证检验城乡养老保险给付差距对人力资本投资的影响及其经济增长效应。城乡养老保险给付差距、人力资本投资与经济增长之间是一个相互影响的动态系统,城乡养老保险给付差距是制约微观人力资本投资的制度条件,人力资本投资对经济增长具有促进作用,而经济增长有可能会对城乡养老保险给付产生影响。考虑三者之间的动态关系,如果采用单一方程进行估计容易忽视彼此间的相互作用关系,因此本文采用联立方程形式构建计量模型。具体计量模型为:

$$
\begin{cases}
Pgdp_{i,t} = \alpha + \beta edu_{i,t} + \sum_{i=1}^{n} \lambda_i Z_{i,t} + \varepsilon_{1,i,t} & (7\text{-}18) \\[2mm]
edu_{i,t} = \delta + \theta sur_{i,t} + \sum_{i=1}^{n} \partial_i C_{i,t} + \varepsilon_{2,i,t} & (7\text{-}19) \\[2mm]
sur_{i,t} = \sigma + \varphi Pgdp_{i,t} + \sum_{i=1}^{n} \rho_i Y_{i,t} + \varepsilon_{3,i,t} & (7\text{-}20)
\end{cases}
$$

模型(7-18)为经济增长模型,在"人口数量红利"衰减情况下,以人力资本为支撑的"人口质量红利"对经济增长具有重要意义,人力资本投资也是城乡养老保险给付差距作用于经济发展的中介变量,因此构建经济增长模型以测度人力资本投资对经济发展的促进效应。其中,$Pgdp$ 表示人均GDP,edu 表示人力资本投资,采用人均受教育年限作为指标参数。Z 为相关控制变量。经济增长不仅受人力资本投资影响,还会受产业结构升级、城镇化刺激消费等因素的推动,为了准确反映人力资本投资对经济增长的作用,本书选择产业结构升级指数、城镇化率、经济发展方式、二元经济结构、财政分权水平等指标作为控制变量。控制变量主要涉及两个维度:一是控制发展方式对经济发展的影响,包括产业结构升级指数和经济发展方式,产业结构升级指数是产业结构高级化和产业层次内部技术结构优化的综合指标,反映产业结构升级对经济增长的促进作用,经济发展方式具体参数为单位工业增加值对应污染排放量,反映经济发展阶段和环境约束对经济增长的制约;二是控制经济社会结构对经济发展的影响,主要包括城镇化率、二元经济结构和财政分权水平,城镇化率是刺激消费和促进经济增长的重要因素,二元经济结构具体参数为第一产业劳动生产率与第二、第三产业劳动生产率之比,反映产业结构变化过程中劳动生产率提高对经济增长的影响,财政分权用来反映财政支出能力对经济发展的作用。

模型(7-19)为人力资本投资模型,反映城乡养老保险给付差距对人力资本的挤出效应。其中,sur 为城乡社会保障差距,C 为相关控制变量。人力资本投资不仅是城乡养老保险给付差距条件下微观个体的理性选择,也受现实收入水平、国家教育财政支出和城乡教育环境分化等因素制约。为了准确测度城乡养老保险给付差距对人力资本投资的影响,本书选取城乡收入差距、城镇化率、教育财政支出比重、市场化程度和二元经济结构作为控制变量。

模型(7-20)为城乡养老保险给付差距模型,反映经济发展对城乡养老保险给付差距的影响。模型以人均 GDP 为自变量,Y 为相关控制变量。为了剔除初次分配、二元经济社会结构和财政补贴等因素对城乡养老保险给付差距的影响从而准确判断经济发展对城乡社会保障差距的影响,本书选取城乡收入差距、城镇化率、二元经济结构和财政社会保障支出作为控制变量。城乡收入差距为初次分配的指标参数,城镇化率和二元经济结构为经济社会结构的指标参数,财政社会保障支出为财政补贴的指标参数。

本书选择《中国统计年鉴》《中国人口和就业统计年鉴》及各地区统计

年鉴中相关指标作为变量参数。受数据可获得性影响,本书选取各地区城乡人均养老金的比值作为城乡社会保障差距的指标参数,新型农村社会养老保险制度于 2009 年开始试点,具体养老金支出数据统计开始于2010 年,而在 2012 年城乡居民养老保险合并,统计数据中包括部分城镇居民养老金支出,由于城乡居民养老保险人均给付标准基本相同且城镇居民养老保险参保人数比重远低于农村,因此本文假设 2012—2014 年城乡居民养老保险人均养老金可大致反映农村人均养老金给付水平。

表 7-1　相关变量参数设定

变量符号	变量名称	参数设定
$Pgdp$	人均 GDP	采用当期人均 GDP 指标
edu	人力资本投资	采用 6 岁以上人口平均受教育年限,其中小学为 6 年,初中为 9 年,高中为 12 年,考虑到研究生以上人口相对较少,专科以上设定为 16 年
sur	城乡社会保障差距	养老保险是最核心的社会保障制度,本文选择城镇基本养老保险人均养老金与农村人均养老金的比值作为城乡养老保险给付差距的指标参数
$industry$	产业结构升级指数	产业结构升级指数包含两个方面:一是产业高级化,二是产业层次内部技术结构优化。具体公式为:第一产业增加值比重×1+第二产业增加值比重×2+第三产业增加值比重×3×生产性服务业占第三产业比重
$city$	城镇化率	采用常住人口城镇化率指标,即城镇常住人口占总人口比重
$model$	经济增长方式	采用每单位工业增加值排放二氧化硫数量作为指标参数,反映绿色生产水平
$dual$	二元经济结构	借鉴钞小静、沈坤荣(2014)的研究,采用第一产业劳动生产率与第二、第三产业劳动生产率的比值
$finance$	财政分权水平	采用各地区财政收入占全国财政总收入比重作为财政分权指标参数
gap	城乡收入差距	采用城镇人均可支配收入与农村人均纯收入的比值
$fedu$	教育财政支出	采用教育财政支出占财政总支出的比重
$market$	市场化程度	采用各地区国有企业固定资产投资与非国有企业固定资产投资的比值作为反映市场化程度的指标参数
ssf	财政社会保障支出	采用各地区财政支出中社会保障和就业支出占 GDP 比重作为指标参数

（三）经济增长效应实证检验

根据城乡养老保险给付差距、人力资本投资与经济增长之间的联立方程，本书对三者之间的关系进行实证检验。关于联立方程估计方法有单一方程法（OLS）、二阶段最小二乘法（2SLS）和三阶段最小二乘法（3SLS），其中单一方程法和二阶段最小二乘法容易忽视方程之间的联系，因此本文采用三阶段最小二乘法进行实证测算。

通过对联立方程进行计量检验发现：城乡养老保险给付差距对人力资本投资具有抑制作用，主要是由于农村养老保险给付水平偏低限制农村家庭达到人力资本投资条件，导致他们将收入更多用于当期消费和储蓄，从而不利于提高全社会人力资本投资水平；人力资本投资对经济增长具有正向推动作用，人力资本投资有利于将引进的生产技术有效转化为生产力，促进科技创新和管理创新，从而提高劳动生产率，促进经济增长；现阶段经济发展会制约城乡养老保险给付差距缩小，这是改革开放以来"城镇偏向"发展模式和城镇社会保障的经济体制改革配套机制功能所导致的。因此，提高农村养老保险给付水平进而促进城乡养老保险协调发展是提高人力资本投资和实现经济发展方式转型的重要方式。

本书进一步对联立方程进行具体分析，从经济增长模型中获得以下发现。①人力资本投资对经济增长具有显著促进作用。"人口红利"是支撑改革开放以来中国经济持续高速发展的资源禀赋优势，随着"人口数量红利"开始衰减，增加人力资本投资，以"人口质量红利"补偿"人口数量红利"对促进经济持续发展和跨越中等收入陷阱具有重要意义。②产业结构合理升级促进经济增长。产业结构升级是由传统低劳动生产率部门向现代高劳动生产率部门转换的过程，产业结构升级过程中经济增长，社会平均劳动生产率提升，产业结构合理升级不仅是指产业结构高级化，而且包括产业层次内部技术结构优化，即提高第三产业内部生产性服务业比重，产业结构高级化和产业层次内部技术结构优化联动才能促进经济持续发展。③城镇化对经济增长具有正向推动效应。在经济新常态下，城镇化能够释放消费潜能，成为维持经济中高速增长的动力机制。④经济发展方式与人均GDP之间呈负向关系，即每单位工业增加值排放污染物越少，经济发展水平越高，在资源环境约束条件下，绿色生产有利于经济持续增长。

联立方程估计结论验证了城乡养老保险给付差距对人力资本投资的抑制效应，具体来说，从人力资本投资模型中获得以下发现。①城乡养老保险给付差距显著抑制人力资本投资，城乡养老保险给付差距每增加1%，人均受教育年限降低0.0584%。人力资本投资是家庭内部效用最大化的行为决策,养老保险是影响代际交叠效用最大化的重要变量,完善养老保险制度对促进人力资本投资具有重要意义。②城镇化对人力资本投资具有正向挤入效应,在城乡教育资源偏斜发展条件下,城镇人口比重越大,人均受教育程度越高。③财政教育支出显著提高人力资本投资水平,财政教育支出能够有效填补家庭教育支出不足,为人力资本投资提供良好政策和制度环境。

从城乡养老保险给付差距模型中获得以下发现。①经济发展扩大了城乡养老保险给付差距,说明现阶段经济发展是以城乡养老保险偏斜发展为代价的,随着经济发展进入新常态,应当以供给侧结构性改革为契机,促进城乡养老保险协调发展,让经济发展成果惠及城乡居民。②城镇化有利于缩减城乡养老保险给付差距,城镇化水平越高,城乡养老保险给付差距越小。③财政社会保障支出会增加城乡养老保险给付差距,说明财政社会保障支出重点在于城镇,农村社会保障财政责任缺失导致城乡养老保险非协调发展。

表 7-2   城乡养老保险给付差距、人力资本投资与经济增长的影响因素(3SLS)

解释变量	被解释变量		
	$Pgdp$	edu	sur
$Pgdp$			60.6297*** (17.3330)
edu	0.1313** (0.0640)		
sur		−0.0584*** (0.0189)	
$industry$	0.3890*** (0.1280)		
$city$	0.0160*** (0.0048)	0.0369*** (0.0120)	−1.9618*** (0.4247)
$model$	−0.0012*** (0.0002)		
$dual$	−0.0045 (0.0028)	0.0003 (0.0145)	0.1606 (0.2499)
$finance$	−0.0132** (0.0059)		

（续表）

解释变量	被解释变量		
	$Pgdp$	edu	sur
gap		0.0708 (0.2786)	7.6798 (5.7221)
$fedu$		5.8631** (2.4597)	
$market$		0.1067** (0.0491)	
ssf			0.9734* (0.5748)
截距项	8.3444*** (0.3148)	6.9195*** (1.4746)	−536.8887*** (175.5621)
R^2	0.786	0.131	0.285

注：＊表示在10％水平下显著，＊＊表示在5％水平下显著，＊＊＊表示在1％水平下显著，后表同

改革开放以来，"人口红利"是推动经济快速增长的重要因素，随着"人口红利"衰减，潜在GDP增长率下降是经济增长放缓的根本原因，在经济发展新常态下，适度调整投资导向型经济发展模式，通过人力资本投资，强化创新驱动发展功能，不断提高劳动生产率，是破解结构性减速期经济增长难题和跨越中等收入陷阱的根本途径。在投资拉动经济增长功能弱化条件下，以人力资本投资支撑创新驱动型经济的发展具有重要现实意义，而养老保险是激励家庭人力资本投资的外在变量，养老保障待遇水平越高，父代越容易做出子女人力资本投资决策。促进城乡养老保险协调发展，重点提高农村养老保险待遇水平，有利于提高人力资本，促进经济持续增长。本书以城乡二元社会保障体系现实条件为背景，构建二元经济跨期增长模型，引入父代利己动机因素，分析城乡养老保险给付差距对人力资本投资和经济增长的影响。利用城乡养老保险给付差距、人力资本投资和经济增长的联立方程，对三者关系进行实证检验后获得以下发现。①人力资本投资显著促进经济增长，产业结构高级化与产业层次内部技术结构优化联动、城镇化与经济发展方式转变等因素也有利于经济持续发展。②城乡养老保险给付差距对人力资本投资具有抑制效应，城乡养老保险给付差距越小，人力资本投资水平越高。③二元经济结构条件下，经济增长是以城乡养老保险偏斜发展为成本的，经济增长和财政社会保障支出偏斜扩大

了城乡养老保险给付差距,在"人口红利"衰减条件下,促进城乡养老保险协调发展,提高人力资本水平,以"人口质量红利"补偿"人口数量红利",对实现经济持续发展具有重要意义。

城乡基础养老保险缴费率一元化是养老保险城乡统筹发展的新内涵,为养老保险城乡统筹提供了新的标准。在城乡基础养老保险缴费率一元化过程中,城乡养老保险给付差距逐渐缩小,有利于促进人力资本投资和推动经济增长。城乡二元社会养老保险制度结构是在二元经济结构条件下受优先发展工业的战略导向影响而产生的制度模式,随着二元经济结构弱化和工业化进程逐步推进,在工业反哺农业的发展要求下,新型农村社会养老保险等制度开始建立并逐步完善,以推动农村养老保险制度模式向城镇职工养老保险并轨,促进城乡养老保险一元化发展,这样不仅能够显著改善农村居民社会福利和民生建设,还能推动人力资本投资和助力供给侧结构性改革。

二、城乡基础养老保险缴费率一元化的消费效应

城乡基础养老保险缴费率一元化涉及城镇职工养老保险、城乡居民养老保险缴费水平调整,对城乡养老保险参保主体的可支配收入会产生直接影响,从而影响消费水平。本文检验城乡基础养老保险缴费率一元化对消费水平的影响。

(一) 消费效应理论基础

党的二十大报告提出"着力扩大内需,增强消费对经济发展的基础性作用",提振消费是构建以国内大循环为主体,国内国际双循环相互促进的新发展格局的关键基础。根据收入与消费理论,收入是影响消费水平的核心指标。养老保险缴费是国民财富收入再分配,对收入水平会产生显著影响,从而影响消费。

1. 养老保险缴费、可支配收入与消费水平

基础养老保险缴费对社会平均消费水平的影响体现在两个方面:一是基础养老保险缴费水平提高会对劳动者可支配收入产生制度性挤出,导致劳动者可支配收入下降,从而降低消费水平;二是基础养老保险缴费是现收现付代际转移收入再分配,基础养老保险缴费转移给当期老年人口用于基础养老金给付,因此基础养老保险缴费水平提高意味着老年人口的养老收入水平提升,从而有利于刺激老年人口消费。

基础养老保险缴费对消费水平存在正反两方面的影响。基础养老保

险缴费对消费水平的整体影响取决于劳动人口消费下降幅度与老年人口消费提升幅度之间的比较关系。通常情况下,劳动人口的边际消费倾向要高于老年人口,将劳动人口的部分收入转移给老年人口,劳动人口消费下降幅度要高于老年人口消费提升的幅度,使得总体消费水平下降。因此,基础养老保险缴费水平提升会抑制消费,而降低缴费水平会促进消费。

2. 养老财政转移收入与消费水平

基础养老保险缴费筹资可以分为两种:一是参保主体缴费,二是财政补贴筹资。现阶段城镇职工基础养老保险采用企业缴费模式,而城乡居民基础养老保险采用财政补贴模式。在税收水平不变的情况下,通过增加财政转移支付而提高城乡居民基础养老保险筹资水平会显著提高城乡居民养老保险给付水平,城乡居民养老收入提高进一步促进消费水平提升。

区别于城镇职工基础养老保险筹资模式,以财政转移支付为支撑的城乡居民基础养老保险缴费水平提升有利于促进消费。

3. 养老保险缴费差距与消费水平

现阶段城乡基础养老保险缴费存在显著差距,城镇职工基础养老保险以社会平均工资为基数,按照特定缴费比例进行筹资,缴费水平较高,城乡居民基础养老保险按照中央和地方标准进行财政转移支付,筹资水平相对较低。城乡基础养老保险缴费差距对全社会总体消费水平会产生抑制作用:首先,城乡基础养老保险缴费差距较大主要是因为城乡居民基础养老保险筹资水平低,城乡居民基础养老保险筹资与居民消费之间具有正向关联;其次,城乡居民养老保险以农村居民参保者为绝对主体,测算发现农村居民边际消费倾向要高于城镇居民,城镇职工基础养老保险转移支付水平高而城乡居民基础养老保险财政补贴水平低,使得总体边际消费倾向下降,从而产生抑制消费的效果。

因此,缩减城乡基础养老保险缴费水平差距,特别是增加城乡居民基础养老保险筹资,对缩减城乡消费差距,提高总体消费水平具有显著正向作用。

(二) 消费效应模型构建

根据城乡养老保险缴费对消费水平的影响机理,本文构建城乡养老保险缴费的消费效应模型。首先构建城镇职工养老保险缴费对城镇消费水平的影响模型:

$$pcce\_city = \alpha_1 + \beta_1 contribution\_city + \gamma_1 X_i + \varepsilon_1 \qquad (7\text{-}21)$$

其中，$pcce\_city$ 表示城镇人均消费支出，$contribution\_city$ 表示城镇职工养老保险缴费水平，X_i 表示控制变量，包括城镇化率、贫困程度（恩格尔系数）、第三产业占比、私营单位工资与非私营单位工资的比值、个体工商户就业占就业总人口比重、居民消费价格指数、财政收入、城乡人均可支配收入比（城镇人均可支配收入÷农村人均可支配收入）等指标，ε_i 表示随机干扰项。

本书进一步构建城乡居民养老保险筹资对消费水平的影响模型：

$$pcce\_village = \alpha_2 + \beta_2\, payment\_village + \gamma_2 X_i + \varepsilon_2 \quad (7\text{-}22)$$

其中，$pcce\_village$ 表示农村人均消费支出，$payment\_village$ 表示城乡居民养老保险筹资，X_i 表示控制变量，相关控制变量设定与城镇职工养老保险消费效应模型相同，ε_i 表示随机干扰项。

城乡养老保险缴费差距对消费的影响模型为：

$$pcce\_gap = \alpha_3 + \beta_3\, payment\_gap + \gamma_3 X_i + \varepsilon_3 \quad (7\text{-}23)$$

其中，$pcce\_gap$ 表示城乡消费差距（城镇人均消费支出÷农村人均消费支出），$payment\_gap$ 表示城乡养老保险筹资额差距（城镇养老保险筹资额÷农村养老保险筹资额），X_i 表示控制变量，控制变量设定与城镇职工养老保险消费效应模型相同，ε_i 表示随机干扰项。

（三）消费效应实证检验

1. 城镇职工养老保险缴费对消费的影响

测算发现，城镇职工养老保险缴费率与城镇人均消费支出在 10% 显著性水平下呈负相关关系，即降低城镇职工养老保险缴费率有利于增加城镇消费支出，推动城镇经济增长。城乡基础养老保险缴费率一元化是城镇职工基础养老保险由现行缴费率向一元化适度缴费率下调的过程，在此过程中会显著提高城镇居民消费水平。

表 7-3　城镇职工养老保险缴费率与城镇人均消费支出的回归分析

解释变量	城镇人均消费支出
城镇职工养老保险缴费率	-0.565^{*} (-1.75)
城镇化率	1.350^{*} (1.80)

（续表）

解释变量	城镇人均消费支出
贫困程度（城镇恩格尔系数）	−0.052*** (−9.10)
第三产业占比	2.680*** (4.87)
私营单位工资与非私营单位工资的比值	−1.079*** (−2.96)
个体工商户就业占就业总人口比重	0.196 (0.76)
居民消费价格指数	0.050*** (3.06)
财政收入	0.001*** (8.06)
城乡人均可支配收入比（城镇÷农村）	0.112 (0.53)
常数项	−3.452** (−1.84)
R^2	0.875
观测值	248

为了进一步验证城镇职工养老保险缴费对城镇居民消费水平影响结论的稳健性，本文进行两个方面的检验。一是构建城镇职工养老保险缴费对城镇居民消费水平影响的门槛效应模型，进行门槛效应检验。通过门槛值测算发现，城镇职工养老保险缴费对城镇居民消费水平的影响存在双门槛效应。

表7-4 城镇职工养老保险缴费率对城镇人均消费支出影响的门槛效应类型判定

门槛变量	门槛个数	F 统计量	p 值	1%	5%	10%
城镇职工 养老保险 缴费率	单一门槛	12.216*	0.124	22.678	15.948	13.390
	双重门槛	8.493***	0.000	8.189	5.215	3.766
	三重门槛	−0.000	0.788	0.000	0.000	0.000

根据测算发现，城镇职工养老保险缴费对城镇居民消费支出影响的双门槛值分别为11.8%和26.9%。在城镇职工养老保险缴费率低于26.9%的情况下，城镇职工基础养老保险缴费率对消费水平的影响显著为负，说明降低城镇职工养老保险缴费水平会显著刺激消费。

表 7-5 城镇职工养老保险缴费率对城镇人均消费支出影响的门槛效应

解释变量	城镇人均消费支出	
城镇职工养老 保险缴费率	$Thr < 0.118$	-2.622^{***} (-3.26)
	$0.118 \leqslant Thr < 0.269$	-0.694^{*} (-1.71)
	$Thr \geqslant 0.269$	-0.319 (-0.97)
控制变量	Y	

二是安慰剂检验。为了检验城镇职工养老保险缴费率与城镇人均消费支出的负相关关系的稳健性,本书构建安慰剂检验,从而判断城镇职工养老保险缴费率对于城镇人均消费支出的影响是否由其他随机性因素引起。通过安慰剂检验发现,城镇职工养老保险缴费率与城镇人均消费支出的负相关关系具有稳健性。

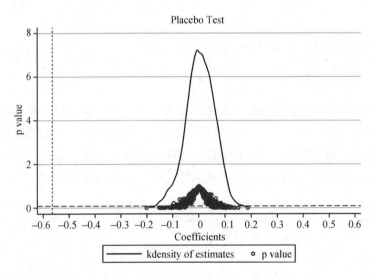

图 7-1 城镇职工养老保险缴费率与城镇人均消费支出相关性的安慰剂检验

2. 城乡居民养老保险筹资对消费的影响

由于城乡居民养老保险以农村居民参保者为核心主体,本书重点分析城乡居民养老保险筹资对农村居民消费支出的影响。城乡居民养老保险的筹资额与农村人均消费支出在5%显著性水平下呈正相关关系,即提高城乡居民养老保险筹资额有利于提高农村人均消费支出,这是由于在税收负担不变的情况下,提高城乡居民养老保险筹资额可以提高农村居民获得的养老金,老年人口养老收入提高会促进消费水平提升。

表7-6　城乡居民养老保险筹资额与农村人均消费支出的回归分析

解释变量	农村人均消费支出
城乡居民养老保险筹资额	0.0744** (2.39)
城镇化率	1.494*** (3.13)
贫困程度(农村恩格尔系数)	-0.010^{***} (-3.20)
第三产业占比	2.319*** (7.34)
私营单位工资与非私营单位工资的比值	-0.307 (-1.40)
个体工商户就业占就业总人口比重	0.018 (0.12)
居民消费价格指数	0.011 (1.15)
财政收入	0.001*** (8.55)
城乡人均可支配收入比(城镇÷农村)	-0.540^{***} (-4.49)
常数项	-0.492 (-0.44)
R^2	0.901
观测值	248

为了进一步验证城乡居民养老保险筹资额对农村居民消费水平影响结论的稳健性,本书进行两个方面的检验。一是构建城乡居民养老保险筹资额对农村居民消费水平影响的门槛效应模型,进行门槛效应检验。通过门槛值测算发现,城乡居民养老保险筹资额对农村居民消费水平影响存在双门槛效应。

表 7-7　城乡居民养老保险筹资额对农村人均消费支出影响的门槛效应类型判定

门槛变量	门槛个数	F 统计量	p 值	1%	5%	10%
城乡居民养老保险筹资额	单一门槛	19.631	0.363	42.448	33.002	29.021
	双重门槛	21.266**	0.017	30.744	9.048	4.398
	三重门槛	0.000	0.353	0.000	0.000	0.000

　　根据双重门槛效应分析结果可以得出,在城乡居民养老保险筹资额高于 2.193 万元时,城乡居民养老保险的筹资额与农村人均消费支出显著正相关,即农村居民养老保险筹资额高于 2.193 万元时,筹资额越高越能激发农村居民消费。城乡基础养老保险缴费率一元化过程中,城乡居民养老保险筹资水平向一元化适度缴费水平提升,逐渐趋近并超过缴费门槛,达成促进消费的目标。

表 7-8　城乡居民养老保险筹资额对农村人均消费支出影响的门槛效应

解释变量	农村人均消费支出	
城乡居民养老保险筹资额(万元)	$Thr < 0.264$	-0.661^{***} (-3.75)
	$0.264 \leqslant Thr < 2.193$	-0.040 (-1.01)
	$Thr \geqslant 2.193$	0.094^{***} (3.75)
控制变量	Y	

　　二是安慰剂检验。为了检验城乡居民养老保险筹资额与农村人均消费支出相关性的稳健性,本文构建安慰剂检验,从而判断城乡居民养老保险筹资额对于农村人均消费支出的影响是否由其他随机性因素引起。通过安慰剂检验发现,城乡居民养老保险筹资额与农村人均消费支出的相关性具有稳健性。

3. 城乡养老保险缴费差距对消费水平的影响

　　城乡基础养老保险缴费率一元化是城乡养老保险缴费差距缩减的过程,随着城乡养老保险缴费差距缩减,城乡居民消费差距也随之缩减。根据测算发现,城乡养老保险筹资差距与城乡人均消费支出差距在 5% 显著性水平下呈正相关关系,即城乡养老保险筹资差距越大,城乡人均消费差距就越大。城乡养老保险缴费差距缩减一方面是城镇职工养老保险筹资水平适度下降,另一方面是城乡居民基础养老保险筹资水平合理提升,在农村居民边际消费倾向较高的情况下,农村居民消费水平提升明显,城乡居民消费差距缩减。

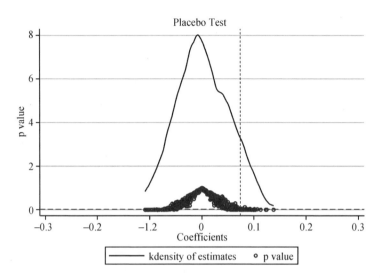

图 7-2 城乡居民养老保险筹资额与农村人均消费支出相关性的安慰剂检验

表 7-9 城乡养老保险筹资差距对城乡消费差距的影响分析

解释变量	城乡人均消费差距(城镇÷农村)
城乡养老保险筹资差距	0.001^{**} (2.00)
城乡养老保险筹资差距(平方项)	$-2.76×10^{-6**}$ (-2.22)
城镇化率	-4.678^{***} (-5.97)
贫困程度(城镇恩格尔系数)	0.001 (0.09)
贫困程度(农村恩格尔系数)	0.026^{***} (3.32)
第三产业占比	1.018 (1.61)
私营单位工资与非私营单位工资的比值	-0.451 (-1.12)

（续表）

解释变量	城乡人均消费差距（城镇÷农村）
个体工商户就业占就业总人口比重	0.086 (0.30)
居民消费价格指数	0.028 (1.54)
财政收入	-7.43×10^{-6} （−0.31）
城镇人均可支配收入	0.001*** (3.55)
农村人均可支配收入	-0.001*** （−3.85）
常数项	0.859 (0.46)
R^2	0.637
观测值	248

　　本书进一步构建城乡养老保险缴费差距对城乡居民消费差距影响的门槛效应模型，对二者关系进行稳健性检验。通过测算发现，城乡养老保险缴费差距对城乡居民消费差距的影响存在单门槛效应。

表 7-10　城乡养老保险筹资差距对城乡消费差距影响的门槛效应类型判定

门槛变量	门槛个数	F 统计量	p 值	1%	5%	10%
城乡养老保险筹资差距	单一门槛	10.533***	0.004	9.444	6.760	5.468
	双重门槛	8.893	0.264	20.134	14.718	13.168
	三重门槛	−0.000	0.620	0.000	0.000	0.000

　　从单一门槛效应分析结果可以得出，在城乡养老保险筹资差距低于5.75万元时，城乡养老保险筹资差距对城乡居民消费支出差距的影响较为显著，且影响程度较高。在城乡养老保险筹资差距高于5.75万元时，城乡养老保险筹资差距对城乡居民消费支出差距的影响仍显著，但显著程度有所下降。城乡养老保险的筹资差距越小，越能缩小城乡人口的消费支出差距，从而推动城乡协同发展。

表 7-11　城乡养老保险筹资差距对城乡消费差距影响的门槛效应

解释变量	城乡消费差距(城镇÷农村)	
城乡养老保险 筹资差距(万元)	$Thr < 5.750$	0.039*** (3.04)
	$Thr \geqslant 5.750$	0.001** (2.22)
控制变量	Y	

三、城乡基础养老保险缴费率一元化的共同富裕效应

在人口老龄化水平逐渐提升过程中,老年人口比重持续提高,老年人口逐渐成为共同富裕战略实施的重点群体,老年群体收入差距缩减将有利于降低总体收入差距水平。城乡基础养老保险缴费率一元化实现了城乡老年人口养老收入差距缩减,有利于缩小城乡收入差距,促进城乡共同富裕。

(一) 共同富裕效应理论基础

人口老龄化是共同富裕战略实施的重要背景,以重点人群视角推进共同富裕,老年人口是推进共同富裕的关键施策对象。现阶段城乡人口老龄化倒置的特征较为明显,农村老年人口比重明显高于城镇,随着乡城迁移劳动人口逐渐增加,城乡人口老龄化倒置将更加突出。因此,如何提高农村老年人口收入水平,缩小城乡老年人口收入差距成为促进城乡收入差距缩减的关键问题。

在老年人口收入构成中,养老金收入是核心收入来源,养老金给付水平对老年人收入水平具有显著影响。城乡基础养老保险缴费率一元化过程中,农村居民基础养老金给付水平逐渐向适度替代水平趋近,农村居民基础养老金给付水平显著提高,城镇职工和农村居民养老金给付差距逐渐降低,城乡老年人口收入差距呈缩减趋势。

城乡基础养老保险缴费率一元化不仅是养老给付水平适度调整的过程,也是政策缴费率向一元化适度缴费率趋近的过程。城镇职工基础养老保险政策缴费率下调将会提高劳动者可支配收入,而城乡居民基础养老保险筹资水平提升会提高农村老年人口的养老金收入,从而提高农村居民平均收入水平。在城乡养老金差距缩减推动城乡老年人口收入差距缩小的情况下,如果农村居民收入水平提升能够超过城镇劳动者可支配收入提升

的幅度,城乡总体收入差距就会缩减,否则城乡总体收入差距将提高。

本书对城乡基础养老保险缴费率一元化的共同富裕效应进行两个方面的检验:一是模拟测算城镇职工和城乡居民基础养老保险在适度替代率情况下的城乡老年人口养老金收入差距,检验城乡基础养老保险缴费率一元化对城乡老年人口收入差距的缩减效应;二是计量检验城乡养老保险缴费差距缩减对城乡居民收入水平差距的影响,判断缴费率一元化的城乡共同富裕效应是否存在。

(二) 共同富裕效应模型构建

根据城乡基础养老保险缴费率一元化对城乡老年人口收入差距和城乡总体收入差距水平可能存在的影响,本书首先构建城乡老年人口养老金收入差距模型:

$$Gap = \frac{W \times S_U}{Y \times S_R} \qquad (7\text{-}24)$$

其中,Gap 为城乡老年人口养老金收入差距,采用系数形式,表现为城镇老年人口养老金收入与农村老年人口养老金收入的比值,W 为城镇社会平均工资,S_U 为城镇职工基础养老保险适度替代率,Y 为农村人均纯收入,S_R 为城乡居民基础养老保险适度替代率。

在确定城乡基础养老保险缴费率一元化对城乡老年人口养老金收入差距影响的基础上,本书进一步构建城乡基础养老保险缴费率一元化对城乡居民收入差距影响的计量模型:

$$income\_gap = \alpha + \beta Cont\_gap + \delta \sum X_i + \sigma \qquad (7\text{-}25)$$

其中,$income\_gap$ 表示城乡居民收入差距,$Cont\_gap$ 表示城乡养老保险缴费差距,X_i 表示相关控制变量,σ 表示随机扰动项。

(三) 共同富裕效应实证检验

本书对城乡基础养老保险缴费率一元化的共同富裕效应进行实证检验。首先,本书模拟测算城乡基础养老金保持适度水平情况下,城乡基础养老金给付水平差距的变化情况。假定在 2014—2020 年城镇职工和城乡居民基础养老金给付替代率为适度水平,城镇职工基础养老金适度替代率约为 25%,城乡居民基础养老金适度替代率约为 20%。在模拟情景下,城镇职工基础养老保险替代率假定均达到适度水平,城镇职工基础养老金与城乡居民基础养老金的比值由 2014 年的 6.84 提高至 2020 年的 7.33。在现实情景下,城乡居民基础养老金采用固定额给付模式,基础养老金最低标准呈阶段性提升趋势,2014 年城乡居民基础养老金为 70 元/月,在 2018 年提高至 88 元/月,城镇职工基础养老金与城乡居民基础养老金的比值由 2014 年的 17.58 提高至 2020 年的 22.21。对比基础养老金适度水平与现实水平两种情景,在基础养老金达到适度水平情况下,城乡基础养老金的比值显著降低,城乡老年人口养老金收入差距缩减。

表 7-12　城乡基础养老保险缴费率一元化的养老收入差距缩减效应

年份	城镇社会平均工资(元/年)	城镇职工基础养老金适度替代率(%)	农村人均纯收入(元/年)	城乡居民基础养老金适度替代率(%)	城乡基础养老金差距(适度水平)	城乡基础养老金差距(现实水平)
2014	57 361	25	10 489	20	6.84	17.58
2015	63 241	25	11 422	20	6.92	19.61
2016	68 993	25	12 363	20	6.98	21.89
2017	76 121	25	13 432	20	7.08	23.97
2018	84 744	25	14 617	20	7.25	20.90
2019	93 383	25	16 021	20	7.29	22.09
2020	100 521	25	17 132	20	7.33	22.21

注：城乡基础养老金差距＝城镇职工基础养老金÷城乡居民基础养老金,适度水平情景下,城镇职工基础养老金＝城镇社会平均工资×城镇职工基础养老保险适度替代率,城乡居民基础养老金＝农村人均纯收入×城乡居民基础养老保险适度替代率,现实情景下,城乡居民基础养老金为中央最低标准,城镇职工基础养老金根据城镇职工养老保险基金支出除以退休人数确定人均养老金,根据城镇职工养老保险政策宣传文件,在缴费 35 年情况下,基础养老金替代率与个人账户养老金替代率之比约为 7∶5,在此本文在人均养老金中按照基础养老金比例确定人均基础养老金

数据来源　《中国统计年鉴》(2015—2021)

城乡基础养老保险缴费率一元化会显著缩减城乡老年人口养老金收入差距,但城镇职工基础养老保险政策缴费率下降会提高城镇劳动人口可支配收入,老年人口养老金收入缩减能否抵消劳动力人口可能出现的收入差距增加需要进一步检验,如果能够抵消劳动人口收入差距增加,说明城乡基础养老保险缴费率一元化能够促进城乡整体收入差距缩减。

本书采用计量检验方式对城乡养老保险缴费率差距与城乡居民收入差距之间的关系进行测算,根据测算结果,城乡养老保险缴费率差距与城乡收入差距之间存在显著正相关关系,缩减城乡养老保险缴费率差距能够显著缩小城乡居民收入差距。

表 7-13　城乡基础养老保险缴费率一元化的居民收入差距缩减效应

变量	模型(1) 城乡收入差距	模型(2) 城乡收入差距
缴费率之差	0.117** (0.0517)	0.117** (0.0452)
人均 GDP	2.01×10^{-6}*** (6.06×10^{-7})	2.01×10^{-6} (1.40×10^{-6})
受教育年限	0.00470 (0.0151)	0.00470 (0.0215)
城镇化率	−0.378 (0.256)	−0.378 (0.516)
产业结构	0.341** (0.170)	0.341 (0.334)
一般公共支出占 GDP 比重	2.430*** (0.709)	2.430** (1.040)
人均城市道路面积	−0.00221 (0.00179)	−0.00221 (0.00333)
地区固定效应	Y	Y
年份固定效应	Y	Y
观测值	279	279
R^2	0.847	0.847

第八章 城乡基础养老保险缴费率
一元化对策建议

城乡基础养老保险缴费率一元化是以适度缴费水平为根本依据,在二元经济结构逐渐弱化过程中动态调整的过程,也是不断推动政策缴费率向适度缴费率调整的过程,在此过程中需要通过不断完善收入分配机制、合理扩大养老保险覆盖面以及全国统筹配套推进等有效措施推动缴费率适度一元化目标的实现。

一、建立缴费率一元化调整与全国统筹的联动机制

城乡基础养老保险缴费率一元化是合理实施全国统筹、扩大全国统筹外延的根本要求,同时全国统筹也是实现缴费率一元化的有效手段,因此需要建立缴费率一元化与全国统筹的联动推进机制。

(一) 合理调整基础养老保险政策缴费率

城乡养老保险融合发展是乡村振兴和城乡共同富裕的本质要求,也是在城乡人口老龄化倒置背景下切实保障农村居民养老权益的关键举措。城乡养老保险融合发展的根本方式就是制度模式一元化,缴费率是制度运行的关键指标,以城乡基础养老保险缴费率一元化促进城乡养老保险融合发展是合理途径。

城乡基础养老保险缴费率一元化以适度缴费率为根本标准,测算得到城镇职工基础养老保险适度缴费率为 12.42%,城乡居民基础养老保险适度缴费率为 12.02%,城乡基础养老保险适度缴费率相近,城乡基础养老保险缴费率一元化具备适度标准可行性。

城镇职工基础养老保险政策缴费率由 16% 向一元化适度缴费率阶段性动态调整,在调整过程中需要综合考虑养老保险收支平衡和人口老龄化、养老保障需求发展规律,可以设定为平均约 5 年下降 1 个百分点,在2036 年人口老龄化高峰时点调整至一元化适度缴费率。城乡居民基础养老保险由现行固定额筹资向一元化适度缴费率调整需要建立固定比例筹资模式,并随着城乡居民收入水平提高,在财政可承受的范围内逐步调整,

在人口老龄化高峰时点达到一元化适度缴费水平。

（二）建立政策缴费率与全国统筹的阶段性联动调整路径

城镇职工基础养老保险政策缴费率向一元化适度缴费率调整是为了实现缴费水平的统一,而养老保险全国统筹也是要求实现地区间养老保险缴费率的统一,二者具有内在一致性。因此,可以将城镇职工基础养老保险政策缴费率调整与养老保险全国统筹推进有机结合在一起。

2022年1月开始国家在中央调剂金制度的基础上,开始实施养老保险全国统筹,养老保险基金在全国范围内调剂使用,但尚无明确的全国统筹方案。本书提出将养老保险全国统筹的实施路径纳入基础养老保险缴费率一元化的实现路径中。首先,在城镇职工基础养老保险政策缴费率下调过程中,在下调至14%水平时,实现地区间城镇职工基础养老保险政策缴费率一元化。现阶段大多数地区城镇职工基础养老保险政策缴费率为16%,广东、浙江等地区政策缴费率约为14%,在缴费率一元化过程中当政策缴费率降低至14%,说明地区间政策缴费率实现了一元化,实现了全国统筹的统一缴费模式目标。其次,在实现地区间基础养老保险政策缴费率一元化之后,进一步推动政策缴费率由14%向一元化适度缴费率12%调整。通过基础养老保险缴费率一元化与养老保险全国统筹的联动推进,既可以为缴费率一元化创造收支平衡的制度环境,也实现了养老保险政策缴费率地区间统一的统筹目标,对于完善养老保险体系和减少劳动力地区间流动的制度性障碍具有重要意义。

（三）设计养老保险全国统筹的合理方案

为了有效辅助养老保险全国统筹与基础养老保险缴费率一元化的联动推进机制,需要对养老保险全国统筹方案进行合理设定。2022年1月国家已经开始推进养老保险全国统筹,但具体方案还未确定,养老保险全国统筹对参保者缴费影响不大,参保者仍以劳动报酬为基数,按照政策缴费率进行缴费,养老保险全国统筹对参保者的影响主要体现在养老金待遇水平的变化。根据城镇职工养老保险给付模式规定,养老保险给付基数为个人指数化工资与社会平均工资的均值,随着统筹层次的提升,社会平均工资选择的范围如何设定直接影响参保者的养老金待遇水平,如在省级统筹模式下,选择个人指数化工资与省社会平均工资的平均值,或者选择个人指数化工资与省社会平均工资、市社会平均工资的均值,所对应的养老金待遇水平存在显著差别。因此,社会平均工资如何界定成为确定统筹方案的关键。

社会平均工资的不同设定对应不同的收入再分配程度,加入的社会平均工资层级越多,给付基数就越能够兼顾不同层级的收入差距,减少收入再分配程度。以收入再分配的两极为例,在完全采用全国平均工资作为给付基数的情况下,替代率相同,全国老年人口养老金水平完全相同,实现了最大程度收入再分配。在完全采用个人工资作为给付基数的情况下,则完全没有收入再分配。现阶段各地区还存在明显的收入差距,不宜采用过大收入再分配的方式,以免影响地方经济发展效率。本书提出以个人指数化工资、市社会平均工资和省社会平均工资的均值,作为养老保险全国统筹给付基数,随着地区间收入差距的缩减,可以适当减少社会平均工资层级,提高收入再分配水平。

(四) 合理界定中央与地方统筹责任

城乡基础养老保险缴费率一元化与全国统筹联动推进过程中需要明确中央与地方的财政责任。首先,城乡基础养老保险缴费率一元化对平衡地区经济发展和促进地区间共同富裕具有显著作用,是在国家宏观层面设定的养老保险体系优化机制,中央财政需要承担政策缴费率下调过程中可能存在的收支缺口补贴责任,以保障基础养老保险缴费率一元化顺利推进。其次,城乡基础养老保险缴费率一元化需要实现地区缴费率统一,与全国统筹要求相同,在与全国统筹联动推进过程中,需要首先明确中央与地方的统筹责任分担,一方面要对各地区养老保险转轨成本、隐性债务等进行准确核算,需要地方财政承担历史债务,另一方面在养老保险统收统支过程中,中央财政应承担兜底补贴责任。同时,养老保险全国统筹还涉及中央与地方的博弈,需要严格管理可能出现的私自扩面、增加项目等问题,压实地方政府的事权责任。明确中央与地方财政责任后,可以将全国统筹财政补贴纳入中央财政与地方财政预算决算体系,以增强约束效力。

明确中央与地方的责任分担才能够有效推进全国统筹和缴费率一元化,避免出现地方政府放松监管而导致养老保险基金过度支出等问题,营造良好的收支平衡环境,为实现城乡基础养老保险缴费率一元化放宽收支平衡约束。

二、优化城乡养老保险制度指标参数

在推进城乡基础养老保险缴费率适度一元化过程中,需要不断优化养老保险体系指标参数,促进养老保险制度可持续发展,为阶段性降低城镇

职工基础养老保险政策缴费率和提高城乡居民基础养老保险筹资水平提供条件。

（一）提高养老保险最低缴费年限标准

根据城镇职工养老保险最低缴费年限标准，现阶段领取养老金的最低缴费年限为 15 年，参保者在缴费满 15 年之后根据缴费贡献与个人账户积累确定养老保险待遇水平。

现行最低缴费年限标准具有两个方面的合理性：一是缴费年限标准与低参保缴费能力相契合，在缴费能力较为有限的情况下，现阶段最低缴费年限标准能够激励劳动者参保，扩大养老保险覆盖面；二是缴费年限标准与有限的养老保障给付需求相对应，在人口预期寿命相对偏低的情况下，退休期占整个生命周期的比重较低，参保者退休期养老待遇给付需求相对有限，因此设定偏低的缴费年限标准也能够满足老年人口退休期养老保障需求。随着经济社会发展，现行最低缴费年限标准的合理性受到冲击，一方面缴费能力持续提高，另一方面人口预期寿命逐渐延长，退休期在整个生命周期的比重也随之提高，参保者退休期养老保险待遇给付需求显著提高，综合两个方面因素，养老保险最低缴费年限标准需要逐渐提高，本文提出养老保险最低缴费年限标准需要由 15 年向 20 年调整，建立与缴费能力、人口预期寿命相关联的动态调整机制。

（二）动态调整个人账户计发系数

现阶段城乡养老保险制度对个人账户计发系数的设定存在一定的偏误，个人账户计发系数不准确将导致个人账户精算失衡，从而导致养老保险基金收支缺口增加，不利于推动基础养老保险缴费率一元化。

现行个人账户计发系数偏误体现在两个方面：一是混淆了人口预期寿命与人口预期余命之间的差别，人口预期寿命是在人口出生时根据各年龄段人口死亡概率确定的平均存活年龄，而人口预期余命是在特定年龄时点之后，根据此后不同年龄死亡概率确定的剩余平均存活年龄。对于养老保险制度而言，采用人口预期余命更加准确，但是在制度设计之初是以人口预期寿命为标准设定个人账户计发系数，这就导致低估了参保者领取养老金的年限，从而使得个人账户计发系数偏低，导致个人账户养老金偏离精算平衡值；二是个人账户计发系数缺乏与人口预期余命联动的调整机制，现行个人账户计发系数基本是参照第五次人口普查的人口预期寿命，但是随着经济社会发展，人口预期寿命也随之提高，相应的退休时点人口预期余命也显著增加，保持个人账户计发系数不变也会低估待遇计发水平。综合以上两个方面,需要对个人账户计发系数不断调整和优化,本文提出以人口预期余命为核心标准,以个人账户精算平衡为基本原则,建立个人账户计发系数的动态调整机制,促进个人账户养老保险精算平衡和养老保险制度收支平衡,从而为基础养老保险缴费率一元化创造良好的可持续发展支持环境,有利于实现缴费率一元化目标。

(三) 完善个人账户记账利率设定机制

随着城镇职工养老保险统账结合模式建立,个人账户的养老保障作用逐渐凸显,推动养老保障水平持续提高。由于在现收现付向统账结合转轨过程中,个人账户存在空账运行的问题,个人账户养老金待遇计发过程中采用记账利率的方式确定参保者个人账户缴费积累的权益增值。因此,个人账户记账利率直接影响参保者退休期个人账户养老金给付水平。

个人账户记账利率现阶段尚无明确标准,主要通过借鉴全国社会保障基金理事会养老保险基金投资回报率等指标进行设定。在推进城乡基础养老保险缴费率一元化过程中,需要进一步完善个人账户记账利率的设定机制,将个人账户记账利率与银行利率、基金投资回报率、经济增长率等因素挂钩,既体现个人账户增值与经济发展之间的关联,也反映参保者退休期养老金保障需求,从而设定合理的个人账户记账利率。

(四) 加快推进养老保险缴费基数过渡

城镇职工养老保险设定缴费基数的上下限,缴费基数上限为社会平均工资的300%,缴费基数下限为社会平均工资的60%。养老保险缴费基数不仅直接影响缴费水平,在多缴多得原则下,也会显著影响退休期养老金待遇水平。在养老保险制度运行过程中,社会平均工资的统计口径偏窄问题逐渐凸显。社会平均工资统计口径主要以国有企业、集体企业等非私营单位为主,而在现实的收入分配结构中,私营单位、灵活就业人员等群体的工资收入低于非私营单位,导致社会平均工资统计水平高于实际水平,造成灵活就业人员等群体的缴费偏高,形成对可支配收入的制度性挤出。为了解决这一问题,国家在2016年开始逐步将私营单位工资收入纳入社会平均工资统计范畴,从而使得社会平均工资统计水平向现实水平靠拢。

社会平均工资统计口径变化要求养老保险缴费基数核算也进行调整,逐步由以非私营单位社会平均工资向现实社会平均工资过渡。养老保险缴费基数的调整会直接导致当期退休人口养老金待遇水平变化,因此各个地区在调整过程中采用平缓调整的方式,避免养老金给付水平大幅度下降。在现阶段养老保险全国统筹已经开始实施的情况下,以全国统筹为契机,加快推进养老保险缴费基数调整,为促进养老保险可持续发展和推动城乡基础养老保险缴费率一元化提供有利条件。

三、实施渐进式延迟退休政策

延迟退休政策将会是未来城乡基础养老保险缴费率一元化推进过程中重要的政策背景,延迟退休政策实施将会导致劳动缴费人口增加,改善养老保险收支平衡,为城乡基础养老保险缴费率一元化创造有利条件。

(一) 制定合理的渐进式延迟退休方案

在现行养老保险政策规定中,退休年龄与领取养老金年龄一致,退休年龄变化将会导致养老金领取年龄同步变化,对社会成员的劳动期和退休期结构比例产生直接影响。退休年龄的调整应避免断层式调整,即退休年龄直接提高至一定的标准,断层式调整会导致参保者缴费年限、待遇领取年限、缴费总水平和给付总水平等方面产生较大变化,影响参保者养老福利水平,会阻碍延迟退休政策的实施。

借鉴国外延迟退休政策实施方案,在延迟退休过程中,可以采用渐进式延迟退休方案,以"小步渐进、男女同龄"为基本原则,分阶段有序推进延迟退休,使得退休年龄由男 60 周岁、女工人 50 周岁和女干部 55 周岁向统一的 65 周岁退休平稳过渡。渐进式延迟退休方案设计可以参照以下三个方面因素。第一,人口健康预期寿命。随着经济发展和医疗技术水平提高,人口预期寿命显著提升,但人口健康预期寿命增长幅度要低于人口预期寿命,退休年龄的设定需要以人口健康预期寿命为主要参照,既要增加劳动力供给,又要确保老年人口能享受健康的晚年生活。第二,劳动初始年龄变化。在人口受教育年限逐渐提高过程中,劳动初始年龄呈延后趋势,为充分利用人力资本,延迟退休政策需考虑劳动初始年龄变化,逐步提高退休年龄。第三,人口老龄化程度。随着人口老龄化程度逐渐加深,人口老龄化对养老保险制度的冲击也越来越明显,需要合理制定延迟退休方案,对冲人口老龄化高峰对养老保险制度的影响。

(二) 采用弹性延迟退休方式

不同劳动群体对延迟退休政策的主观态度存在显著差别,劳动环境艰苦、劳动报酬低的就业群体更加倾向于早退休,而劳动环境良好、劳动报酬高的就业群体倾向于延迟退休。如何调和不同群体的延迟退休意愿成为施策过程中需要考虑的重要问题。

关于调和不同群体的退休年龄需求问题,在现阶段政策中已经有所体现。现行退休年龄政策允许从事高温、高强度工作的就业群体提前退休，从健康视角回应了这部分群体提前退休的需求。现阶段推进延迟退休政策也可以借鉴这种方式，采用弹性延迟退休的方法，使得参保劳动力拥有一定的自主选择权，尽可能减少延迟退休政策实施阻力。在国外关于退休年龄的政策规定中，多数国家也采用弹性退休方式，劳动者根据自身实际情况选择退休年龄，选择标准退休年龄会领取到全额养老金，选择提前退休的劳动者可以领取一定比例的养老金。推进延迟退休政策实施需要从不同就业群体特征出发，采用弹性退休方式，逐步实现延迟退休目标。

（三）规避延迟退休对就业的冲击

延迟退休对就业的影响存在学术争议，部分学者认为延迟退休会增加劳动力就业压力，另一部分学者认为延迟退休是否加剧就业压力取决于青年劳动力与高龄劳动力的岗位之间是否存在替代关系，如果存在替代关系，延迟退休将导致就业压力增加，如果不存在替代关系，延迟退休就不会对就业产生影响。学术界关于延迟退休对就业影响的研究是对延迟退休过程中可能出现的问题进行预判和方案预设，而对于劳动者而言，实施延迟退休的主要问题之一就是高龄劳动力就业需求是否能够得到满足。

现阶段在劳动力市场中，高龄劳动力相比低龄劳动力处于弱势地位，在劳动力市场中的就业压力较大，延迟退休之后将高龄劳动力重新推入劳动力市场，在就业压力大且不能领取养老金的过渡阶段，高龄劳动力将会面临经济困境。因此，在实施延迟退休政策之前，需要保证高龄劳动力的就业需求能够有效满足。如充分发挥数字经济对高龄劳动力的就业拉动作用，将数字信息技术与不同行业深度融合，创造适合高龄劳动力的新型就业岗位和就业方式，能够有效解决高龄劳动力就业问题，从而为实施延迟退休政策提供基础条件。或者在全社会建立高龄劳动力信息库，充分发挥高龄劳动力在各个行业内的经验优势，推动高龄劳动力的就业或再就业。

（四）建立延迟退休政策辅助机制

延迟退休直接影响就业、养老保险参保缴费与养老金给付水平等，因此具有较强的复杂性，会对经济社会发展产生直接影响。推进延迟退休需要搭配必要的辅助措施。第一，增强就业活力。在就业优先战略下，需要进一步激活创新创业活力，鼓励和激励劳动者进行自主创业，国家需要为创新创业提供一定的免息贷款和财政扶持等，不断提高就业水平，同时还需要增加对高龄劳动力的就业培训，提高高龄劳动力就业能力，鼓励企业吸纳高龄劳动力。第二,就业困难补贴机制。实施延迟退休可能导致就业困难等问题,在劳动者出现就业困难的情况下,除了利用失业保险制度进行救助之外,还需要提供专门的就业困难补贴,对于因就业困难导致养老保险缴费中断等问题,需要建立缴费熔断机制,在重新稳定就业之后进行补缴。第三,建立延迟退休政策实施效果的预判机制。实施延迟退休政策之后由于灵活就业等群体具有自主选择权,对就业和养老保险制度的影响有可能会低于预期,有必要建立实施效果的预判机制,对延迟退休政策实施路径等方面进行不断修正。通过多种机制的辅助联动,尽可能减少延迟退休政策的实施阻力,实现延迟退休政策目标,充分利用人力资本,缓解养老保障代际赡养压力,为实现城乡基础养老保险缴费率一元化创造有利的经济环境和社会环境。

四、营造有利于缴费率一元化的经济社会环境

城乡养老保险参保主体的主观选择是影响制度覆盖率、遵缴率和平均缴费年限等指标的微观基础,研究发现,经济社会环境是参保者主观选择的重要约束条件,会对城乡基础养老保险缴费率一元化路径产生影响。营造良好经济社会环境,有利于推进缴费率一元化。

(一)降低城乡家庭杠杆水平

根据家庭杠杆对养老保险参保选择的影响分析,是否存在家庭杠杆、家庭杠杆水平以及家庭杠杆持续性都会显著制约参保主体的参保决策,包括是否参加养老保险以及是否提高养老保险缴费档次等。

有效降低家庭杠杆水平是促进城乡基础养老保险缴费率一元化的重要经济动力。适当降低家庭杠杆水平也是供给侧结构性改革去杠杆的重要组成部分,符合经济结构优化的整体要求。降低城乡家庭杠杆水平可以从城乡家庭杠杆来源着手。第一,在城镇家庭杠杆率方面,需要推进房地产行业健康有序发展,促进买房杠杆率回落,适当降低城镇家庭买房的借债水平,继续落实就业优先发展战略,保障城镇新增就业人数,通过落实就业优先战略来提高收入水平,稀释家庭杠杆率,为城镇经济发展创造良好的金融支持环境,积极应对经济波动、人口老龄化等因素对居民收入水平的影响。第二,在农村家庭杠杆率方面,需要不断扩大农业保险覆盖范围,提高农民家庭应对自然风险的能力,激活农村闲置宅基地的转让收入,提高农民财产性收入和转移性收入,不断完善新型农村合作医疗制度,降低农民因病致贫的风险和医疗救治支出。

通过合理降低城乡家庭杠杆水平可以激励城乡居民参加养老保险,提高缴费档次与缴费年限,促进给付水平趋近适度替代率,为缴费率向一元化适度水平趋近提供更加宽松的收支平衡约束条件。

(二) 稳定社会成员的参保预期

社会成员对养老保险制度的预期也是制约参保决策的关键因素。社会成员对未来参保预期可能会受到两个方面的影响。第一,人口老龄化趋势下,养老保险制度收支平衡状况以及养老金给付的保障性。随着人口老龄化过程中收支非均衡的风险越发凸显,社会成员对养老保险制度可持续性的担忧会限制其参保选择,劳动者对未来退休期养老金给付水平是否能够保障也存在疑虑,在人口老龄化水平持续提高过程中,稳定参保者对养老保险制度的预期,是促进劳动者选择参加养老保险和提高缴费水平的重要因素。第二,参保者对退休期养老金给付水平的预期是制约参保选择的关键因素,参保者在决策过程中会进行缴费水平与给付水平的比较,从而判断参保是否有利,而现实中多数参保者对未来养老金水平的判断缺少认知能力,常常以现阶段养老金水平为判断标准,养老金给付水平越高越有利于激励参保者进行参保决策。

稳定社会成员对养老保险制度的预期可以从以下几个方面着手:第一,持续推进养老保险全国统筹、国有资本划拨充实社会保障基金等制度可持续性优化机制,释放养老保险收支平衡得到有效保障的积极信号;第二,合理调整养老金给付水平,建立城乡养老保险待遇调整的客观标准,为社会成员提供稳定的养老保障预期;第三,开发养老保险参保辅助工具,对参保者未来退休期养老金收益等进行模拟测算,有助于参保者对未来养老金给付水平进行更加科学合理的判断。

(三) 对冲经济发展模式转变对缴费的影响

随着数字信息技术与各个行业的深度融合,数字经济已经成为经济发展的新动能和主要发展模式之一。数字经济对促进经济持续增长和拉动就业发挥了重要作用,但伴随着平台经济等新兴业态出现,养老保险筹资也受到了明显的影响,依托稳定劳资关系的传统筹资模式受到挑战,比如平台经济养老保险筹资责任难以界定和落实、新业态就业人员的就业稳定性和收入稳定性下降导致缴费意愿降低等。养老保险筹资水平下降不利于制度收支平衡,减小养老保险政策缴费率向一元化适度缴费率调整的空间。因此需要采取有效措施来对冲经济发展模式转变对养老保险缴费水平的影响。

首先,建立养老保险参保覆盖率与企业税收优惠之间的关联机制,参加养老保险的职工越多,企业税收优惠水平越高,激励企业承担养老保险筹资责任;其次,建立个体工商户、灵活就业人员养老保险灵活缴费模式,可以选择按月、季度、半年、整年缴费,使得个体工商户和灵活就业人员可以根据收入情况自主选择,激励其参保;再次,提高就业人口的就业稳定性和收入稳定性,为就业人口持续参加养老保险和提高缴费水平创造稳定的收入来源。

(四)促进产业结构高质量转型升级

根据产业结构升级理论,在经济发展过程中,产业结构由第一产业为主向第二、第三产业为主转变。近年来,中国产业结构持续升级,第三产业在国民经济中的占比大幅度提高。产业结构升级可以为经济发展创造新动力,相比第二产业,第三产业吸纳劳动力的能力也更强。但是在产业结构升级过程中,如果低端服务业占比过高,会导致产业结构升级过程中劳动力就业不稳定和收入水平下降,从而降低劳动力养老保险参保能力,制约劳动力参保选择。

在产业结构升级过程中,需要注重高质量转型升级,合理布局生产性服务业和生活性服务业的比例结构,推进现代服务业与先进制造业的深度融合,增强互联网信息技术在生产性服务业的有效利用,不断提高服务业劳动生产率,推动生活性服务业向高品质和多样化转型,不断提高生活性服务业劳动报酬收入,在逐步提高服务业就业比重过程中,保证就业稳定性和劳动者收入稳定性。

五、有效提高劳动报酬分配比例

根据基础养老保险缴费适度水平模型,在人口老龄化背景下,将传统以劳动力人数为依据确定代际转移支付水平调整为以劳动者报酬为依据确定代际转移支付水平具有合理性,有利于解决劳动力人口比重下降导致的代际转移支付能力降低问题,有利于养老保险收支平衡。提高劳动报酬分配比例是养老保险现实缴费率向适度缴费率趋近的关键。

(一)落实就业优先战略

保障就业是提升劳动报酬分配比例的核心途径。党的二十大报告提出实施就业优先战略,强化就业优先政策,提高就业水平可以从以下几个方面开展工作。第一,将农民工就近就业与县域城镇化战略有机结合。2022 年 5 月中共中央办公厅、国务院办公厅印发《关于推进以县城为重要载体的城镇化建设的意见》,县域城镇化成为推进城镇化的重要组成部分,也将发挥越来越重要的作用。县域城镇化一方面可以承接大城市的人口与产业转移,另一方面也可以提高劳动者福利,在以大城市为中心的城镇化推进过程中,虽然城市经济快速发展,但生活成本高、福利保障与户籍挂钩等问题导致乡城迁移劳动力难以有效融入城市发展,县域城镇化可以为农村劳动力乡城流动提供新的选择,减少迁移劳动力的生活成本,加快实现农民工市民化。县域城镇化也将成为经济增长的重要推动力量,在推进县域城镇化过程中,可以将农民工的就近就业有效融入其中,鼓励农民工在附近县城就业,实现农民工的高质量就业。第二,降低企业成本,激发劳动力市场需求。降成本是供给侧结构性改革的核心内容,降低企业社会保障等方面的成本,可以有效激励企业增加劳动力雇佣需求,从而为提高就业水平提供有利条件。第三,为创新创业提供良好的环境支持。一方面要为创新创业提供金融支持,加大对科技创新的金融支持力度,为创业者提供资金支持,另一方面需要坚持简政放权,为创业者简化手续,提高服务效率。第四,增加就业培训投入。为农民工、失业人员等特殊群体提供就业培训,提高其就业能力,保障其就业收入。

(二) 完善劳动报酬分配机制

提高劳动报酬在国民财富分配中的比例需要不断完善劳动报酬分配机制,坚持多劳多得的分配原则。完善劳动报酬分配机制的切入点有以下几个。第一,完善劳动人口的劳动报酬决定机制和增长机制。首先要进一步优化国有企业员工的工资决定机制,主要依据企业发展战略、薪酬策略以及企业年度经济效益等指标,参考劳动生产率提高幅度和经济增长幅度,确定合理的国有企业工资水平,建立工资收入与企业经营效益相挂钩的调整机制,企业经营效益越好,工资水平越高,对于劳动生产率未提高、经营效益下降的企业要确定适当的工资增长幅度。其次要充分发挥市场对工资水平的拉动作用,增加科技创新投入和基础设施投入,不断提高劳动生产率,推动非国有企业职工工资水平提升。第二,优化劳动报酬分配的结构比例,不断调整劳动报酬与岗位绩效、薪酬激励等因素的挂钩机制,确保劳动报酬分配与技术创新、经济增长、经济发展模式转变相契合。

(三) 健全劳动收入保障机制

劳动报酬收入保障机制对提高劳动报酬分配在国民经济收入分配中的比重具有重要意义。首先,健全最低工资标准调整机制。现阶段各地区城镇最低工资标准调整多采用阶段性调整方式,而非逐年进行调整,导致在调整间隔年份的最低工资标准相对社会平均工资水平下降,不利于保障劳动者的基本消费需求,也不利于提高劳动报酬分配比重,因此需要对最低工资标准调整机制进行优化,确定最低工资标准与经济增长率之间的挂钩调整机制,建立最低工资标准的动态调整依据,合理提高最低工资标准。其次,在城镇化过程中,农民工是城镇劳动力人口的重要组成部分,保障农民工劳动报酬收入是提高劳动报酬分配比例的有效途径,因此需要不断完善农民工劳动报酬收入保障机制,保障农民工的合法权益,切实保障农民工合法收入,针对欠薪、克扣农民工劳动报酬收入等现象加强整治力度,保证劳动争议调解仲裁渠道畅通。

劳动报酬收入保障机制充分体现了对劳动者劳动报酬权益的兜底保障,是从重点群体出发,提高劳动报酬收入的有效措施。

(四) 缴费率一元化与提高劳动报酬相联动

城乡基础养老保险缴费率一元化是城镇职工基础养老保险政策缴费率向一元化适度缴费率调整的动态过程,降低养老保险政策缴费率对提高劳动报酬分配具有正向促进作用,主要体现在两个方面:第一,降费率对提高工资增长率有显著作用,研究发现,企业会在一定程度上通过降低员工工资增长率的方式规避养老保险缴费,政策缴费率越高,对工资增长的抑制作用越明显(陈曦,2017),在降低政策缴费率的情况下,企业职工的工资增长幅度有所提升,有利于提高劳动报酬分配比重;第二,降费率可以通过降低企业成本,从而提高企业对劳动力的雇佣数量,提高劳动报酬收入水平。

同时,城乡基础养老保险缴费率一元化也是城乡居民基础养老金筹资水平逐步提升的过程,根据对城乡养老保险待遇差距与人力资本投资关系的测算,提高城乡居民基础养老金筹资水平可以激励参保者跨越人力资本投资门槛,从而提高人力资本水平,相应提高劳动报酬收入。

城乡基础养老保险缴费率一元化是提高劳动报酬收入的内生动力机制,合理推进缴费率一元化有助于提高劳动报酬。

六、增强养老保险参保缴费激励

根据养老保险政策指标参数对缴费率一元化的影响,养老保险覆盖率、遵缴率和缴费年限等指标是实现缴费率一元化的关键因素,合理提高养老保险覆盖率、遵缴率、缴费年限才能够为缴费率一元化创造调整空间,实现缴费率一元化目标。而养老保险覆盖率、遵缴率和缴费年限等指标是参保者主观选择的参数体现,最终的政策落脚点都在于参保者主观决策。因此,需要从微观视角出发,增强养老保险参保缴费激励,激励参保者参加保险、延长缴费年限和提高缴费档次。

(一) 加强养老保险政策宣传

通过检验养老保险参保者缴费年限、缴费档次选择的影响因素,发现参保者对养老保险的政策认知是影响参保决策的关键因素。参保者对养老保险制度了解程度越高,越容易做出参加养老保险、延长缴费年限和提高缴费档次的参保决策。反之,由于缺少政策了解,养老保险多缴多得、长缴多得的激励机制就难以被参保者所认知,激励效果也就难以发挥。因此,需要加强养老保险政策宣传,提高社会成员对养老保险制度的认知水平。

加强养老保险政策宣传可以从以下几个方面着手。第一,增强对养老保险政策的解读。针对新出台的养老保险政策以及已经实施的政策,及时进行政策解读,让社会成员对政策内容更加了解。第二,利用各种媒体对养老保险政策进行宣传。现阶段参保者对政策的了解渠道更多是人力资源和社会保障相关经办部门,可以加强电视、自媒体等不同渠道对养老保险政策、经办流程等方面的宣传,规范宣传管理,避免不准确宣传对社会成员造成误导。第三,建立养老保险政策宣传官方网络平台,为社会成员提供养老保险政策查询的有效渠道,有利于提高社会成员对养老保险政策的认知程度。第四,重点加强农村养老保险政策宣传工作。现阶段农村养老保险政策宣传渠道有限,农村居民对养老保险政策了解程度不高,不利于其提高养老保险缴费基数。建议开展养老保险宣传活动月等活动,充分发挥村集体的政策宣传作用。

(二) 强化养老保险多缴多得的政策引导

根据对养老保险缴费基数与养老保险收支平衡关系的测算,提高养老保险缴费基数不仅能够提高参保者退休期养老金待遇水平,也有利于养老保险基金收支平衡,为城乡基础养老保险缴费率一元化创造降费空间。

养老保险缴费基数与参保者缴费档次选择直接相关,为了激励参保者提高缴费档次,需要进一步强化多缴多得的政策激励导向。现阶段养老保险多缴多得缴费激励机制主要体现在以下几个方面。第一,养老金待遇水平与缴费档次挂钩。参保者选择的缴费档次越高,退休期养老金待遇水平越高,充分体现多缴多得的激励原则。第二,养老金待遇调整机制与缴费档次底线挂钩。在现阶段部分地区养老金待遇调整标准中,建立了与养老金给付绝对水平挂钩的机制,在养老金低于一定水平的情况下,额外增加养老金。第三,养老保险缴费财政补贴机制。为了鼓励参保者提高缴费档次,城乡居民养老保险采用梯度财政补贴方式,缴费档次越高,财政补贴水平越高。养老保险多缴多得缴费激励机制对提高参保缴费档次发挥了重要作用,但也存在一定的改进空间,例如养老金待遇调整机制中调整幅度仅与底线缴费档次挂钩,缺少对更高缴费档次的激励,城乡居民养老保险财政补贴采用固定额模式,导致高缴费档次的补贴率有可能会低于低缴费档次,难以发挥有效的激励作用。

因此需要加强养老保险多缴多得的缴费激励机制。首先,在城镇职工养老金待遇调整机制中,增加与缴费档次动态挂钩的机制,适当增加对高缴费档次的激励。其次,城乡居民养老保险个人账户缴费财政补贴采用按比例补贴方式,随着缴费档次提高,在相同财政补贴率或者递增财政补贴率的情况下,缴费激励作用更加明显。

(三) 建立养老保险参保续缴机制

现阶段养老保险参保主体主要包括城镇企业职工、个体工商户、灵活就业人员、城乡居民,城镇企业职工养老保险缴费具有固定性,采用企业代为扣除的方式进行筹资,个体工商户、灵活就业人员、城乡居民缴费具有自愿性,参保主体会根据经济收入等状况自主选择。当面临可能出现的失业、工伤或者疾病等突发状况的时候,由于缴费能力下降,参保者可能会出现断缴的情况,甚至可能缴费年限达不到最低标准。针对个体工商户、灵活就业人员以及城乡居民在缴费过程中由于重大突发状况导致缴费中断的情况,可以经登记、审核之后允许其续缴,续缴、补缴的期限视重大突发事件持续时长而定。鼓励参保主体在缴费能力恢复之后重新缴费。

(四) 完善参保主体的灵活缴费模式

随着数字经济等新兴经济发展模式的兴起,灵活就业人员在就业体系中的比重越来越高,与灵活就业人员比重提升相对应的是劳动者收入不稳定性增强,相比正规就业的稳定收入,灵活就业人员收入可能存在季节性、周期性变化,因此要求养老保险缴费方式更加灵活、多样。

城镇个体工商户、灵活就业人员以及城乡居民根据收入情况可以选择按月、按季度、按半年或者按年缴费,为参保者提供灵活的缴费模式选择,避免参保者由于收入周期性波动导致错过缴费期而中断缴费等问题。在缴费方式多样化的同时,也需要建立多种缴费渠道,方便参保者选择就近、便捷的缴费途径,为参保者提供便利。加强对养老保险缴费申报的宣传,打通参保者与税务部门之间的通道。

七、构建缴费率一元化保障机制

城乡基础养老保险缴费率一元化直观表现为城乡基础养老保险政策缴费率向一元化适度水平调整,而政策缴费率调整涉及收支平衡约束、参保主体意愿、养老保险管理等多方面问题,是一个复杂的系统性工程,需要设定系列保障机制,以实现缴费率一元化目标。

(一)完善养老保险财政补贴机制

城乡基础养老保险缴费率一元化需要财政补贴支持,兜底保障养老保险收支平衡。养老保险财政补贴机制优化可以从以下几个方面着手。第一,将养老保险财政补贴支出纳入财政预算决算体系,在对养老保险参保人口以及收支发展趋势进行准确预判的基础上,预测养老保险基金收入与基金支出,将收支缺口财政补贴纳入财政预算。第二,完善各级财政的补贴责任划分。在城乡基础养老保险缴费率一元化与养老保险全国统筹联动推进过程中,需要明确各级财政对养老保险的补贴责任。全国统筹并不意味着财政补贴兜底责任上移至中央,地方政府也需要承担相应的补贴责任。对于养老保险历史债务、盲目增加保障项目或提高保障水平等导致的养老保险收支缺口,需要地方财政进行补贴,全国统筹之后出现的征缴与给付之间的缺口,由中央财政负责补贴支持。同时,城乡居民基础养老金财政补贴的央地责任划分需要进一步优化,提高中央财政在基础养老金财政补贴中的比例,减少由于地方政府财政能力差异导致基础养老金地区差距增大的问题。第三,确定财政补贴适度标准。养老保险财政补贴存在适度上限,财政补贴支出过高将会挤占政府投资等支出,不利于经济持续增长。养老保险财政补贴存在适度下限,即尽到养老保险收支缺口的财政兜底责任,财政补贴的下限是基本目标,财政补贴适度上限可以作为城乡居民基础养老金动态调整的约束条件。

(二)发展多层次养老保障体系

构建多层次养老保障体系是党的二十大报告提出的发展要求,也是应对人口老龄化进程加速对养老保障体系冲击的关键举措。大力发展第二和第三支柱养老保障,可以降低第一支柱养老保险的代际赡养压力,在保障老年人口养老水平不下降的前提下,降低缴费成本,促进基础养老保险政策缴费率向一元化适度缴费率收敛。

发展多层次养老保障体系主要包括以下方面。第一,着力提高企业年金覆盖率。现阶段企业年金的企业覆盖率和职工覆盖率较低,难以有效发挥企业年金对养老保障水平的提升作用。一方面可以加强对企业年金的税收优惠,鼓励企业实施企业年金制度,另一方面可以借鉴行为经济学理论以及国外企业年金制度发展经验,将现行企业年金制度采用的参加申请制转变为退出申请制,默认企业参加企业年金制度,企业可以自愿申请退出,根据国外发展经验,退出申请制有利于提高企业年金覆盖率。第二,加快推进个人养老金制度,鼓励商业保险公司、银行丰富个人养老金产品,增加对个人养老金的税收优惠,鼓励社会成员参加个人养老金,为提高退休期养老保障水平做好储备。第三,鼓励社会成员建立个人储蓄养老计划,为提高养老保障水平奠定基础。

(三) 建立养老保险数据信息平台

养老保险数据信息平台建设需求主要体现在以下几个方面。第一,随着就业形式多元化,养老保险参保主体也更加多元,不同参保主体的参保缴费信息记录、跨数据库互通等需求更加突出,需要建立养老保险数据信息平台,实现参保数据的互联互通,避免由于数据对接难导致参保者养老保险经办受限。第二,养老保险全国统筹涉及参保者在地区间流动而带来的转移接续问题,建立统一的数据信息平台可以有效实现养老保险缴费权益记录,并且不会随着参保者跨地区流动而产生数据缺失的问题,因此需要建立统一的数据信息平台,实现养老保险的高效管理。第三,在养老保险征缴体制改革过程中,征缴责任由人力资源和社会保障部门转移到税务部门,但人力资源和社会保障部门的养老保险数据信息系统与税务部门的数据信息系统不同,导致征缴体制改革过程中面临数据转移接续难的问题,需要建立具有较强兼容性的数据信息系统。

在城乡基础养老保险缴费率一元化过程中需要建立养老保险多源异构数据信息库,实现数据信息共享,同时数据库与自助经办平台对接,便于参保者办理养老保险业务,以及向税务部门申报缴费等。养老保险数据信息库还可以作为数据分析的基础支撑,对参保者缴费选择、变化趋势等问题进行模拟分析,发现参保者选择的规律,为制定和完善养老保险政策提供数据支持,充分提高养老保险参保缴费激励性,促进乡基础养老保险缴费率一元化目标的实现。

参 考 文 献

[1] Agesa R U. One Family, Two Households: Rural to Urban Migration in Kenya [J]. Review of Economics of the Household,2004,2(2):161-178.

[2] Ahmad E. Social Security and the Poor: Choices for Developing Countries[J]. The World Bank Research Observer,1991,6(1):105-127.

[3] Auerbach A J, Gokhale J, Kotlikoff L J. Generational Accounts: A Meaningful Alternative to Deficit Accounting[R]. National Bureau of Economic Research,1991.

[4] Barro R J. Are Government Bonds Net Wealth? [J]. Journal of Political Economy,86 (2):1095-1117.

[5] Becker C M, Paltsev S. Macro-Experimental Economics in the Kyrgyz Republic: Social Security Sustainability and Pension Reform[J]. Social Science Electronic Publishing,2001,43(4):1-34.

[6] Blake D. Pension Schemes and Pension Funds in the United Kingdom[M]. Oxford: Oxford University Press,1995.

[7] Bovenberg L, Van der Linden A. Pension Policies and the Aging Society[J]. OECD Observer,1997,205:10-14.

[8] Burkhauser, Turner. Is the Social Security Payroll Tax a Tax? [J] Public Finance Quarterly,1985(13):253-267.

[9] Burkhauser R, J Turner. Labor Market Experience of the Almost Old and the Implications for Income Support[J]. American Economic Review,1982(72):304-308.

[10] Burtless G. Social Security Privatization and Financial Market Risk: Lessons from US Financial History[C]. Discussion Papers of Diw Berlin,2000.

[11] Charles W C, Paul H D. A Theory of Production[J]. American Economic Review, 1928(18):139-165.

[12] Christian K, Mirela K. Aging, Labor Markets and Pension Reform in Austria [J]. General Information,2004,60(3):359-392.

[13] Clark C. The Conditions of Economic Progress[J]. The Economic Journal,1940, 51(201):120-124.

[14] Corsetti G, Schmidt-Hebbel K. Pension Reform and Growth [R]. Policy Research Working Paper No 1471 from World Bank.

[15] Feldstein, Martin. Social Security, Induced Retirement and Aggregate Capital Accumulation[J]. Journal of Political Economy,1974,82(5):905-926.

[16] Feldstein M. Social Security Pension Reform in China[J]. China Economic Review,1999,10(2):99-107.

[17] Feldstein M. The Missing Piece in Policy Analysis: Social Security Reform[R]. National Bureau of Economic Research,1996.

[18] Giles, J. , & Mu, R. . Elderly Parent Health and the Migration Decisions of Adult Children: Evidence from Rural China[J]. Demography, 2007, 44 (2): 265-288.

[19] Harris J, Todaro, M P. Migration, Unemployment and Development: A Two-sector Analysis[J]. American Economic Review,1970,60(2):126-142.

[20] Hussain A. Social Security in Present-day China and Its Reform[J]. The American Economic Review,1994,84(2):276-280.

[21] Johnson, Jessica K M, John B W. Universal Non-Contributory Pension Schemes for Low-Income Countries: An Assessment[C]. Social Protection in an Ageing World, International Series on Social Security,2008,13:195-210.

[22] Jonathan G, David A W. Different Approaches to Pension Reform from an Economic Point of View [M]//Martin Feldstein, Horst Siebert, ed. Social Security Pension Reform in Europe. Chicago: University of Chicago Press,2002.

[23] Jorgenson D W. The Development of a Dual Economy[J]. Economic Journal, 1961,71(282):309-334.

[24] Lassila J, Valkonen T. Pension Prefunding, Ageing, and Demographic Uncertainty [J]. International Tax and Public Finance,2001,8(4):573-593.

[25] Lewis W A. Economic Development with Unlimited Supplies of Labor[J]. Manchester School of Economic Studies,1954,22(2):139-191.

[26] Liebman, Jeffrey B. Redistribution in the Current U. S. Social Security System [M]//Martin Feldstein, Horst Siebert, ed. The Distributional Aspects of Social Security and Social Security Reform. Chicago: University of Chicago Press,2002.

[27] McCarthy F D, Zheng K. Population Aging and Pension Systems: Reform Options for China[J]. Policy Research Working Paper No 1607 from World Bank.

[28] Modigliani Franco, Richard H Brumberg. Utility Analysis and the Consumption Function: an Interpretation of Cross-section Data[M]. Kenneth K Kurihara ed. Post-Keynesian Economics. New Brunswick: Rutgers University Press, 1954: 388-436.

［29］ Modigliani. The Life Cycle, Individual Thrift, and the Wealth of Nations［J］. Science,1986,234(4777):704-712.

［30］ Nielsen I, Nyland C, Smyth R, et al. Migration and the Right to Social Security: Perceptions of Off-farm Migrants' Rights to Social Insurance in China's Jiangsu Province［J］. China & World Economy,2007,15(2):29-43.

［31］ P. Diamond. A Framework for Social Security Analysis［J］. Journal of Public Economics,1977,8(3):275-298.

［32］ Roberto Rocha, Dimitri Vittas. The Hungarian Pension Reform A Preliminary Assessment of the First Years of Implementation［M］//Martin Feldstein, Horst Siebert, ed. Social Security Pension Reform in Europe. Chicago: University of Chicago Press,2002.

［33］ S Toutain. Aging and the reform of pension plans in Italy［J］. Population,1997, 52(2):441-449.

［34］ Samuelson P A. Optimum Social Security in a Life-cycle Growth Model［J］. International Economic Reviews,1975,16(3):539-544

［35］ Samwick A, Feldstein M. The Transition Path in Privatizing Social Security［M］. Cambridge: National Bureau of Economic Research,1996.

［36］ Selden M, You L. The Reform of Social Welfare in China ［J］. World Development,1997,25(10):1657-1668.

［37］ Spengler J, Kreps J. Equity and Social Credit for the Retired［J］. Employment, Income and Retirement Problems of the Aged,1963:198-229.

［38］ Stark O, Bloom D E. The New Economics of Labor Migration［J］. American Economic Review,1985,75(2),173-178.

［39］ Tatsuo Hatta, Noriyoshi Oguchi. The Net Pension Debt of the Japanese Government ［M］// Tatsuo Hatta. The Economic Effects of Aging in the United States and Japan. Chicago: University of Chicago Press,1996.

［40］ Turner Adair. Pension Challenges in an Aging World［J］. Finance & Development, 2006(3):36-39.

［41］ Verbič Miroslav, Spruk Rok. Aging Population and Public Pensions: Theory and Evidence［C］. MRPA Paper 38914.

［42］ Verbon H A A. The Rise and Evolution of Public Pension Systems［J］. Public Choice,1987,52(1):75-100.

［43］ Vernon Henderson J, Wang H G. Urbanization and City Growth: The Role of Institutions［J］. Regional Science & Urban Economics,2007,37(3):283-313.

［44］ Werner S H. Why a Funded Pension System is Useful and Why It Is not Useful ［J］. International Tax and Public Finance,2000,7:389-410.

［45］ West L A. Pension Reform in China: Preparing for the Future［J］. The Journal of Development Studies,1999,35(3):153-183.

[46] 爱娣.我国养老保险制度改革的意义与方向[J].理论前沿,2009(11):28-30.

[47] 巴尔.福利国家经济学[M].郑秉文、穆怀中,等译.北京:中国劳动社会保障出版社,2003.

[48] 边沁.道德与立法原理导论[M].时殷弘,译.北京:商务印书馆,2000.

[49] 边恕,孙雅娜,穆怀中.辽宁省企业养老保险缴费水平与财政负担能力分析[J].社会科学辑刊,2005(1):97-101.

[50] 边恕,孙雅娜.辽宁省养老保险制度改革与财政支持能力分析[J].辽宁经济,2007(2):24-25.

[51] 蔡昉,王美艳.非正规就业与劳动力市场发育——解读中国城镇就业增长[J].经济学动态,2004(2):24-28.

[52] 朝阳,申曙光.中国城镇养老保险制度改革方向:基金积累制抑或名义账户制[J].学术月刊,2011(6):86-93.

[53] 陈平.统一社保体系有损中国竞争力[J].领导决策信息,2002(17):24-25.

[54] 陈迅,韩林和,杨守鸿.基本养老保险基金平衡测算及平衡状态分析[J].中国人口科学,2005(S1):135-139.

[55] 邓大松,李琳.中国社会养老保险的替代率及其敏感性分析[J].武汉大学学报(哲学社会科学版),2009(1):97-105.

[56] 丁建定,张尧.养老保险城乡统筹:有利条件、理性原则与完善对策[J].苏州大学学报(哲学社会科学版),2014(5):11-16.

[57] 杜小敏.浅谈如何做好企业养老保险缴费基数的核定工作[J].消费导刊,2008(10):21.

[58] 封进,何立新.中国养老保险制度改革的政策选择——老龄化,城市化,全球化的视角[J].社会保障研究,2012(3):29-41.

[59] 封进,宋铮.中国人口年龄结构与养老保险制度的福利效应[J].南方经济,2006(11):22-33.

[60] 冯素杰.收入分配理论的比较分析:马克思与新古典[J].湖北经济学院学报,2009(2):24-27.

[61] 哈耶克.通往奴役之路[M].王明毅,等译.北京:中国社会科学出版社,1997.

[62] 哈耶克.自由秩序原理(下册)[M].邓正来,译.北京:生活·读书·新知三联书店,1997.

[63] 傅新平,邹敏,周春华,等.新政策下养老保险基金收支平衡影响因素分析[J].武汉理工大学学报:社会科学版,2007(2):150-154.

[64] 约翰逊.经济发展中的农业、农村、农民问题[M].林毅夫、赵耀辉,编译.北京:商务印书馆,2004.

[65] 韩伟.中国统筹养老金缴费率优化研究[J].经济问题,2010(5):120-122.

[66] 何平,华迎放.农民工的社会保险政策设计[J].中国劳动,2007(7):21-23.

[67] 贺书霞.农民社会养老意愿和缴费能力分析——基于陕西省关中地区的调查[J].西北人口,2012(2):63-67.

[68] 侯慧丽.养老保障体系的分割与整合——北京市的案例研究[J].桂海论丛,2013(6):94-99.

[69] 胡晓义.有关逐步提高养老保险统筹层次——十六届三中全会《决定》学习札记之二[J].中国社会保障,2004(1):18-21.

[70] 黄佳豪.我国农村养老保险制度的历史演进及其探索[J].重庆社会科学,2009(10):14-19.

[71] 黄阳涛.城镇职工基本养老保险实际缴费基数测算分析——基于13个省、直辖市、自治区2001—2011年面板数据[J].社会福利(理论版),2013(9):16-19.

[72] 姜向群.人口老龄化对退休金负担影响的量化研究[J].人口研究,2006(2):51-55.

[73] 姜岩,张学军.养老保险制度改革与政府预算管理研究[J].保险研究,2013(2):120-127.

[74] 蒋筱江,王辉.养老保险基金收支平衡的影响因素分析[J].开发研究,2009(4):34-36.

[75] 康传坤,楚天舒.人口老龄化与最优养老金缴费率[J].世界经济,2014,37(4):139-160.

[76] 李稻葵,刘霖林,王红领.GDP中劳动份额演变的U型规律[J].经济研究,2009,44(1):70-82.

[77] 李顺明,杨清源.构建和谐社会进程中社会保险关系接续转移问题研究[J].社会保障研究,2008(1):29-35.

[78] 廖申白.《正义论》对古典自由主义的修正[J].中国社会科学,2003(5):126-137.

[79] 林宝.人口老龄化对企业职工基本养老保险制度的影响[J].中国人口科学,2010(1):84-92.

[80] 林毓铭.体制改革:从养老保险省级统筹到基础养老金全国统筹[J].经济学家,2013(12):65-72.

[81] 刘儒婷.人口老龄化背景下中国城镇养老金支付能力研究[D].大连:东北财经大学,2012.

[82] 刘同昌.人口老龄化背景下建立城乡一体的养老保险制度的探索[J].山东社会科学,2008(1):35-38.

[83] 柳清瑞,王虎邦,苗红军.城镇企业基本养老保险缴费率优化路径分析[J].辽宁大学学报(哲学社会科学版),2013,41(6):99-107.

[84] 柳清瑞,等.东北老工业基地统筹城乡社会保障制度研究[M].北京:经济科学出版社,2011:37.

[85] 卢海元.中国特色新型养老保险制度的重大突破与政策取向[J].社会保障研究,2009(6):3-17.

[86] 吕江林,周渭兵,王清生. 我国基本养老保险体系中个人账户余额发放方式合理化探讨[J]. 数量经济技术经济研究,2005,22(4):93-99.

[87] 诺齐克. 无政府、国家与乌托邦[M]. 何怀宏,等译. 北京:中国社会科学出版社,1991.

[88] 米红,余蒙. 中国城镇社会养老保险个人缴费能力测定的模型创新[J]. 统计与决策,2010(11):29-31.

[89] 穆怀中,陈曦,李栗. 收入非均等贫困指数及其社会秩序风险测度研究[J]. 中国人口科学,2014(4):14-26.

[90] 穆怀中,陈曦. 城乡养老保险梯度协调系数及其社会福利改进效应研究[J]. 经济学家,2014(9):33-40.

[91] 穆怀中,陈曦. 人口老龄化背景下农村家庭子女养老向社会养老转变路径及过程研究[J]. 人口与发展,2015,21(1):2-11.

[92] 穆怀中,丁梓楠. 产业层次的初次分配福利系数研究[J]. 中国人口科学,2011(3):16-25+111.

[93] 穆怀中,沈毅. 中国农民养老生命周期补偿理论及补偿水平研究[J]. 中国人口科学,2012(2):2-13.

[94] 穆怀中,沈毅. 中国农村养老保险体系框架与适度水平[M]. 北京:社会科学文献出版社,2015:172-179.

[95] 穆怀中,闫琳琳,张文晓. 养老保险统筹层次收入再分配系数及全国统筹类型研究[J]. 数量经济技术经济研究,2014,31(4):19-34.

[96] 穆怀中. 城乡社会保障体系建设中的"生存公平"问题[C]. 中国社会保障论坛第二届年会论文集,2007.

[97] 穆怀中. 国民财富与社会保障收入再分配[M]. 北京:中国劳动社会保障出版社,2003:11.

[98] 彭浩然,陈斌开. 鱼和熊掌能否兼得:养老金危机的代际冲突研究[J]. 世界经济,2012(2):84-97.

[99] 钱纳里. 发展的型式:1950—1970[M]. 北京:经济科学出版社,1988.

[100] 邱玉慧. 代际正义视角下的社会养老保险制度研究[D]. 长春:吉林大学,2013.

[101] 沈毅. 基于农业劳动福利差的农民养老补偿研究[D]. 沈阳:辽宁大学,2012.

[102] 孙长久. 关于如何平衡社会保险缴费基数的思考[J]. 劳动保障世界,2009(10):75-77.

[103] 孙端. 中国社会人口老龄化基本状况及养老保险模式选择[J]. 统计与管理,2012(5):79-80.

[104] 孙雅娜,安曼. 中国养老保险最优缴费率研究——基于行业收入差异的分析[J]. 社会科学辑刊,2010(2):112-115.

[105] 童广印,薛兴利. 统筹城乡社会养老保险实施路径与战略布置[J]. 特区经济,2009(1):220-222.

[106] 王丹宇.泛珠三角区域跨省区务工人员基本养老保险关系转移接续问题研究[J].中国就业,2007(7):35-36+56.

[107] 王国辉,黄镜伊,王利军,等.城镇中低收入家庭养老保险缴费压力研究[J].人口与经济,2011(6):78-85.

[108] 王积全.基本养老保险个人账户基金缺口实证研究[J].甘肃社会科学,2005(3):36-39.

[109] 王鉴岗.养老保险收支平衡及其影响因素分析[J].人口学刊,2000(2):9-14.

[110] 王思.探索我国城镇养老保险制度改革方向[J].经济问题探索,2009(9):117-122.

[111] 王晓军,乔杨.公务员养老金制度并轨改革的设计思路与精算评估[J].社会保障研究,2013(2):39-47.

[112] 王延中.完善社会保障制度促进社会安全体系建设[N].中国社会科学院院报,2006-05-09:001.

[113] 王玥.基于城乡迁移劳动力的养老保险制度对接研究[D].沈阳:辽宁大学,2012.

[114] 吴红梅.整体性治理视野下中国社会养老保险政策"碎片化"的体制逻辑[J].社会保障研究,2013(5):46-54.

[115] 吴湘玲,叶汉雄.我国基本养老保险的城乡分割及其对策探讨[J].江汉论坛,2005(11):140-143.

[116] 舒尔茨.经济增长与农业[M].郭熙保,等译.北京:北京经济学院出版社,1991.

[117] 席恒,雷晓康.基本养老保险全国统筹的思路与支持条件[J].行政管理改革,2011(3):34-38.

[118] 席恒,梁木.基本养老保险全国统筹可能性分析[J].社会保障研究,2009(1):3-9.

[119] 席元香.关于完善养老保险缴费基数的几点思考[J].山西财经大学学报,2002(S2):111-112.

[120] 谢安.改革现行养老保险体制应对人口老龄化[J].管理世界,2005(4):141-142.

[121] 徐佳,傅新平,周春华,等.新政策下养老保险基金收支测算模型的构建[J].统计与决策,2007(10):65-67.

[122] 许可.城乡社会保障制度衔接模式探析[J],理论学刊,2005(9):93-95.

[123] 许志涛,丁少群.各地区不同所有制企业社会保险缴费能力比较研究[J].保险研究,2014(4):102-109.

[124] 薛惠元.新农保个人筹资能力可持续性分析[J].西南名族大学学报(人文社会科学版),2012,33(2):100-106.

[125] 薛进军,高文书.中国城镇非正规就业:规模、特征和收入差距[J].经济社会体制比较,2012(6):59-69.

[126] 亚里士多德.政治学[M].北京:商务印书馆,1997:169-234.

[127] 闫林林.基本养老保险统筹层次提升的收入再分配研究[D].沈阳:辽宁大学,2012.

[128] 杨风寿.我国社会保险关系转移和接续问题研究[J].中国人口资源与环境,2010(1):50-54.

[129] 杨海军,肖灵机,邹泽清.工业化阶段的判断标准:霍夫曼系数法的缺陷及其修正——以江西、江苏为例的分析[J].财经论丛,2008(2):7-14.

[130] 杨宜勇,谭永生.全国统一社会保险关系接续研究[J].宏观经济研究,2008(4):11-13.

[131] 叶宁.城镇职工基本养老保险扩大覆盖面的难点探究——基于灵活就业者缴费能力生命表的分析[J].中南财经政法大学学报,2013(5):61-65+108.

[132] 叶普万,周明.农民工贫困:一个基于托达罗模型的分析框架[J].管理世界,2008,21(9):174-176.

[133] 应永胜.我国农民工养老保险城乡转移接续方式建构[J].西安石油大学学报(社会科学版),2009,18(2):49-53.

[134] 罗尔斯.正义论[M].何怀宏,等译.北京:中国社会科学出版社,1988.

[135] 张桂文.从古典二元论到理论综合基础上的转型增长——二元经济理论演进与发展[J].当代经济研究,2011(8):39-44.

[136] 张杰,卜茂亮,陈志远.中国制造业部门劳动报酬比重的下降及其动因分析[J].中国工业经济,2012(5):57-69.

[137] 张金峰.基于平均余命的中国养老金个人账户缴费率研究[J].人口与经济,2007(5):61-66.

[138] 张明丽,王亚萍,张闪闪.国外社保整合对我国碎片化养老保险制度改革的经验和启示[J].改革与战略,2012(7):118-121.

[139] 张士斌.工业化过程中劳动报酬比重变动的国际比较[J].经济社会体制比较,2012(6):47-58.

[140] 张思锋,曹信邦.中国国民年金制度设计的基本思路[J].理论探讨,2014(1):81-84.

[141] 张艳萍.中国基本养老保险单位缴费基数缴费比例探索[J].学习与探索,2012(6):116-118.

[142] 张翼.人口转型与养老保险制度改革——中国可能从日本吸取的经验与教训[J].河北学刊,2012,32(3):114-120.

[143] 章上峰,许冰.初次分配中劳动报酬比重测算方法研究[J].统计研究,2010,27(8):74-78.

[144] 赵志君.收入分配与社会福利函数[J].数量经济技术经济研究,2011(9):61-74.

[145] 郑秉文,孙永勇.对中国城镇职工基本养老保险现状的反思——半数省份收不

抵支的本质、成因与对策[J].上海大学学报(社会科学版),2012,29(3):1-16.

[146] 郑功成.从城乡分割走向城乡一体化(上)中国社会保障制度变革挑战[J].人民论坛,2014(1):66-69.

[147] 郑功成.从城乡分割走向城乡一体化(下)中国社会保障制度变革取向[J].人民论坛,2014(6):62-65.

[148] 郑功成.尽快推进城镇职工基本养老保险全国统筹[J].经济纵横,2010(9):29-32.

[149] 郑功成.深化中国养老保险制度改革顶层设计[J].教学与研究,2013(12):12-22.

[150] 郑功成.实现全国统筹是基本养老保险制度刻不容缓的既定目标[J].理论前沿,2008(18):12-15.

[151] 郑功成.中国社会保障改革与发展战略——理念、目标与行动方案[M].北京:人民出版社,2008:138.

[152] 郑渝川.政府应为第一代农民工养老问题埋单[EB/OL].(2013-02-27)[2023-01-25].https://news.sina.com.cn/o/2013-02-27/000526367546.shtml.

[153] 周天勇.托达罗模型的缺陷及其相反的政策含义——中国剩余劳动力转移和就业容量扩张的思路[J].经济研究,2001(3):75-82.

[154] 周小川.社会保障与企业盈利能力[J].经济社会体制比较,2005(11):1-5.

[155] 朱卫东,姚建平.人口老龄化对我国未来养老保险制度的影响及其对策[J].经纪人学报,2005(2):25.

[156] 穆怀中,范璐璐,陈曦.人口预期寿命延长、养老金保障风险与政策回应[J].人口研究,2021,45(1):3-18.

[157] 杨一心,何文炯.养老保险缴费年限增加能够有效改善基金状况吗?——基于现行制度的代际赡养和同代自养之精算分析[J].人口研究,2016,40(3):18-29.

[158] 曾益,魏晨雪,李晓琳,等.征收体制改革、延迟退休年龄与养老保险基金可持续性——基于"减税降费"背景的实证研究[J].公共管理学报,2019,16(4):108-118+173-174.

[159] 邓大松,仙蜜花.延长退休年龄对基本养老保险统筹基金收支平衡的影响研究[J].江西财经大学学报,2015(5):48-61.

[160] 赵亮,李灯强.我国城镇职工基本养老保险基金可持续性研究——基于新冠肺炎疫情冲击的影响[J].财经科学,2020(12):118-129.

[161] 张国英,林伟坰,孙中伟.零工经济对城镇职工基本养老保险的冲击——基于对基金收支平衡的模拟计算[J].安徽师范大学学报(人文社会科学版),2022,50(1):96-107.

[162] 郑秉文.供给侧:降费对社会保险结构性改革的意义[J].中国人口科学,2016(3):2-11+126.

[163] 曾益,姚金.降低养老保险缴费率:"一举两得"抑或"得不偿失"? ——基于缴费遵从度与基金可持续的视角[J].南方经济,2022(1):19-34.

[164] 张川川,朱涵宇.新型农村社会养老保险参与决策中的同群效应[J].金融研究,2021(9):111-130.

[165] 齐红倩,杨燕.人口老龄化、养老保障水平与我国养老保险基金结余[J].南京社会科学,2020(8):11-21.

[166] 景鹏,王媛媛,胡秋明.国有资本划转养老保险基金能否破解降费率"不可能三角"[J].财政研究,2020(2):80-95+128.

[167] 中国经济增长前沿课题组.突破经济增长减速的新要素供给理论、体制与政策选择[J].经济研究,2015(11):4-19.

[168] Feldstein M. Social Security and Saving: The Extended Life Cycle Theory[J]. American Economic Review,1976,66(2):77-86.

[169] 何立新,封进,佐藤宏.养老保险改革对家庭储蓄率的影响:中国的经验证据[J].经济研究,2008(10):117-130.

[170] 郑伟,孙祁祥.中国养老保险制度变迁的经济效应[J].经济研究,2003(10):75-85.

[171] 袁志刚.中国养老保险体系选择的经济学分析[J].经济研究,2001(5):13-19.

[172] Glomm G,M Kaganovich. Distributional Effects of Public Education in an Economy with Public Pensions[J]. International Economic Review,2003,44(3):917-937.

[173] 邵宜航,刘雅南,张琦.存在收入差异的社会保障制度选择——基于一个内生增长世代交替模型[J].经济学(季刊),2010,9(4):1559-1574.

[174] 赖德胜,田永坡.社会保障与人力资本投资[J].中国人口科学,2004(2):13-21.

[175] Kemnitz A,Wigger B U. Growth and Social Security:the Role of Human Capital[J]. European Journal of Political Economy,2000,16(4):673-683.

[176] 沈燕.社会保障对人力资本及其经济增长的影响——基于中国 1989—2008 年的数据[J].社会保障研究,2012(4):69-76.

[177] 郭庆旺,贾俊雪,赵志耘.中国传统文化信念、人力资本积累与家庭养老保障机制[J].经济研究,2007(8):58-72.

[178] Ehrlich I,Kim J. Social Security and Demographic Trends:Theory and Evidence from the International Experience[J]. Review of Economic Dynamics,2007,10(1):55-77.

[179] 钞小静,沈坤荣.城乡收入差距、劳动力质量与中国经济增长[J].经济研究,2014(6):30-43.

[180] 穆怀中,闫琳琳.新型农村养老保险参保决策影响因素研究[J].人口研究,2012(1):73-82.

[181] 胡芳肖,张美丽,李蒙娜.新型农村社会养老保险制度满意度影响因素实证[J].

公共管理学报,2014(4):95-104.

[182] 常芳,杨矗,王爱琴,等.新农保实施现状及参保行为影响因素——基于 5 省 101 村调查数据的分析[J].管理世界,2014(3):92-101.

[183] 聂建亮,钟涨宝.新农保养老保障能力的可持续研究——基于农民参保缴费档次选择的视角[J].公共管理学报,2014(3):70-79.

[184] 赵建国,海龙."逆向选择"困局与"新农保"财政补贴激励机制设计[J].农业经济问题,2013(9):77-84.

[185] 高文书.新型农村社会养老保险参保影响因素分析——对成都市的实地调查研究[J].华中师范大学学报(人文社会科学版),2012(4):55-61.

[186] 林本喜,王永礼.农民参与新农保意愿和行为差异的影响因素研究——以福建省为例[J].财贸经济,2012(7):29-38.

[187] 钟涨宝,李飞.动员效力与经济理性:农户参与新农保的行为逻辑研究——基于武汉市新洲区双柳街的调查[J].社会学研究,2012(3):139-156+244-245.

[188] 贾立,李铮.金融素养能改善农村家庭消费结构吗——基于农户参保行为的中介作用分析[J].农业技术经济,2021(10):64-78.

[189] 吴玉锋,周嘉星,伍勇.期望确认度与城乡居民养老保险制度忠诚度关系实证研究[J].西北大学学报(哲学社会科学版),2018(6):82-90.

[190] 雷咸胜,胡宏伟.社会资本对城乡居民基本养老保险参与的影响研究[J].兰州学刊,2020(11):172-184.

[191] 王晓洁,王丽.财政分权、城镇化与城乡居民养老保险全覆盖——基于中国 2009—2012 年省级面板数据的分析[J].财贸经济,2015(11):75-87.

[192] 白重恩,吴斌珍,金烨.中国养老保险缴费对消费和储蓄的影响[J].中国社会科学,2012(8):48-71+204.

[193] 封进.中国城镇职工社会保险制度的参与激励[J].经济研究,2013,48(7):104-117.

[194] 封进.社会保险对工资的影响——基于人力资本差异的视角[J].金融研究,2014(7):109-123.

[195] 路锦非.合理降低我国城镇职工基本养老保险缴费率的研究——基于制度赡养率的测算[J].公共管理学报,2016,13(1):128-140+159.

[196] 马双,孟宪芮,甘犁.养老保险企业缴费对员工工资、就业的影响分析[J].经济学(季刊),2014,13(3):969-1000.

[197] 穆怀中,陈洋,陈曦.基础养老保险缴费率膨胀系数研究[J].经济理论与经济管理,2015(12):44-54.

[198] 田月红,赵湘莲.人口老龄化、延迟退休与基础养老金财务可持续性研究[J].人口与经济,2016(1):39-49.

[199] 袁磊.延迟退休能解决养老保险资金缺口问题吗?——72 种假设下三种延迟方案的模拟[J].人口与经济,2014(4):82-93.

[200] 阳义南,申曙光.通货膨胀与工资增长:调整我国基本养老金的新思路与系统方案[J].保险研究,2012(8):95-103.

[201] 赵静,毛捷,张磊.社会保险缴费率、参保概率与缴费水平——对职工和企业逃避费行为的经验研究[J].经济学(季刊),2016,15(1):341-372.

[202] Feldstein M. Banking, Budgets, and Pensions: Some Priorities for Chinese Policy[R]. Remarks Presented at the China Development Forum 2003 of the Development Research Center of the State Council of the People's Republic of China 2003.

[203] 彭浩然,程春丽.风险分散与中国混合型基本养老保险制度改革研究[J].金融研究,2021(11):117-134.

[204] 万春林,邓翔,路征.不同生育率情形下养老保险筹资模式比较研究[J].经济理论与经济管理,2021,41(2):40-53.

[205] 杜素珍,李炳财,汪圣国.养老保险缴费率与企业跨省投资转移行为——来自中国上市公司的证据[J].社会保障研究,2022(4):60-71.

[206] 纪园园,宁磊,王敬博,等.养老保险缴费的收入分配效应研究[J].数量经济技术经济研究,2022,39(7):133-151.

[207] 邱志刚,苗萌,王子悦,等.企业养老保险缴费率、缴费基数与就业效应[J].经济理论与经济管理,2022,42(5):95-111.

[208] 金刚,刘钰彤,李永涛.政策缴费率、相对劳动成本与养老保险企业缴费损失程度[J].保险研究,2021(8):97-110.

[209] 景鹏,周佩,胡秋明.养老保险缴费率、经济增长与养老金替代率——兼论政策缴费率与实际缴费率的关系[J].经济科学,2020(6):124-136.

[210] 赵仁杰,范子英.养老金统筹改革、征管激励与企业缴费率[J].中国工业经济,2020(9):61-79.

[211] 穆怀中,陈曦.基础养老保险缴费率新模型及实证检验[J].中国人口科学,2019(4):17-29+126.

[212] 许宪春,张美慧.中国数字经济规模测算研究——基于国际比较的视角[J].中国工业经济,2020(5):23-41.

[213] 戚聿东,肖旭.数字经济时代的企业管理变革[J].管理世界,2020,36(6):135-152+250.

[214] 赵涛,张智,梁上坤.数字经济、创业活跃度与高质量发展——来自中国城市的经验证据[J].管理世界,2020,36(10):65-76.

[215] 杨伟国,吴邦正.平台经济对就业结构的影响[J].中国人口科学,2022(4):2-16+126.

[216] 郭东杰,周立宏,陈林.数字经济对产业升级与就业调整的影响[J].中国人口科学,2022(3):99-110+128.

[217] 郭瑜.数字经济下的养老保险:挑战与改革[J].华中科技大学学报(社会科学

版),2021,35(2):25-31+140.

[218] 穆怀中,范璐璐.产业结构升级对养老保险降费空间影响效应研究[J].河北大学学报(哲学社会科学版),2017,42(6):93-101.

[219] 丛屹,陈琦.产业数字化降低了劳动报酬占比吗?——技术变革和业务转型的双重视角[J].现代财经(天津财经大学学报),2022,42(10):3-19.